ein Ullstein Buch

ÜBER DAS BUCH:

Rudi Gutendorf, Koblenzer des Jahrgangs 1926, zählt zu den schillerndsten Figuren im deutschen und internationalen Fußballgeschäft. Der Schüler des legendären Sepp Herberger arbeitete als einziger Trainer der Welt auf allen fünf Kontinenten, was ihm u. a. den Spitznamen »Rudi Rastlos« einbrachte. Genannt wird er aber auch »Riegel-Rudi«, weil er den berühmten Riegel erfand. Der Weltenbummler in Sachen Fußball sagt von sich, er sei »ein bunter Hund«, was bedeuten kann: bekannt wie »ein bunter Hund«. Sicher eine zutreffende Bemerkung, wenn man das farbig schillernde Leben dieses Mannes liest, »mal Regenmacher, mal Dompteur, heute Scharlatan und morgen Don Quichotte, immer rast-, nie ratlos« (Manfred Martens).

Rudi Gutendorf

Ich bin ein bunter Hund

ein Ullstein Buch

ein Ullstein Buch
Nr. 22091
im Verlag Ullstein GmbH,
Frankfurt/M – Berlin

Zusammenstellung und Überarbeitung
der Texte von Walter M. Straten,
Berlin

Ungekürzte Ausgabe
Mit 33 Bildern aus dem
Privatarchiv des Verfassers

Umschlagentwurf:
Hansbernd Lindemann
Foto: dpa/Schmitt

Taschenbuchausgabe mit Genehmigung
der F. A. Herbig Verlagsbuchhandlung,
München · Berlin

Printed in Germany 1989
Druck und Verarbeitung:
Clausen & Bosse, Leck
ISBN 3 548 22091 6

April 1989

CIP-Titelaufnahme
der Deutschen Bibliothek

Gutendorf, Rudi:
Ich bin ein bunter Hund/Rudi Gutendorf.
[Zsstellung u. Überarb. d. Texte von
Walter M. Straten]. – Ungekürzte Ausg. –
Frankfurt/M; Berlin: Ullstein, 1989
(Ullstein-Buch; Nr. 22091)
ISBN 3-548-22091-6

NE: GT

Inhalt

Es ist Mitternacht in Gaberones

Hotelzimmer in aller Welt ähneln einander. Wie viele Hoteleinsamkeiten habe ich schon erlebt, in wie vielen Ländern habe ich sie ertragen? Ich kämpfe gegen sie, indem ich private Dinge im Zimmer verstreue, zumindest meine vertraute Reisedecke über einen Sessel lege und ein oder zwei Fotos, die ich gerne sehe, aufstelle. Als Wieder-Junggeselle trachte ich danach, den Raum, so schnell es geht, mit einem einheimischen Mädchen lebendig zu machen. Ich hatte Glück.

Khani ist jung. Die Farbe ihrer Haut ist eine Mischung aus mattem Schwarz und Honigfarben. Als ich sie kennenlerne, hole ich tief Luft und ziehe meinen Bauchansatz ein. Wie bedaure ich, in den letzten Monaten nicht mehr Pfunde abtrainiert zu haben! Sie schaut mich lange an, nimmt sich Zeit, mich zu taxieren. Schwarze Mädchen tun das ohne die geringste Hemmung. Wird man abgeschätzt, ob man als Erzeuger in Frage kommt?

Mein Zimmer wird von einem überdimensionalen Ventilator beherrscht. Das Monstrum mit dem deutschen Firmenschildchen ist zwar kolossal, tut aber nichts weiter, als noch heißere Luft durch den Raum zu wirbeln. Da liege ich unter diesem untauglichen Quirl und warte auf Khani. Da ist nichts, gar nichts, auf das ich sonst noch warte.

Vom Rande des Swimmingpools des »Präsident Hotels« grölt Afro-Jazz zu mir herauf, vermischt mit dem an- und abschwellenden Dröhnen dumpfer Urwaldtrommeln. Man kann das monotone Rum-Bum-Bum nur kurze Zeit ertragen. Ich beginne, ohne mich wehren zu können, mit der Haut zu hören.

»Im Auspuff eines Rennwagens ist es bestimmt ruhiger«, knurre ich erbittert in mein Kopfkissen, das ich mir um die Ohren knete. An Schlaf ist überhaupt nicht zu denken. Ich stehe auf und reibe mir die

Ohren. Umsonst. Die gellende Stimme einer Sängerin dringt durch alle Elemente, sie ist nervtötender als der schrille Pfiff einer Dampflock. Lärm kann weh tun!
Die Hitze sitzt tief in den weißgekalkten Wänden des Hotels. Draußen ist es noch drückender. Unverständlich – einige total Verrückte tanzen sogar noch zu den Rhythmen der Wahnsinnsband. Das begreife ich nicht, denn selbst die paar metallischglitzernden Fliegen in meinem Zimmer sind verreckt. Sie liegen auf dem Boden, ein paar schwarze Punkte, wie Minuspunkte in der Bundesligatabelle oder im Leben.
Meine afrikanische Königin kommt herein. Gott sei Dank! Die lästigen Gedanken verfliegen. Sie kommt immer wie rein zufällig, einfach so.
»Ich dusche mal eben«, sagt sie. »I'm just in for a shower.« Eben mal so. Sie steht und blickt mich mit der Aufmerksamkeit einer lauernden Katze an.
Es braucht eine Zeit, bis ich merke, daß die Menschen hier alles, was sie tun, mit einer noch unverbildeten Konzentration machen. Ich habe darüber nachgedacht, denn diese geballte geistig-seelische Geschlossenheit fehlt uns Europäern heute bei vielen Dingen, die wir erledigen. Wir treiben Yoga und andere Besinnungsübungen, aber wir scheinen diesen Zustand, der nur noch Naturvölkern eigen ist, für immer verloren zu haben. Ich kann lernen. Hier, wo die Menschen noch in der Geborgenheit von Tradition und Sitte leben, in einem engen Verhältnis zur Natur, abseits der neumodischen Hetze und Hektik. In diesem Teil der Erde zapple ich weniger, bin nicht so aggressiv, hier finde ich mich selbst sympathischer als zwischen Schalke und Chile und möchte immer so sein! Khani hat ihren Anteil an meiner Veränderung.
Ich alter Esel habe mich mal wieder bis über beide Ohren verknallt. Sie ist die Tochter eines Turkana-Negers aus dem Süden des Landes und einer Inderin. Welch eine Mischung! In Gaberones ist sie Kindermädchen in einer ungewöhnlichen Familie. Khanis Boß ist eine feiste indische Matrone. Über der Hüfte drängen sich Fettpolster aus dem Sari, so dick und geteilt wie querliegende Arschbakken, Blickfang für alle indischen Männer, die das lieben. Sie schikaniert Khani, ist eifersüchtig und giftig, das merke ich schon,

während ich sie kennenlerne. Der Vater der Kinder ist ein würdiger Sahib mit grauem Haar, der pausenlos mit seiner fetten Frau Kinder produziert, die mit abgöttischer Liebe an Khani hängen.
Aber auch ich hänge an Khani und beschließe, sie dort rauszuholen. Schon einige Tage nach meiner Ankunft in Botswana lerne ich sie kennen. Alles war so selbstverständlich. Sie ist da, wenn ich Sehnsucht habe, ist fort, wenn ich mich auf meine Arbeit konzentrieren muß.
Da steht sie wieder wie immer im Zimmer. In ihrem Kleidchen, eigentlich nur ein Minifähnchen, völlig aus der Mode, zersägt mich mit klaren, gezielten Blicken so lange, bis ich irritiert zur Seite schaue. Ich bin nicht entspannt, meine Nacktheit ist mir lästig. Sie würgt das enge Rohseidene über den Kopf und strampelt den Slip über die Knie. Das tut sie, um zu duschen, nichts sonst, kein Striptease, keine herausfordernde Geste, keine James-Bond-Szene. Dabei sieht sie mich durchdringend an, bis ich fühle, wie meine Haut brennt. Hartes Haar sitzt an ihrem Kopf wie eine Kappe. Eine winzige Hundebiß ähnliche Unebenheit hat sie auf der linken Wange – eine Stammeskerbe, ein Rattenbiß? Feste Brüste mit schwarzen Höfen sind schwer von einer Bluse zu bändigen.
Wenn Khani nicht gerade duscht, rekelt und dreht sie sich auf meinem neuerstandenen Leopardenfell, das auf dem Sofa liegt und noch nach Gerbstoffen stinkt. Khani hat eine natürliche Art, sich darauf faul zu drehen und zu strecken, mühsam und schwer, so wie ein schweres Tor sich in geölten Angeln dreht. Unschuld und Neugier vereinen sich in tierisch verspielter Trägheit. Sie hat ja so viel Zeit! Sie ist eine schwarze Raubkatze, nur von der kann sie diese geschmeidigen Bewegungen haben. Ihre – wie gemalten – weißen Zähne blitzen ständig durch ihre Lippen. Die volle Unterlippe ist nie naß, aber immer etwas feucht.
Ihre großen dunklen Augen verfolgen mich. Ich komme mir wie eine Beute vor, die sie jetzt nicht mehr aus den Augen läßt. Ihr Mund lächelt nie das blöde Blankoversprechen weißer Pipimädchen in Pucci-Kleidern. Keine schwüle, keine erotische Nacktheit, trotz des Kleiderhäufchens, das vor ihr hingetrampelt liegt. Ob sie mich überhaupt noch wahrnimmt? Ich brenne, ohne direkte Begierde. Ihr schwarzer Körper bleibt mir fremd. Dieser Körper lehrt

mich, wie weit wir Europäer uns von unseren Leibern entfernt haben. Zuviel wird nur noch vorgetäuscht, Imponiergehabe der Halbmürben.
Das Wasser der Dusche prasselt auf ihre Haut. Ihre ungenierten Freudenschreie füllen den Raum. Duschen ist ein ungeheurer Luxus für sie. Dann fliegt sie, erfrischt und ganz aufgekratztes Kind, im Hechtsprung auf mein Bett, ein feuchtschwarzes forderndes Mädchen auf weißem Leinen.
Ihr Körper und ihr Mund kennt alle Gesten und Gebärden, die Eva schon kannte. Sie liebt leidenschaftlich, mit dem auf Zeugung bedachten Können, das die schwarzen Mütter weiterreichten durch die Dunkelheit der afrikanischen Jahrhunderte.
Das ist das schöne Trainerleben!

»Gefeuert« – »Rausgeschmissen« – »Vorzeitig entlassen« – »Rudi warf die Brocken hin« – das waren mal wieder die Schlagzeilen in Deutschland.
Das ist das häßliche Trainerleben.
Keine gute Presse für mich, aber sie bewirkt etwas: Legationsrat Dr. Siefker vom Auswärtigen Amt ruft an. Ich lasse ihn gar nicht zu Wort kommen.
»Herr Doktor, haben Sie was für mich, ich bin mal wieder frei?«
Er hatte!
Wer ausbricht aus dem Korsett des Alltags, greift nach den Sternen. Ich greife nicht, ich grapsche!
Ein paar Tage später schiebe ich mal wieder meine Reisetasche auf die Waage des Lufthansa-Schalters. Leichtes Gepäck diesmal – es dauert ja nicht lange. Ich hasse Gepäck, es macht mich unbeweglich.
In Koblenz muß ich erst mal den Atlas aufschlagen, um mir Überblick zu verschaffen . . .
Aber das ist mein zweiter Gedanke nach dem hochinteressanten Angebot, in Botswana zu trainieren. Der erste gehört Hemingway und Stanley, Albert Schweitzer und Lettow-Vorbeck, nackten Lippennegern und dem ganzen Mythos meiner Jugendschwärmereien. Der dunkle Erdteil! Romantische Vorstellungen von Kral und Riesenschlangen, Safaris und Kannibalen. Ein nie auszuspinnender

Expeditionsraum. »Wie oft sind wir geschritten auf schmalem Negerpfad, wohl durch der Steppe Mitten, wenn früh der Morgen naht...« Silberpapier und die Stanniolkapseln von leeren Weinflaschen haben wir gesammelt.

»Die armen Heidenkinder in Afrika brauchen unsere Hilfe, sonst verhungern sie«, sagte Pastor Premm von der katholischen Pfarrgemeinde St. Antonius in Lützel, der ich angehöre.

Im Pulli, mit Regenmantel drüber, steige ich in Frankfurt ins Flugzeug. Erster Klasse wurde vom Auswärtigen Amt genehmigt wie meistens, wenn der Flug über zehntausend Kilometer hinausgeht.

Es regnet – wie immer, wenn ich in Frankfurt ankomme oder abfliege. Das berühmte naßkalte Weihnachts-Ostern in Koblenz liegt hinter mir, zu naß zum Ostereiersuchen.

Ich bin froh, der Sonne entgegenzufliegen.

Eine Station mehr in meinem bunten Vagabundenleben.

Zwanzig Stunden später – nach einem Stop in Johannesburg – sitze ich in einer klapprigen museumsreifen Zweipropellermaschine der »Botswana Airlines«, die schon gute zwanzig Minuten über Gaberones kreist. Es scheint, als hätte der Pilot Angst, zu landen. Aber dann rumpelt mich diese mickrige Blechkiste doch noch in mein Afrika-Abenteuer.

Das beginnt erst mal mit einem fürchterlichen Steißbeinschock, den mir der ›groundtouch‹ verpaßt.

Er läßt mich meine Bandscheiben spüren.

Der Aufprall ist so hart, daß dem freundlichen schwarzen Passagier neben mir das Gebiß aus dem Mund fällt. Er lächelt mich verlegen aus seiner dunklen Mundhöhle an. »Sorry, Sir«, lallt er, als er es unter meinem Sitz hervorangelt. »Och, äh, never mind«, stottere ich verlegen, da ich ein viel zu lautes Lachen kaum unterdrücken kann.

Dann stehe ich unter dem weiten Himmel Afrikas. Ganz plötzlich fühle ich körperlich die Unendlichkeit der Bläue auf mir lasten und verstehe nicht die Bedrückung, die mich überkommt.

Die donnernde Stille über Botswana-Land hallt mir entgegen; sie macht mich klein.

Jambo Na Karibu – Guten Tag, sei willkommen.

Herrgott! Großer Bahnhof, ich mustere die paar zerknautschten Handelsvertreter – oder sind es kleine Beamte –, die mit mir geflogen sind. Bestimmt ist keiner dabei, für den der Zirkus hier sein könnte. Also mache ich vorsichtshalber mal ein offizielles Gesicht. Ich sehe im Hintergrund Herren in grauen Anzügen, einen Wagen mit Stander, die üblichen Schaulustigen wie an allen Flugplätzen, nur sind sie hier greller, in afrikanischer Buntheit.
Eine zwitschernde, unmelodische Stimme, wie sie in dieser Tonlage nur ein Schwarzer haben kann, fragt mich in gepflegtem Englisch, ob ich der Coach sei:
»Do you happen to be the German coach?«
»Ja, natürlich, surely, I am«, sage ich.
Der deutsche Botschafter begrüßt mich mit routinemäßiger Höflichkeit. Er stellt mich dem dicken botswanischen Kultusminister vor, der für Sport zuständig ist. Der grinst ganz breit, nimmt leutselig meinen Arm. Ich spüre, wie er sich freut, daß ich da bin. Er nimmt meine Hände, schüttelt sie, dabei geübt zu den Fotografen blickend.
Auch ich strahle voll in deren Linse! Des Ministers Stimme hallt, durch den schlechten Verstärker metallisch verzerrt, über den Wellblechschuppen des Flugfeldes: »Welcome to the first National Coach of Botswana!«
Begeistert schreie ich meine einzigen zwei Worte in Suaheli, die ich kenne: »Asante sana.« Danke sehr.
Zu meinem Pech schlägt der Schirokko sofort fürchterlich zu. Heiß wälzt er sich durch die Kalahari-Wüste, von Namibia kommend, dem ehemaligen Deutsch-Südwestafrika, das westlich von Botswana liegt. Alles ist wie tot, überall Sand, auch im Essen. Wie das zwischen den Zähnen knirscht!
Ich bemühe mich, trotz des Wahnsinnswetters die Nationalmannschaft wenigstens mal vom Theoretischen her zu testen. Ich muß mich orientieren, muß herausfinden, welche Möglichkeiten es überhaupt gibt. Ist alles so organisiert, daß ich beginnen kann? Ich erfahre keine Einzelheiten. Ich will anfangen, will was bewegen. Ich scharre mit den Hufen. Am nächsten Tag, bei einem kleinen Orientierungsspaziergang durch die Stadt, spüre ich Frontstadtatmosphäre. Überall Spannung und Mißtrauen. Viele fremde

Schwarze, wie man mir sagt, sind in letzter Zeit nach Gaberones gekommen: zu Fuß, Hunderte Kilometer weit durch die Kalahari-Wüste. Junge Schwarze, die vor der Polizei Südafrikas, Namibias oder Rhodesiens (Simbabwe) fliehen und Schutz im noch neutralen Nachbarstaat Botswana suchen.
In der »Mall«, der Hauptstraße Gaberones, wimmelt es von finster dreinblickenden schwarzen Ausländern: Hier bereiten sich die Anhänger von Mugabes Zanu-Partei auf ihren nächsten Überfall vor. Aber auch die Männer seines Antipoden, Bischof Muzarewa, proben hier hautnah am Feind, die Übernahme der Macht in Rhodesien. Tausende von Flüchtlingen halten sich in Botswana auf. Die Angst vor der weißen Polizei Südafrikas treibt sie außer Landes, denn die jungen schwarzen Afrikaner sind unversöhnlich, träumen von einer Zukunft als Freiheitskämpfer. Für sie ist Botswana nur Durchgangsstation für die militärische Ausbildung in den kommunistisch-sozialistischen Staaten Sambia, Tansania, Mosambik oder Angola. Ungeduldig warten auch hier die Swapo-Anhänger Nujomas, genau wie die Gefolgsleute des Terroristen Samuel Does aus Nigeria und viele andere Guerillas, auf Flugtikkets zu ihren Einsatzorten. In der Zwischenzeit wird gemordet, quasi zum Aufwärmen für die beabsichtigten Blutbäder »vor Ort«. So starb an meinem Ankunftstag der aus Südafrika geflohene Studentenführer Onkgopotse Tiro in der St.-Joseph's-Mission am Rande Gaberones', in die ich einige Wochen später einen meiner am Knie schwer verletzten Spieler einlieferte.
In dieser gefährlichen Atmosphäre, im Zentrum einer Gesellschaft, die sich im Aufbruch vom Gestern zum Übermorgen befindet, muß ich also arbeiten, soll ich trainieren. Leicht wird das nicht sein, sinniere ich, als ich mir in der »Mall« ein paar Zigarillos und eine große Flasche Sonnenöl kaufe, denn meine Stirn und Nase haben sich schon einen schmerzhaften Sonnenbrand eingefangen.
Botswana will das erste Fußball-Länderspiel seiner Geschichte bestreiten. Ich soll das möglich machen. Trainer gibt es in Botswana keine, deshalb hat mich der deutsche Botschafter angefordert. Ich bin ein sportliches Entwicklungshilfe-Geschenk aus Bonn.
Mit der Regierung von Botswana fiebern vor allem die siebzigtausend Einwohner der Hauptstadt Gaberones diesem Ereignis entge-

gen. Man sagte mir in Bonn, ich würde sozusagen nationale Verantwortung tragen bei dieser wichtigen Mission. »Na ja«, antwortete ich und flog hin.
Hier soll ich in aller Schnelle eine Fußball-Nationalelf aus dem Boden stampfen. Am 30. September steigt das erste Länderspiel. Eine echte Premiere zum zehnten Unabhängigkeitstag von Botswana, dem Nationalfeiertag. Gegner ist das Nachbarland Sambia. Vier Monate habe ich Zeit – viel ist das nicht.

Zwei Tage nach meiner Ankunft starte ich mit einem zweisitzigen Doppeldecker nach Nordwest-Botswana.
Was ich erlebe, ist ekelhaft! Schwarze Zuhälter übelster Sorte bieten zehn- bis sechzehnjährige Buschmannmädchen als »fresh flesh« – frisches Fleisch – an. Sie seien noch ganz wild, flüstern sie mir geheimnisvoll zu und schnalzen mit der Zunge. Garantierte Jungfrauen kosten den doppelten Preis, umgerechnet vier US-Dollars.
Ein pervers-sadistischer Schweizer aus Aarau soll hier zweihundert junge Mädchen defloriert haben, bevor eine uralte Großmutter ihm nach vier Jahren seines Wirkens mit einem Blasrohrbolzen betäubte. Sie schnitt ihm – der vom Nervengift gelähmt, aber bei vollem Bewußtsein war – die »Tatwaffe« ab und ließ ihn langsam verbluten. Viele »seiner« Mädchen tanzten weinend um ihn herum, als er starb. Er soll wieder und wieder geschrien haben:
»I heb' doch immer zahlet – I always paid!«
Hier wird natürlich kein Fußball gespielt – allein der Gedanke ist verrückt. Wir mußten mit unserer kleinen Cessna zwischenlanden, weil sie nur in begrenzten Mengen Sprit aufnehmen kann.
Nach einigen Stunden fliegen wir nach Francistown weiter, wo es zwei Clubs gibt, die aber weder spielen noch trainieren. Scheinbar hat man nicht geglaubt, daß ich wirklich komme.
Ich fliege zurück nach Gaberones.
Keine verlorene Zeit – ich kenne nun etwas vom Land und seinen Bewohnern, kann mich auf manches besser einstellen, darf nicht zuviel erwarten.
Wie durch ein Wunder sind plötzlich bei meiner Ankunft in Gaberones fünfundvierzig Spieler versammelt. Viel zu viele!

Die Trainingsarbeit beginnt hart wie noch nie für mich und die Spieler. Vormittags von acht bis elf Uhr und nachmittags von drei bis sechs Uhr Training auf einem Küchenblech-Acker, der die Rolle eines Sportplatzes spielt.
Oft empfinde ich die dicken Staubwolken, in die ich eingehüllt werde, als Gnade, denn sie geben etwas Schutz vor der sengenden Sonne, die gnadenlos und ohne Unterlaß auf meinen Kopf niederbrennt.
Hier esse ich mein härtestes Trainerbrot.
Das Verrückteste ist die Umkleidekabine, eine Baracke aus Wellblech. Sie kann nicht benutzt werden. Dach und Blechwände erhitzen sich durch die glühende Sonne so sehr, daß sich der Innenraum in einen Backofen verwandelt.
Die Kunst in sportlichen Entwicklungsländern ist, den Spielern etwas so beizubringen, daß es alle leicht begreifen.
Man muß es selbst demonstrieren können.
Da bin ich in meinem Element.
Mit Mumm und Leidenschaft gehe ich an meine Aufgabe und bekomme echte Kameradschaft, keine Arglist, keine Bosheit. Wenn ich mit meinen Boys abends am Lagerfeuer sitze und »Am Brunnen vor dem Tore« mit ihnen singe, bin ich zufrieden und freue mich, daß ich hier bin. Diese Stunden sind mir mehr wert als die paar Kröten, die mir das Auswärtige Amt für den Job zahlt.
Aus nichts etwas machen, das produziert in mir den Gärungsstoff, der mich beflügelt und bereit macht, Opfer zu bringen. Ich fühle mich gut, weil ich etwas zu geben habe.
Vielleicht hatten die Missionare auch dieses gute Gefühl.
Profit, Geld – das ist nur ein Motiv für mich, viel mächtiger ist der Ansporn, Pionier zu sein, etwas zu tun, was mir Spaß macht.
In den ersten Tagen falle ich abends wie tot ins Bett. Meine Kehle ist von Staub und Sonnenglut rauh wie ein Reibeisen. Ich saufe alles Flüssige wie eine Kuh, gierig, ohne zu schlucken. »Runterschütten« ist das richtige Wort. Alle Gläser sind mir zu klein, ich möchte aus Eimern trinken.
Mittags versammle ich meine Truppe unter einem schattenspendenden Affenbrotbaum. Lunch wird aus der Polizei-Kaserne mit einem Landrover angefahren. Oft ist es nur eine dicke Suppe mit

fetten Schaffleischbrocken, die meine Spieler mit den Fingern rausfischen und runterschlingen. Zum Zeichen, daß es ihnen schmeckt, rülpsen sie wie die Stiere. Auch das andere Geräusch, von Luther mal in Verbindung mit Rülpsen erwähnt, wird als eine gegebene Notwendigkeit voll und ausgiebig ohne jede Scham praktiziert.

Eine schlimme und traurige Sache für mich ist das verdammte Auswahlsystem für die zu bildende neue Nationalelf. Ich zögere die Entscheidung immer wieder hinaus. Denn anstatt – wie ich per Fernschreiben wochenlang vor meiner Ankunft via Botschaft erbat – mir achtzehn ausgewählte Spieler zu übergeben, servierte man mir fünfundvierzig! Die Regierung und die Botswana Football Association hatten sich darüber völlig zerstritten und wählten – sich »überschneidend« – ohne Sinn und Verstand aus. Als Wahnsinnstat kam dabei heraus: fünfundvierzig erwartungsfrohe Spieler anstatt achtzehn.

Der Minister, der persönlich im grobmaschigen Netzhemd, das seinen vollgefressenen Bauch wie ein gespanntes Fischernetz bändigt, auf dem Platz erscheint, sagt dann auch noch geschwollen-pathetisch: »Sie haben die Ehre, nun zu eliminieren.« Schöne ›Ehre‹ – ich verfluche ihn, den Schweinehund, auch er hatte einige Protegés aus seiner erweiterten Verwandtschaft in den Kader gemischt.

Ich muß unbarmherzig auswählen. Diejenigen, die ich heimschikken mußte, weinten. Mir ist zum Kotzen zumute. Erst einmal sehen alle ungefähr gleich aus und spielen obendrein fast alle gleich gut – gleich schlecht. Ungerechtigkeit im wahrsten Sinne des Wortes mußte ich hier praktizieren, der Sache wegen. Die Sache heißt eine starke Mannschaft formen, die Spieler »zusammenschweißen« zu einer Einheit. Alles fürs Produkt, wenn auch mit ungerechten Maßnahmen. Sicher, ich hätte mit allen fünfundvierzig herumgurken können, das hätte allen gepaßt, und ich wäre bei allen beliebt gewesen. Aber darf man die Sehnsucht, beliebt zu sein, zum Maßstab seiner Arbeit machen?

So schicke ich junge Kerle nach Hause, die den anderen völlig gleichwertig, vielleicht sogar besser sind. Und wo ist ihr Zuhause? Ich bin nicht in Schalke!

Sie leben im malariaverseuchten Sumpfdelta des Okacango-Flusses oder in den nördlichen Buschgebieten, in denen nicht selten alte Löwen und kranke Leoparden, die Wild nicht mehr jagen können, nachts in die Krale einbrechen, Kühe reißen, oft auch Menschenfleisch bevorzugen, wenn sie es schon mal gefressen haben.
Was im Nordwesten ist, habe ich selbst erlebt – fresh flesh und ihre Zuhälter!
Wochen hatten sie gebraucht für die Anreise, die braven Boys, als blinde Passagiere mit der Bahn, mit Fahrrädern, Lastwagen, meistens zu Fuß, viele ohne Schuhe. Von ihrem Stamm, vom Medizinmann stolz verabschiedet, kamen sie hoffnungsvoll zu mir – und ich muß die Mehrzahl dieser erwartungsfrohen Naturburschen zurückschicken. Wird ihr Stamm sie wieder aufnehmen? Gehe ich nicht zu leichtfertig mit dem Lebensschicksal anderer um? Tagelang bin ich gereizt und aggressiv. Was ist los mit mir? Tief innen frißt sich meine brutale Entscheidung mehr und mehr in meine Seele. Die übelste Sache, die ich je als Trainer tun mußte.
»Aha, da ist also mein Gewissen, das mir in die Zähne tritt.«
Täglich mehrere Stunden hartes Training, die Mannschaft wird eine Einheit, sie beginnt meine Taktik zu verstehen und setzt sie um.
In Dahomey, dem heutigen Benin, gewinnen wir noch unser letztes Vorbereitungsspiel mit 2:0. Meine Spieler und ich werden vom Staatspräsidenten Mathäus Kereku begrüßt, der gerade eine unangenehme Affäre hinter sich gebracht hatte. Er erwischte seine Frau im Bett seines Innenministers Michal Aikte, am helllichten Nachmittag. Der nackte Minister sprang durchs Fenster und versuchte zu fliehen, wurde aber von einem Leibwächter mit der Maschinenpistole erschossen. Was für mich bemerkenswert war und was ich aus ganz sicherer Quelle erfuhr: In einer Geheimsitzung des Parlaments wurde die Erschießung des Ministers einstimmig gebilligt. Auf meine Frage, was mit der untreuen Ehefrau des Staatspräsidenten geschah, antwortete man mir lapidar: »Man hat sie nie mehr gesehen, Krokodile müssen auch fressen!«

Nach der Rückkehr aus Benin gebe ich meinen Spielern drei Tage frei, sie haben es verdient.
Ich fliege auf Einladung für einige Tage in den sumpfigen Norden. Der deutschstämmige Franz Josef Ludewig hat dort eine Farm von seinem Großvater geerbt. Er spricht kaum noch deutsch.
»Africa as it has been hundred years ago«, verkündete ein von der Sonne verblichenes englisches Werbeplakat – letzter Rest von den vor zehn Jahren sang- und klanglos abgezogenen englischen Mandatsherren. Die Aussage des Plakates hat ihre Gültigkeit bewahrt. Es gibt keinen Reiseverkehrsrummel, keine Touristen, keine Wildparks, keine organisierten Safaris. Alles ist frei. Es gibt hier noch schätzungsweise zehntausend Elefanten, fünftausend Löwen und über tausend Leoparden.
Ich treffe Ken und Jim auf Ludewigs Lodge, zwei bärenstarke Rugbyspieler aus Neuseeland, die sich seit Jahren als Großwildjäger versuchen. Sie kommen immer wieder zurück, da sie sich – durch Vermittlung Ludewigs – Abschußlizenzen kaufen können.
Bei ungezählten »Dimples with ice« besprechen und begießen wir unseren Jagdplan bis in den frühen Morgen. Nach nur zwei Stunden Schlaf brechen wir drei auf. Mein schwerer ›hangover‹ vergeht erst im Laufe des Tages. Die ersten Stunden auf dem Pferd sind qualvoll. Ich versuche, mich nüchtern zu duschen, doch der furchtbare Brummschädel bleibt. Die beiden Neuseeländer sind frisch und lustig, als hätten sie zehn Stunden geschlafen und nur Himbeersaft getrunken.
Nach mehreren Stunden Ritt sehe ich ganz in der Nähe eine Menge Geier kreisen, einer nach dem anderen landet. Ich interessiere mich für ihre Beute und reite hin, denn irgend etwas muß dort ja los sein. Die beiden halten ihre Richtung. Sie meinen, hier sei nichts los.
Ein gerade verendeter Wasserbock liegt am Rande eines unübersichtlichen Geländes. Er blutet noch aus frischgeschlagenen Wunden. Unten an der Seite des Tieres, unweit der Flanke, sehe ich Klauenmale.
Ich gebe Jim und Ken mit meinem Gewehr ein Zeichen. Unverständlicherweise sind die beiden zurückgeblieben. Sind es Feiglinge, die mich vorschicken? Bevor die beiden bei mir sind, steige ich ab und folge, mein Pferd am Zügel mitführend, der Spur mit der

unbesonnenen Begeisterung des Greenhorns in immer dichteren Bewuchs. Meine Begleiter folgen mir endlich, nach Besichtigung des Kadavers. Ich ärgere mich über die Rugbyspieler, die Abstand zu mir halten. Saufen und reden, das konnten sie. Plötzlich gebietet mir ein heftiger Ruck meines Pferdes Halt! Wie angewurzelt bleibt es stehen und blickt mit weitaufgerissenen Augen starr an mir vorbei nach vorn links. Ich ahne die Gefahr – mein Herz klopft mir in der Kehle.

Wegen des hüfthohen Grases kann ich nichts erkennen. Ohne den Kopf zu wenden, bewege ich mich ängstlich zurück, angele mit dem Fuß nach dem Steigbügel und schwinge mich vorsichtig in den Sattel. Noch ehe ich richtig sitze, erblicke ich die große Raubkatze. Wir schauen uns erschrocken an! Ken hat den Leoparden schon früher gesehen, da er auf dem Pferd saß und alles besser überblikken konnte. Sein Pferd steht jetzt dicht neben meiner zitternden Stute. Ich ertrage die Spannung nicht mehr, ich packe ihn am Arm, will was sagen. »Psst!« Der Leopard verhofft nur kurz und schleicht geduckt davon. Wir folgen ihm in einigem Abstand, mit entsicherten Gewehren.

In einigen hundert Metern Entfernung erblicken wir eine Wasserstelle, mit dschungelartigem Wald dahinter. Die zwei Elefanten, die ihr Schlammbad nehmen, stören die mächtige Raubkatze offensichtlich, denn sie umgeht sie im großen Bogen. Die Affen, die urplötzlich lospalavern, machen einen Heidenlärm, weil sie erst im letzten Augenblick den Leoparden bemerken.

Eine Szene wie im Film, geht es mir durch den Kopf.

Ich klettere mit Ken auf einen Baum. Jim sitzt auf einem anderen, schräg vor uns, jedoch unsichtbar für mich. Stunden vergehen, von dem Leoparden ist nichts mehr zu sehen. Kein Affengeschrei mehr. Ich schaue den Elefanten zu, wie sie sich im Schlamm des Wasserlochs wälzen und sich abwechselnd an einem abgestorbenen Baum so heftig die Haut scheuern, daß die dicke Rinde in Fetzen abgerissen wird und im aufkommenden Wind davonfliegt.

Plötzlich ist der Leopard da!

Auf diesen Augenblick haben wir gewartet. Lautlos schleicht das von Kopf bis Schwanz gut zwei Meter lange prachtvolle Raubtier zum Wasserloch. Da fällt der Schuß. Einen Augenblick ist es

totenstill – dann ertönt ein Hexenkessel verschiedener Tierstimmen: Krächzen, Kreischen, Gurren, Brüllen, der Teufel ist los. Die erschreckte Kreatur des Waldes begehrt auf, die Affen suchen ihr Heil in wilder Flucht. Bleigraue Wolken verdüstern den eben noch blauen Himmel. Von der fast anfaßbaren Baummauer des Urwaldes steigt mir die übelriechende Schwüle in die Nase.
Die große Katze aber hat sich blitzschnell ins hohe Gras geduckt. Ken und ich sind unsicher.
Jims Schuß hat das Ziel verfehlt – was schlimmer war, wir haben das Tier aus den Augen verloren. Eine gefährliche Situation. Was sollen wir tun? Nicht für alles in der Welt würde ich jetzt meinen Hintern von meiner Deckung bewegen. Hinter uns schwingt sich Jim brummig von seinem Baum. Der Kerl ist verrückt, das hat nichts mit Mut zu tun, das ist Dummheit. Ich schreie ihm zu: »Silly idiot.« »Shit«, ruft er zurück, »der Bastard ist weg.« Genau in diesem Augenblick springt ihn der stark blutende Leopard von hinten an. Jim versucht, mit einer sekundenschnellen Reflexbewegung der tödlichen Gefahr auszuweichen, stolpert dabei vorwärts. Dieses Vorwärtsfallen rettet ihm das Leben. Das angeschossene wütende Tier streift ihn nur, schlitzt ihm mit der linken Vordertatze die Schulter bis auf die Knochen auf. Ehe es zum zweiten Angriff ansetzt, ballere ich automatisch mit meiner Büchse in die Luft. Mein Schuß läßt die mächtige Katze erstarren, macht sie unschlüssig – soll sie angreifen oder abhauen?
Die Pracht dieses gold-schwarzen Tieres verschlägt mir den Atem. Sein Rachen ist leicht geöffnet, und ich kann ein Stück der rosa Zunge und des schaurigen, gelblich verfärbten Gebisses sehen. Ich war auf ein geschmeidiges, katzenartiges Tier gefaßt, was ich sehe, ist ein Koloß mit breiter, muskulöser Brust. Die schwarze Spitze seines Schwanzes zuckt krampfartig. Langsam wendet sich der Leopard zur Seite, so daß ich sein herrliches Fell noch mal ganz zu sehen bekomme. Dann zwei große Sätze, das hohe Elefantengras nimmt das angeschossene Tier auf.
Jim liegt verkrampft auf der Seite und stöhnt. Er drückt seine Hand auf die stark blutende Rißwunde. Das Blut schießt durch seine Finger. Sein ganzer Oberkörper ist rot. Er schreit und flucht erbärmlich! Wir verbinden ihn notdürftig mit Streifen, die wir von

unseren Hemden abreißen, und schleppen ihn auf sein Pferd. Er ist nicht in der Lage, einen Schritt zu gehen, und wird schließlich ohnmächtig. Auf dem Heimritt wäre er fast verblutet.

Ich muß mich konzentrieren. Das große Spiel gegen Sambia ist in drei Wochen. Ich beordere meine achtzehn ausgewählten Spieler in eine Polizei-Kaserne und simuliere ein Trainingslager, natürlich nicht zu vergleichen mit denen der Bundesliga in einer Sportschule. Es wird ein Camp à la Botswana, mit viel Sonne, Sand und noch mehr Schweiß. Meine Hauptaufgabe ist, die etwas lahmen Burschen zu motivieren, auf gut deutsch gesagt, ihnen Pfeffer in den Hintern zu blasen. Zugleich muß ich noch eine Sache regeln, die mir auf der Seele liegt.

In meinem Nationalmannschafts-Kader gibt es einen Spieler, den alle »Chief« nennen. Er sieht mit seinem wilden Bart aus wie ein Medizinmann – wenn auch wie ein junger! Der ganze Kerl ist ein einziges Muskelpaket. Er spielt mit dem linken Fuß, ist sehr schnell und explodiert förmlich am Ball. Im Kopfball ist er der Beste. Sein Sprungvermögen ist Klasse. Er schießt förmlich aus dem Stand wie eine Rakete in die Luft. Wie von einer Sehne geschnellt ist auch sein Antritt. Bestes Fußballer-Rohmaterial. Die meisten Tore macht er mit dem Kopf. An seinem Schädel gibt es keine Stelle ohne Narbe. Er schont sich nicht. Ich liebe diesen harten Typ als Spieler.
Aber da ist ein Haken: Der Kerl pflegt einen jahrhundertealten Stammesbrauch – er geht jährlich einmal mit Gaberones' »Jungmännern« in den Busch. Dort werden sie von ihm beschnitten! Und wie! Der »Chief« hat keinerlei medizinische Kenntnisse – das ist das Problem.
»Warum tust du das?« frage ich ihn. »Laß doch diesen Quatsch, es paßt nicht mehr in unsere Zeit«, sage ich sehr ernst.
»Das ist Stammessitte. Unsere Ahnen verlangen es. Muß sein – it must be, coach«, antwortet er mir genauso ernst und bestimmt. Ich sehe ein gefährliches Glitzern der Auflehnung in seinen Augen.
Trotzdem fahre ich fort: »Mir tun die Boys leid, die du beschneidest und schwer verletzt. Du bist Nationalspieler und Vorbild der . . .« er schneidet mir das Wort ab.

»Es ist der Wille unserer Ahnen. Nur die Starken sollen überleben. Wer stirbt, ist schwach und wertlos, wie in der Natur, coach! Du bist der große Chief des Fußballs, von deinen Ahnen bestimmt – ich bin ernannt, den Stamm gesund und stark zu erhalten.«

Es handelt sich um ein brutales Ritual, aus der jahrhundertealten Tradition überliefert und unkritisch übernommen! Meine Spieler sind alle beschnitten – das stelle ich unter der Dusche fest, sie waren also alle beim Chief.

Die Regierung fördert diese Art der Pflege alter Gebräuche zwar nicht, unternimmt aber auch gar nichts, um sie abzuschaffen. Selbst Regierungsmitglieder lassen – oft gegen den Willen der Mütter – ihre Söhne vom Chief beschneiden.

»Coach, komm mit in den Busch zum Fest der jungen Männer«, sagt der Chief Wochen später zu mir, gegen Ende meines Vertrages in Botswana. »Noch nie ist ein Weißer dabeigewesen«, sagt er, um mich zu locken, und lacht mich einladend an.

»Chief, für mich ist das Mord, wenn einer stirbt. Ich kann dich nicht gegen Sambia aufstellen, wenn du diesen Wahnsinn weitermachst«, versuche ich ihn meinerseits zu ködern. Sein Gesicht versteinert, in seinen Augen blitzt es böse auf. Ich merke, daß ich zu weit gegangen bin, will einlenken, aber es ist zu spät.

Er dreht sich um und geht.

Da mich eine starke Neugier nach Außergewöhnlichem drängt, schließe ich mich doch dem Chief und einer Gruppe Halbwüchsiger an. Einige wirken, als seien sie noch Kinder. Der Chief beachtet mich nicht. Ich tue, als hätte unser Gespräch nicht stattgefunden.

Auf einem offenen Lastwagen fahren wir los, als es schon dämmert. Vorbei an Männern mit Buschmessern, die an einem Fluß Weiden schlagen, vorbei an kahlen Bäumen, voll mit Geiern.

Bald sind wir im menschenleeren Busch. Aber es geht weiter, weit raus in die Kalahari-Wüste. Eine holprige Wahnsinnsfahrt, die nicht enden will.

Ein Kalb ist auf dem Wagen. Es liegt bewegungslos, fast zu still, in einer Ecke. Ich wundere mich, wie ruhig es daliegt. Später sehe ich die Ursache. Man hat dem armen Tier mit einer Machete die Achillessehnen durchgehauen. Die Augen vergesse ich nie! Leidende Kalbsaugen!

Afrikaner haben für Tiere kein Gefühl.
Ein großer, offener Holz-Bottich mit einem Getränk ist auf dem Wagen. Das suppenartige Gebräu riecht sauer nach Mais und Hefe. Es verströmt einen urinartigen Geruch, der mir auf den Magen schlägt. Ich fühle mich gar nicht gut. Verdammt unappetitlich ist das alles hier auf dem Laster. Wenn ich es noch mal zu entscheiden hätte, würde ich nicht mitfahren. Mir ist zum Kotzen, als ich das arme Kalb verkrampft in der Ecke liegen sehe.
Wir fahren und fahren, abseits von Straßen, auf versteckten verwehten Pisten, auf denen die Räder immer wieder im dicken Sand versacken. An einer größeren Buschgruppe hält der klapprige Wagen plötzlich mit einem idiotischen Ruck. Alle fallen wir auf einen Haufen – das Kalb liegt zuunterst. Dann wird abgeladen. Da stehe ich nun – mitten in der Nacht im tiefen Kalabahn-Busch –, wo bestimmt noch kein Weißer stand. Nach kurzer Zeit brennt ein Lagerfeuer, auf dem die suppenartige Pisse erhitzt wird, bis sie brodelt. Ohne jegliches Ritual wird dem Kalb mit einem stumpfen Sägemesser in aller Gemütsruhe der Kopf vom Rumpf gesäbelt. An den Hinterbeinen wird der zuckende Leib über den Bottich mit dem Gebräu gehalten. Im Rhythmus des Herzschlages schießt das Blut in den Topf. Als das Tier ausgeblutet ist, wird es abgehäutet, ausgenommen und mit einem Stock von hinten nach vorn durchstoßen und über dem Feuer geröstet.
Von wegen abgehangenem Fleisch, denke ich. Wie komme ich hier eigentlich auf den Gedanken von abgehangenem Fleisch, ticke ich noch richtig?
Ich muß mittrinken! Undenkbar, was passieren würde, wenn ich den feierlich rumgereichten Trank verweigere. Den Mumm, abzulehnen, habe ich nicht; ich schlucke mit Todesverachtung, mit geschlossenen Augen. Bestimmt ist eine schwere Droge in dem Zeug, denn meine Stimmung ändert sich schlagartig. Ich lausche fasziniert und andächtig der Stimme des Chiefs, der laut aus einem alten, in zerfressenes Fell gebundenem Buch vorliest. Der Klang seiner Stimme zieht mich in seinen Bann; nichts anderes interessiert mich mehr, nichts anderes ist mir wichtig, ich beachte nur noch seine Stimme. Nie war ich so high. Wie hypnotisiert hänge ich mit meinen Augen an den Lippen des Chiefs. Seine Stimme wird für

mich zur melodischen Musik. Mit gierigem Heißhunger esse ich nun Kalbfleisch, das in große Streifen mit dem noch blutigen Messer geschnitten wird. Nur die Droge im Gesöff kann mir diesen unheimlichen Appetit verliehen haben, denn ich schlinge genauso gierig wie alle anderen, ganze Fetzen Fleisch runter wie ein hungriges Tier, das Angst hat, zu kurz zu kommen.
Scheinbar ist nun der Moment gekommen, an den bestimmt keiner der Jungen ohne Furcht dachte: Der Schnitt, der den Heranwachsenden bereit machen soll, Vater vieler Söhne zu werden.
Alle wissen, was ihnen bevorsteht. Ein Gehilfe des Chiefs läßt die Boys ums Lagerfeuer Aufstellung nehmen. Der Größe nach formiert man sich.
Nur der Chief und ich trinken noch weiter. Erstaunlicherweise schmeckt mir der Trank aus dem Kübel nun großartig. Der Chief schaut mich mit starren Augen durchdringend an.
Mir wird mulmig. Er hat mit Sicherheit die dreifache Menge der »Pisse« getrunken. Als er aber zur Gruppe geht und mit einigen geheimnisvoll tuschelt, hat man mich vergessen. Alle gehorchen dem Chief aufs Wort. Er befiehlt ihnen, die Hosen auszuziehen. Schwanzparade im Busch, sinniere ich schwer beschwipst und lache blöd vor mich hin. Aber nach Lachen ist mir eigentlich nicht zumute. »Los, wird's bald!« schreit der Chief. Alle gehorchen mit niedergeschlagenen Augen! Da ist keine Scham – da ist nackte Angst, die ich in den Augen der Jungen sehe. Viele zittern, als ob ihnen kalt wäre.
Die Gehilfen des Chiefs umwickeln den Penis jedes Knaben mit einem Lappen, der mit einer aus gestampften Blättern hergestellten scharfen Eukalyptus-Paste beschmiert wird. »Alles wird bald ganz unempfindlich sein«, sagt ein älterer Gehilfe beruhigend, dann schickt er sie zurück in den Busch. Die Knaben warten dort singend, bis man sie im Laufe der Nacht herausruft. Sie stimmen ein Lied an, dessen Text ich natürlich nicht verstehe. Vielleicht ist er: »Dies muß nun mal geschehen, wie es bei allen geschah – damit auch wir starke Männer werden, die unseren Stamm erhalten auf Ewigkeit.«
Der Chief und seine Gehilfen antworten mit einem Singsang: »Der Stamm braucht gesunde Männer. Die Weiber werden euch untertan sein. Macht es ihnen wie der Bulle der Kuh.« Dann stimmen

wieder die näher herangetretenen Burschen einen Gesang an, der ihnen Mut machen soll. »Bald kehren wir zurück auf unsere Felder. Bald werden wir heiraten und die jungen Weiber wie Bullen stoßen, bis sie Kinder gebären. Wir werden stark sein, denn aus uns wird Leben entspringen, unser Stamm wird nie sterben. Jetzt müssen wir tapfer sein.«

Einer der älteren ruft einen Burschen beim Namen und bedeutet ihm, hinter die aufgestellten Buschäste in eine Kuhle zu treten. Ich kann nicht sehen, was vorgeht. Nur gurgelnde Schreie, die man zu unterdrücken versucht, vernehme ich! Kurz darauf kommt der Bursche zum Vorschein, zwischen die Beine einen blutgetränkten Fetzen pressend, der wie Putzwolle aussieht. Er taumelt raus, dann wieder einer – die ganze Nacht durch, bis der Morgen graut.

Der Chief kommt zu mir und nimmt mich bei der Hand, um mich zu den Ästen zu führen. Mir klopft das Herz im Halse. Will der bekloppte Kerl auch mich beschneiden? Wer weiß, was er vorhat! Was ich sehe, ist grauenhaft.

Ein Gehilfe wirft sich auf den zitternden Jungen, der noch wie ein Kind aussieht, ein anderer reißt ihm die Beine auseinander. Ein Dritter stopft ihm einen verdreckten Lappen als Knebel in den Mund. Dann blitzt ein Küchenmesser in der Hand des Chiefs auf. Er schneidet ungeschickt und tief, Blut schießt empor. Der schmutzige Lappenknebel dient auch als Blutstiller. Der Chief hat Verachtung in den Augen. Ist er ein Sadist oder nur erfüllt von seiner Mission? Ich habe die Schnauze voll vom Chief. Zwei Boys werden später auf den Laster getragen. Einer ist verblutet. Mir wird gesagt: »Er ist nur ohnmächtig – just unconscious« – ich glaube, er ist tot. Ich kauere da, wo auf der Hinfahrt das Kalb lag.

Zur gleichen Zeit wie wir fährt der Mannschaftsbus der Sambianer ins prallgefüllte Stadion, in das sich schon seit den frühen Morgenstunden Menschen drängen. Hunderte machen Picknick auf der Rasenfläche, mit Kind und Kegel. Die Spieler aus Sambia haben fröhliche Gesichter und winken uns segnend aus ihrem Bus zu. Für sie ist die Sache klar, sie werden den Wilden aus dem

Busch, die wie Affen aussehen – die Sambianer sehen genauso aus – eine Fußball-Lektion erteilen. Man wird sie vernaschen, gnädig mit ihnen umgehen, wenn sie brav sind.
Als wir ins Stadion einfahren, klatschen Tausende im Stakkato in die Hände. Sie rufen: »Botswana, Rudi!« Gott, denke ich, mehr betreten als erfreut, hoffentlich gibt das kein Fiasko heute. Diese netten Leute zu enttäuschen, das wird mich krank machen!
Unsere Umziehkabine ist ungemütlich und kahl, die gemauerten Wände sind nicht mal gekalkt. Minuten nach unserem Eintreffen geht es hier zu wie in einem Taubenschlag. »So viele Funktionäre gibt es doch in ganz Afrika nicht«, schreie ich. Der Minister, diesmal nicht im Netzhemd, sondern im schwarzen Anzug mit schwarzer Krawatte, hält eine lange Rede. Mir bricht der Schweiß aus. Ganze Schwärme Neugieriger quellen durch die Tür, sie wollen wenigstens einen Schimmer von der Stimmung ihrer Mannschaft erhaschen. Man wird den anderen tagelang erzählen, was man alles gesehen und gehört hat. Ich mache nun endlich ›klar Schiff‹, schmeiße alle raus und schließe die Tür ab. In meiner Rage werfe ich auch unseren Masseur mit raus. Er fleht vor verschlossener Tür, wieder reinkommen zu dürfen. Ich lache wie verrückt, vielleicht war ich tatsächlich auch verrückt. Alle lachen jetzt – die Verkrampfung verfliegt, in unsere versteinerten Gesichter kommt wieder etwas Leben. Das Gegröle der Massen im Stadion dringt als dumpfes Dröhnen und Summen in unsere Kabinen. Es nimmt kein Ende, es setzt sich in meinen Ohren fest.
Als ich mal nach draußen schaue, sehe ich, daß wir Ecken nur aus dem Stand treten können, die Zuschauer in der ersten Reihe sitzen auf der Außenlinie, dahinter hundert andere Reihen, alle in einer Ebene – es gibt keine Ränge. Alle Aufmerksamkeit richtet sich auf einen mehr als zwei Meter langen buntangemalten Medizinmann, der wilde Beschwörungsformeln in die Menge schreit und dabei wie irre rumhüpft. Niemand lacht, alle sind begeistert und schreien. Das Stadion scheint zu bersten. Der sich überschlagende, dröhnende Lautsprecher ist außerstande, das erwartungsfrohe Gebrüll zu übertönen.
Vor dem Rausgehen versammle ich meine Elf um mich. Wir bilden einen Kreis und geben uns die Hände.

»Wenn ihr kämpft wie eure alten Krieger, sind wir unschlagbar«, sage ich fast flüsternd, dann schreie ich als Kontrast wie besessen, nein, es ist kein Schrei, es ist ein Blitz aus purer persönlicher Energie, der sich auf die Jungs übertragen muß. Aus meinen Augen sprühen Funken: »Raus ihr Leoparden, zerreißt die Kaninchen aus Sambia.« »Out you leopards lets fuck the sambian rabbits.« Die Spieler drücken sich die Hände, daß es knackt. Alle sehen jetzt aus, als gehe es zu einem Ritt durch die Hölle.
Nach dem Anpfiff des neutralen Schiedsrichters aus Malawi bricht vor unserem Tor sofort alle Taktik zusammen. Alles klumpt sich in unserem Strafraum zusammen. Latte und Pfosten unseres Tores erleben schlimme Erschütterungen, die mir durch Mark und Bein gehen. Es kann nur an unserem Medizinmann liegen, daß kein Tor fällt: »Den nehme ich mit nach Deutschland«, knurre ich verzweifelt, nur er kann das Glück zu uns gehext haben. Nach einer Viertelstunde steht es immer noch 0:0. Ein Wunder! Meine Spieler treten jetzt auf alles, was sich bewegt. Ich leide auf der Bank. Der Schiedsrichter will uns die Jubiläumsfreude nicht so früh schon kaputtmachen – er pfeift keinen Elfmeter gegen uns, auch nicht, wenn die gegnerischen Stürmer im Strafraum von hinten umgemäht werden. O Gott, ist das schön, denke ich. Den Schiri nehme ich auch mit nach Deutschland. Die Sambianer stecken das alles ganz locker weg. Sind sie an solche »Auswärtsbehandlung« gewöhnt?
Als ich zu fest an unseren Medizinmann, seine Beschwörungen und an den Schiri glaube, fällt ein Tor – ein Eigentor. Es ist totenstill. Mit diesem Tor zog eine drückende Atmosphäre ins so erwartungsfrohe Stadion. Ich fühle, wie traurig die Leute sind. Da kann uns auch der Schiri nicht mehr helfen. Mein Stopper Ahmed hat voll abgezogen, sein Geschoß schlägt mit vehementer Wucht ins Dreieck unseres Tores ein. Er zieht schuldbewußt seinen Kopf zwischen die Schultern. Aber der Unparteiische tut trotzdem noch etwas, das mich erfreut. Als Sambias Mittelstürmer voller Schadenfreude auf meinen armen Ahmed zurennt und gratuliert, stellt er ihn raus. Grobe Unsportlichkeit! Richtig so!
Mit 0:1 gehen wir in die Halbzeit. Der gegnerische Torwart lehnte fünfundvierzig Minuten am rechten Pfosten, er brauchte nicht ein

einziges Mal einzugreifen. Ich war ja so glücklich, daß er sich nicht hinsetzte.
In der Halbzeit wechsle ich vier Mann aus. Die Spieler schauen mich hilflos an. Der Minister will in die Kabine, er hämmert gegen die von mir verschlossene Tür. Ich überhöre es. Der würde jetzt eine lange Rede halten, und ich müßte ihn erwürgen. Meine Spieler muntere ich auf, ich lobe sie: »Friends«, sage ich, »gegen zehn Mann spielt es sich leichter, jetzt wird gestürmt – ich übernehme die Verantwortung. Leoparden verteidigen sich nicht, die greifen an! Wir werden siegen; ich garantiere euch, wir packen sie.« Mein Rede war gut.
So, wie wir bisher verteidigt haben – mit Mann und Maus und Schiri –, so wird jetzt gestürmt. Für Afrikaner gibt es nur schwarz oder weiß: entweder wird gestürmt oder verteidigt.
Taktische Ausgewogenheit – vielleicht in hundert Jahren.
Wie Raubkatzen federn meine Spieler nun übers Feld. Das sind nicht mehr meine verkrampften Boys der ersten Halbzeit. Ich erlebe einen Freudentaumel wie nie zuvor. Wir schießen ein wunderbares Tor; sauber rausgespielt über den rechten Flügel, mit einer flachen Granatenflanke, in die Ali, mein Stürmer-As, reinfliegt wie ein Adler. Sein Kopfball schießt ins Netz. Herrgott, ich danke dir!
Ich weiß nicht, wie ich da hin kam; ich liege in der Spielertraube zuunterst. Wir können uns vor Freude nicht fassen. Wir möchten alle liegenbleiben, bis das Spiel aus ist – aber da sind noch lange vierzig Minuten zu spielen, was für eine verdammte Ewigkeit!
Wütende Gegenangriffe gegen unser Tor werden vom geschockten Gegner vorgetragen. Ihr jugoslawischer Trainer schreit wie verrückt Anweisungen ins Spielfeld.
Der Medizinmann und der Minister sitzen auf einmal neben mir auf der Spielerbank, Ersatzspieler werden runtergedrängt. Dann steht der Minister auf, macht segnende Armbewegungen zum Publikum und nimmt mir die Sicht. Ich werde wütend, will aber hier keine Szene machen, kann es mir trotzdem nicht verkneifen zu schreien: »Setz dich, du Fettsack!« Der Schiedsrichter annulliert ein Abseitstor, das die Sambianer schießen, der Linienrichter – von Botswana – hatte die Fahne hoch. Zum ersten Mal Protest durch unseren

bisher fairen Gegner, dessen Trainer jetzt den Linienrichter verprügeln will. Sechs Polizisten drücken ihn wieder auf seine Bank, dabei bekommt er ein paar Tritte in den Hintern ab, die er wegsteckt, als wären es Liebkosungen. Er lächelt gequält zur Präsidentenloge hoch.
Wir starten einen Entlastungsangriff aus unserem ständigen Belagerungszustand, der mit einem Bombenschuß durch Mahmud, meinem Linksaußen, im Außennetz landet. Hunderte, die glauben, der Ball wäre drin, stürmen ins Spielfeld. Einige mit Picknickutensilien. Welch ein Gaudium!
Noch vier Minuten sind zu spielen. »Unser« Linienrichter zeigt dem Schiedsrichter schon verzweifelt an, die Zeit sei rum – doch der winkt ab und streckt vier Finger hoch.
Diese vier Minuten werden zum Thriller. Die meisten Zuschauer, die nichts vom Fußball verstehen und die Regeln nicht kennen, werden von der Dramatik und Spannung, dem Auf und Nieder an Gefühlsstürzen überfordert, genau wie ich auf der Trainerbank. O Gott, wie lange können vier Minuten dauern! Aber auch sie sind mal zu Ende.
Bis in die Nacht brausen Begeisterungsschreie und nicht enden wollender Jubel durch das nach Spielende noch vollere Stadion. Keiner verläßt die Stätte des Erfolgs. Ein Volksfest beginnt mit Musik, Trommeln und Tanz – alles unorganisiert – improvisiert, deshalb so wunderbar.
So etwas Buntes. Soviel echte Freude am Feiern und fröhlichem Glücklichsein habe ich noch nicht erlebt.
Tausende geben mir die Hand, umarmen mich.
Ich bin ganz glücklich, verdrücke mich aber um Mitternacht. Ich spüre, daß ich viel zuviel getrunken habe. Dem Schiedsrichter, den ich nachts noch an der Hotel-Bar sehe, schenke ich meine goldene Ehrennadel von TUS Neuendorf – das einzige Abzeichen, das Wert für mich hat. Er hat es verdient.

Die Erfolgsprämie der botswanischen Regierung für mich ist eine Abschußgenehmigung. Sie wird ganz selten vom Staatspräsidenten persönlich erteilt. Das lief über den Ticker von Reuter. Der SPORT-INFORMATIONS-DIENST (sid) brachte hierüber diese Meldung:

»dienstag, 11. mai 1976
erfolgsprämie: ein elefant, ein leopard
gaberones, 11. mai (sid) rudi gutendorf, weltenbummler in sachen fussball hat in seinem neuen wirkungskreis, dem afrikanischen botswana, viele freunde gewonnen.
›die werden zwar so schnell noch nicht weltmeister, aber es gibt zahlreiche talente‹, beurteilt gutendorf sein spielermaterial, aus dem er eine schlagkräftige nationalmannschaft aufgebaut hat. die regierung von botswana ist über die erfolge ihres neuen nationaltrainers so glücklich, dass sie eine grosszügige erfolgsprämie aussetzte. gutendorf darf einen elefanten und einen leoparden schiessen. für den gebürtigen koblenzer allerdings wirft diese grosse geste probleme auf: ›was mache ich damit? ich kann noch nicht einmal auf einen hasen im hunsrück schiessen, viel weniger auf so herrlich grosse tiere.‹«

Der fette schwarze Etagenkellner, der grauenhaft nach saurem Schweiß stinkt, stürzt in mein Hotelzimmer: »Telegramm for you from Germany, mister coach!«
Alle nennen mich hier coach. In Botswanas Hauptstadt bin ich bekannt geworden. Nach dem Erfolg im Jubiläumsspiel werde ich verehrt. Kinder laufen mir in Scharen auf der Straße nach, sie wollen mich mal anfassen.
Ich lese Briefe und Telegramme immer zuerst von unten. Meine Mutter sagte mir mal, es sei eine Angewohnheit, die ich vom Vater geerbt hätte. Mit »Opitz Tennis Borussia« ist das Telegramm unterzeichnet. Als ich es gelesen habe, knülle ich es mit gemischten Gefühlen zu einer winzigen Papierkugel und kicke es in eine Zimmerecke. Jetzt zurück? Das geht nicht!
Bundesliga – Tennis Borussia – Kampf ums sportliche Überleben. Verdammter Jahrmarkt der Eitelkeiten, auf dem ich Jahrzehnte tanze.
»Mann, soll ich vielleicht gleich wieder einen Feuerstuhl, den Schleudersitz eines Absteigers, besetzen? Soll ich meinen Hintern schon wieder auf ein anderes Katapult hieven, brauch' ich jetzt nicht längere Zeit mal was Flaches?«
Und dann fälle ich meine Entscheidung: Ich werde das Telegramm

hinhaltend und unverbindlich beantworten. Ich kann mir meine geplante Gammelreise nicht kaputtmachen. Meine Natur verlangt im Moment nach ungebundenem Leben: 1:0 für Khani, die meiner Phantasie Flügel verleiht.
Solche Monate, manchmal sind es auch nur Wochen, zwischen einem alten und einem neuen Job, sind das Wertvolle am Leben. Diese Zeitspannen waren bisher das Kostbarste für mich. Ich benutze diese Zeit zum Atemholen für meine Seele. Den Genuß, sich einmal unbegrenzt treiben zu lassen, diesen Wahnsinnsluxus muß ich mir jetzt leisten. Mein Vater hat immer nur davon geträumt, es aber nie geschafft.
Khanis Augen strahlen.
Glückliche Mädchenaugen sind für mich das Schönste. Sie zu sehen – dafür war ich immer bereit, alles zu geben, selbst die größten Risiken gehe ich gerne dafür ein. Wenn die schwarze Kiste einmal zuklappt, soll es sich gelohnt haben.
Mosambik, unsere erste Station, ist eine Enttäuschung, wenn ich von den herzlichen Aufmerksamkeiten absehe, die Khanis Verwandtschaft uns angedeihen läßt.
Wie in allen sozialistischen Ländern Afrikas, so stelle ich auch in Mosambik fest, daß diese jungen Staaten mit dem Sozialismus nichts anzufangen wissen. Überall habe ich den Eindruck, daß man mit der Freiheit nichts anzufangen weiß.
Alle sind bankrott.
Wir trampen weiter nach Livingstone zu den Victoria-Wasserfällen in Sambia – viel beeindruckender noch für mich als die Niagara-Fälle. Von dort nach Daressalam, der Hauptstadt Tansanias. Wir verbringen dort ein paar schöne Tage bei Bert Trautmann, der nach dem Krieg, als Kriegsgefangener, ein englisches Fußball-Idol wurde. Dieser von Tragik umwitterte Ex-Torwart von Manchester City ist einer der wenigen Fußballer, die ich wirklich bewundere. Hier in Daressalam, im sittenstrengen Sozialistenstaat von Julius Nyerere, ist der Job als Nationaltrainer kein Zuckerlecken. Durch Zufall bin ich dabei, als seine tansanische Nationalmannschaft im Olympia-Qualifikationsspiel auf die von dem deutschen Kollegen Peter Schnittger trainierte äthiopische Nationalmannschaft trifft. Das Spiel endet mit einer blutigen Massenschlägerei. Ich sehe

genau das, was sich der deutsche Fußballfan unter Fußball in Afrika vorstellt. Nach dem Spiel machen wir drei deutschen Fußball-Entwicklungshelfer »schwer einen drauf«. Khani staunt, daß ich so trinkfest bin, denn in Botswana habe ich fast keinen Alkohol angerührt. Es ist schon fast Morgen, als wir zu Fuß ins Hotel gehen. Die Sterne leuchten nur noch trübe, wie kleingedrehte Lampen.
Zwei Tage später verabschieden wir uns und fahren in Richtung Norden.
Der Kilimandscharo hüllt sich in Wolken, die Erde riecht nach Regen. Bei Arusha in Tansania, das einmal die Hauptstadt eines vereinigten Ostafrika werden sollte, beginnt die Kilimandscharo-Region. Nach langen Wochen Hippie-Lebens genießen wir mal wieder die Annehmlichkeiten eines guten Hotels. Von Moshi aus führt eine schmale Straße die Hänge des mächtigen Berges hinauf. Sie windet sich kilometerweit durch ehemals deutsche Kaffeeplantagen. Das Klima ist wunderbar, das satte Grün der Pflanzen tut den Augen wohl. Zwischen Wolkenfetzen wird die schneebedeckte Kabo-Spitze sichtbar. Ziemlich weit oben hatten wir leider nicht das Glück einer guten Fernsicht.
Beim Rückweg komme ich in Rage, als mir ein deutscher Tourist wie verrückt entgegenschreit: »Was macht denn der Riegel-Rudi auf dem Kilimandscharo! Mensch, hier gibt's doch nix zu trainieren.« Der Kölner ist stinkbesoffen und fotografiert mich von allen Seiten mit Khani. Das, was unter Khanis Rock ist, fotografiert er auch, als er unter uns absteigt; dabei schnalzt er laut mit der Zunge. Seine Frau, o Gott, was für eine Kuh! Ein lebendiger Lift, häßlich wie ein umgestülpter Mülleimer, lacht doof nach oben zu mir. Was soll man machen, man kann ja nicht jedem Landsmann einen Kinnhaken verpassen.

Kampala ist das Schmuckstück Ostafrikas, eine der schönsten Hauptstädte, die ich je sah; errichtet von den englischen Mandatsherren auf sechs Hügeln, am malerischen Ufer des Victoria-Sees.
In dieser Stadt besuche ich meinen Trainerkollegen, Burkhard Pape, der im Auftrag unserer Regierung seit Jahren Ugandas Fußball-Nationalmannschaft erfolgreich trainiert. Burkhard ist ein persönlicher Freund Idi Amins, der sogar Taufpate seines Sohnes

ist. Er geht ein und aus im Regierungspalast, ist auch gern gesehener Gast in Amins Privatvilla. Ich sage ihm, daß man ihm in Deutschland seine Freundschaft mit diesem Idioten übelnimmt. Pape antwortet mir ganz überzeugend: »Ich halte es für gesünder für mich und meine Familie, sein Freund zu sein als sein Feind.« Wahrscheinlich hat er recht.

Pape besorgt mir zwei baumlange Karamodschongs, die auch ihn schon bei langen Jagdausflügen ins Innere Ugandas, wo es gar nicht ungefährlich ist, begleiteten. Wie unsagbar wichtig ist es doch, die richtigen Leute am richtigen Platz zu kennen!

Die beiden Karamodschongs sind, wie ihre Vorfahren, Nomaden. In vielem ähneln sie den Massais. Ihre Stämme leben ausschließlich von der Viehzucht, ziehen dorthin, wo es gutes Gras für die Herde gibt. Mwanza, am Südufer des Victoriasees gelegen, wird Ausgangspunkt unserer privaten Safari.

Obwohl sündhaft teuer, miete ich ein kleines Flugzeug. Für Khani ist mir nichts zu schade.

Als die schon sehr angestaubte Kiste startet, zerreißt der Lärm die absolute Morgenstille. Wenige Minuten nach dem Start liegen auch schon die letzten Spuren der Zivilisation hinter uns. Wir befinden uns über einem grenzenlosen Busch, der Hunderte und Tausende von Meilen nach allen Himmelsrichtungen reicht. Überall jungfräuliche Wildnis, ein Paradies für wilde Tiere.

Die Wolken liegen tief, wir fliegen tiefer als sie. Oft trennen uns nur fünfzig Meter vom Boden.

Nach drei Stunden über grauem Buschland, sehe ich einen tiefgrünen Waldstreifen, der immer breiter und voller wird. Nach einer weiteren Viertelstunde Flug landet unsere Maschine auf einem kleinen Behelfsflugplatz, der einem holprigen Fußballfeld gleicht. Mit einem gewaltigen Ruck kommen wir zum Stehen. Die Ladung aus Kisten, Ballen und Säcken, dazu ein verrückt gewordener Hund und wir, purzeln meterweit in Richtung Pilotensitz.

Der Pilot hatte die Fracht nicht festgebunden. Der Hund durchbeißt vor Angst Khanis Jackenärmel.

Ein Jeep nimmt uns mit zu einer Baracke – die einzige Behausung im Umkreis. Dieser Umkreis ist so groß wie die Schweiz.

Mit einem prallvoll gepackten Jeep fahren wir morgens in aller Frühe los – grobe Richtung Nordost. Die ziemlich komplette Ausrüstung, einschließlich Gewehren und teurer Munition sowie einer Schießgenehmigung, hat mir Pape besorgt. Aber all diese Sachen und das Militärzelt sind für Europäer zum Überleben im Innern Ugandas lebensnotwendig.
Ein interessantes Erlebnis haben wir schon am nächsten Tag auf unserem selbstgesägten Treetop. Zwischen turmhohen Bäumen spielt sich auf dem fauligen, mit Lianen und schimmligen Pilzen überwucherten Boden eine lustige Szene ab. Aus nur fünf Meter Höhe beobachten wir, die Augen noch voller Schlaf, wie ein junges Nashorn von einem ausgewachsenen Elefantenbullen angegriffen wird. Aber das sture Nashorn bleibt stehen wie ein Denkmal. Der Elefant stutzt verdattert. Dann scheint es zu einem Kampf zu kommen. Im letzten Moment dreht dann das Nashorn mürrisch ab, dabei furzt es laut und wütend auf seinem ganzen Rückzug. Ich lache dröhnend wie ein Idiot. So hat noch niemand im Urwald gelacht, da bin ich sicher. Unsere Karamodschongs sehen mich verstört an.
Weiße sind eben verrückt. Alle Schwarzen wissen das.
Die schwere Arbeit an dem Treetop hat sich gelohnt. Vier der »big five« – Löwe, Leopard, Elefant, Rhinozeros und Büffel – lernen wir von unserem Aussichtsbaum aus kennen. Leoparden sind selten geworden und scheu, man muß viel Geduld haben, bis man sie zu Gesicht bekommt.
Wir sind glücklich – wir essen, wenn wir Hunger haben, ohne auf die Uhrzeit zu achten, wir schlafen, wenn wir erschöpft umsacken. Wir lachen und freuen uns über alles.
Der Treetop wird unser Lager für viele Tage und Ausgangspunkt unserer Streifzüge in die Gegend. Nur einige Meilen entfernt, in einem buschähnlichen Gelände, können Khani und ich ganz allein eine große Löwenfamilie stundenlang beobachten. Wir sehen, wie sie jagen. Sie tun das nur, wenn sie Hunger haben. Wer nichts zu essen hat, der jagt eben. Eine natürliche Sache. Ein Jäger muß kein Räuber sein. Es ist eine Schande, die Tiere gefangenzuhalten, um sie im Zoo zu begaffen, eingesperrt wie Raubmörder. Wer – wie ich – diese Tiere in Freiheit und in ihren Familien erlebt hat, den muß es

traurig stimmen, Löwen im Zoo zu sehen. Abgesehen von dem natürlichen Drang, den Hunger zu stillen, sind Löwen friedliche Tiere. Löwen töten tatsächlich nur, wenn der Magen knurrt. Paradiesisch faul lümmeln sie herum; man sieht es ihnen förmlich an, wie wohl sie sich fühlen. Das können sich nur Könige leisten und manchmal Khani und ich. Zeit muß man sich eben schaffen können. Wenn es dämmert, tapsen sie los, springen, spielen und jagen. Die weiblichen Tiere kreisen die Beute ein. Er, der Chef, steht da und brüllt, und tut sonst nichts. Jede Beute, die sich anbietet, ist recht. Sie fragen nicht lange, ob es schmeckt: Beute ist Beute, und gefressen wird, was man gejagt hat.

Die ganz Kleinen dürfen schon auch mal knabbern, ohne daß der Löwenherr um seine Autorität fürchtet; er drückt sozusagen mal gnädig ein Auge zu, wenn er gut gelaunt ist. Die Mutter schaut stolz und hungrig zu, wie mutig und frech ihre Brut ist.

Ich sehe abends auf mein Gewehr, das durchgeladen neben mir liegt. Ich schäme mich fast, daß ich es dabei habe. Das war wieder ein Tag, an dem ich am liebsten die Uhr angehalten hätte. Aber Zeit spielt im Moment sowieso keine Rolle. Termine habe ich keine. Was die Zukunft für mich bereithält, ist mir egal. Macht man sich nicht die schönsten Stunden kaputt, wenn man den Verstand einschaltet? Aber den habe ich schon seit einiger Zeit abgeknipst – für den ist kein Platz. Wenn Träume in Erfüllung gehen, muß man sich treiben lassen.

Auf der Rückfahrt im offenen Jeep bricht die Nacht ohne Dämmerung herein. Unsere starken Halogen-Scheinwerfer fressen einen grellen Kanal in die Dunkelheit.

Nach vierzig Tagen im Urwald fliegen wir zum Ausgangspunkt unserer Traumsafari zurück, zum blaugrünen Victoriasee, in dem sich die weißen Segel der Boote wieder vom violetten Himmel scharf abzeichnen.

Uganda im Busch und am Victoriasee ist das ganz schöne Afrika.

Zurück im Hotel, begrüßt man uns auf der Terrasse mit »Jambo. How was it? Do you like Uganda?«

Das Wort ›Jambo‹, das vieles aussagt und mich durch ganz Afrika begleitete, habe ich liebengelernt. Es heißt eigentlich ›hallo‹. Aber es heißt noch viel mehr: ›Ich freue mich, daß du da

bist! Laß uns Freunde sein! Es ist alles wunderbar! Ein schöner Tag!‹
Warum gibt es dieses wunderbare kurze Wort nur in Afrika?
Muß ich eigentlich zurück?
Ich muß nicht – aber es ist auch eine tolle Sache, mal wieder aus tiefster Versenkung aufzutauchen, mal wieder Furore zu machen in der Bundesliga.
Der deprimierende Rückflug steht bevor.
Da ist kein Jambo mehr übrig – da ist nur noch Trauer.
Jedes Wort klingt banal. Versprechungen sind gefährlich, können nicht gehalten werden. Zu oft schon hat man sich gesagt, daß man sich liebt. Feuchte Augen beiderseits. Man schaut sich verlegen an.
Gefühle! – Man schluckt, der Mund ist trocken. Ich komme mir schäbig und hilflos vor, bin unglücklich und patschnaßgeschwitzt.
Ich schwitze wie ein Affe, wenn ich hilflos bin.
Aber ich kann Khani nicht mitnehmen.
Khani in Koblenz – unmöglich!
Es regnet, der Himmel ist grau wie im Ruhrpott.
Das weiß-violette Farbenmeer der Bougainvillea und der Hibiskusbüsche ertrinkt im Regen. Windböen drücken sie auf den matschigen Grund. Die große Regenzeit hat begonnen. Abschiedswetter!
»Wann sehen wir uns wieder, Rudi? Wo erreiche ich dich?« Vor dieser Frage hatte ich mich am meisten gefürchtet. O Gott, wo?
Was soll ich dir jetzt sagen, Khani? Ich hab' im Moment nicht mal eine Adresse. Zuletzt wohnte ich in einem Hotel in Köln. Ich weiß, wie verrückt das klingt – aber schrei' deine Frage in den Düsenlärm meines gleich aufsteigenden Jumbos, vielleicht sagt er dir, wo und wann.
Wenn du mich suchst, hast du vielleicht am Vierwaldstättersee in Luzern Glück, wo ich meinen Lieblingsschwan füttere. Er ist immer da, er kennt mich.
Mag auch sein, du triffst mich gelangweilt beim breakfast im »Halfmoon« in Montego Bay oder beim Drehen einer Wasserskischleife zwischen weißen Yachten.
Vielleicht findest du mich beim Ritt in Perus Anden bei einem Indianerstamm, oder wenn ich die Chilenen im Trainingscamp

Pinto Duran in Santiago trainiere, oder du kannst mich bei den St.-Louis-Stars am Mississippi sehen. Zu Hause wirst du mich nicht finden, denn ich bin nirgendwo zu Hause. Heute bin ich in Caracas, trainiere morgen in La Paz in viertausend Meter Höhe und leite danach einen Schiedsrichterkurs in Cochabamba, wo das Kokain zentnerweise verschoben wird.
Möglicherweise bin ich in Honduras oder in Trinidad oder auf Tobago, wenn mich das Internationale Olympische Komitee hinschickt. Vielleicht aber auch in Berlin im Mommsenstadion auf Platz 2, wo TB trainiert.
Du könntest mich aber auch in München finden – dort trinke ich dann ein paar Bier mit dem Dieter Hildebrandt in der »Zwick«.
Suche mich im Fußballstadion, im Gebrüll der Massen, die an Stöcken Tuchfetzen mit ihren Clubfahnen schwenken und in wilder Ekstase ihren Stars zujubeln. Dort, in der Hysterie der Massen, tief unten am Rand des Spielfelds siehst du mich am ehesten. Voll im Flutlicht, umrauscht vom orkanartigen Geheul der Jubelchöre oder – öfter noch – von den schrillen Pfiffen frenetisch vorgetragener Verzweiflung und Wut gegen den Trainer.
Du hast mich im gottverlassenen Gaberones gefunden. Wer hätte das voraussehen können? Wer hätte mich hier gesucht?
Wenn du mich wirklich finden willst, mußt du den Menschen, nicht den Trainer suchen. Der ist mal der Aufsteiger, den sie feiern und verehren – mal der Absteiger, den sie eiskalt rausschmeißen und hassen, dem sie ein paar Tausender, manchmal auch ein ganzes Bündel, so dick wie eine Butterstulle, nachschmeißen. Das ist natürlich was. Aber ist es das, was du suchst? Was ich suche?
Du findest mich beschrieben und porträtiert in Klatschgeschichten und Boulevard-Blättchen, oft in heißmachenden Schlagzeilen. Du wirst beim Suchen erfahren, daß über mein taktisches System seriöse Nachrichtenmagazine schreiben, daß Provinzzeitungen über meine Amouren berichten und welches Auto ich fahre. Das alles ist natürlich nur das Alltagsbrot im Wald der Oberflächlichkeiten.
Aber da findest du mich. Da fand mich jeder in den letzten zwanzig Jahren.

Bei den »Veilchen« in Berlin

Ich mache Bekanntschaft mit Berlin, wo an meinem Ankunftstag gerade eine der gefährlichsten Baader-Meinhof-Terroristinnen mitten auf dem Kurfürstendamm verhaftet wird. Alle haben Angst vor einem Vergeltungsschlag ihrer Genossen. In Botswana schwarze Terroristen, hier weiße.
Ich laufe die Bundesallee hoch, lande am Tauentzien, lichtertrunken und umspült von Menschen aller Sorten. Junge Burschen und Mädchen der Subszene sind darunter, die ein schier unversiegbares Brennen und Saugen durch die neonverschmierten Kulissen hin und her zu treiben scheint. An Schaufenstern vorbei, über feuchte und von Hundepisse gelblich verharschte Trottoirs huschen sie einem imaginären Ziel zu, von dem sie unablässig träumen. Viele hängen Tagträumen nach, die ihren Gesichtern jugendstarke, abweisende Herbheit geben sollen. Ich glaube, daß ein großer Prozentsatz von ihnen nicht arbeiten will – viele nur Spinner sind.
Ich schlendere den Kurfürstendamm entlang, diesem grellgeschminkten Maul der Weltstadt. Auf wackeligen Tischen halten Gammler und Gauner Tinnef und Mädchenschmuck bereit, den sie in ihren kümmerlichen Kaltschmieden gebastelt haben. Hippieleichtes Zeug, orientalischer Krimskrams, überall. Die Buntheit und Lebhaftigkeit um mich herum nimmt mich nicht gefangen, aber es ist etwas los. Im Café Kranzler trinke ich einen Underberg gegen mein Sodbrennen. Es war schwer wegzukriegen, seit mein neuer Club seine zwei besten Spieler verkaufen mußte. Hätte ich das gestern gewußt, hätte ich den Vertrag nicht unterschrieben. Ich gebe noch drei Autogramme an Fußballfans, die mir etwas mitleidig gratulieren zu meinem Mut, den Kirchenmaus-Club Tennis-Borussia übernommen zu haben.
Dann steige ich in ein Taxi und fahre zu meinem Hotel zurück, um

etwas zu schlafen – der lange Flug hängt mir noch in den Knochen. Schon als der Wagen in die erste Nebenstraße einbiegt, herrscht Schweigen, ist alles dunkel. Es ist jene Ausgestorbenheit, die früher in dieser Gegend die Künstler inspirierte, heute Verbrecher zu Raubüberfällen anmacht.
Diese Stadt ist nicht tot, aber ich spüre, daß sie gekreuzigt wurde.
Ich weiß aus den Zeitungen um die traurige finanzielle Situation des Berliner Fußballs. Zwei Bundesligavereine sind zuviel für diese Rentnerstadt. Hertha ist schon nicht mehr in der Lage, das Olympia-Stadion auch nur halb zu füllen, das ist ein böses Zeichen. Was wollen die »Veilchen« denn in der Bundesliga? – so fragt sich jeder Berliner Fußball-Interessierte. Obwohl der beliebte Berliner Traditionsclub Meister in der zweiten Bundesliga wurde, hat er trotzdem keine ausreichende Publikumsresonanz.
Aber, was soll's – TB ist nun in der ersten Bundesliga. Es galt für mich, hier in Berlin nicht nur die Mannschaft zu trainieren, ich mußte dem Management des Clubs auch kräftig unter die Arme greifen, damit etwas ins Rollen kommt.
Vorerst rollt nichts, aber auch gar nichts, denn immense Schulden erdrücken den Verein.
Da ist Resignation, überall, wo man hinschaut.
Ich muß mich wirklich anstrengen, um etwas zu erreichen, im anderen Fall gebe ich als Trainer eine häßliche Figur ab. Von der Presse wird uns eine Katastrophe prophezeit, als tatsächlich Torjäger Stolzenburg und der beste Abwehrspieler Siegmann verkauft werden. Aber der Vorstand glaubt an Wunder und an neue Geldspender, denn auf der Ehrentribüne ist bei den Schlagerspielern immer viel los. Da sitzen die Großverdiener in ihren teuren Kamelhaarmänteln. Da kommen die Box-Europameister Bubi Scholz und Gerhard Hecht und auch mal ein Senator. Da spendiert Kabarettist Wolfgang Neuss bei den »Alten Herren« für jede Torvorlage einen Hundertmarkschein ... »Tennis« ist und bleibt der Prominenten- und Feine-Leute-Verein.
Aber Fußball braucht die Masse, nicht nur der Einnahmen wegen, auch die Atmosphäre gehört dazu.
Schon bei meiner Vorstellung trete ich erst mal voll in ein Fettnäpfchen, als ich ein Symptom unserer Club-Krankheit beseitigen will.

Ich empfehle, den Namen des Vereins, den ich seit jeher furchtbar finde, zu ändern.
»Was hat Tennis mit Fußball zu tun?« frage ich. »Auch die Farbe der Jerseys ist unmöglich, violett. Diese Farbe symbolisiert doch sogar in der Natur Harmlosigkeit. Die braven lila Veilchen. Selbst bei Frauen ist lila Unterwäsche der letzte Versuch«, lache ich die Herren selbstbewußt an.
»Ja, wißt ihr denn nicht, daß selbst die Abkürzung TB eine direkte Assoziation mit Tuberkulose herstellt? Also schlechter geht es vom Image her nun wirklich nicht mehr!«
Ich sage offen meine Meinung und versuche, den Herren klarzumachen, daß ich ein so negativ aufgemachtes Produkt schlecht vermarkten kann.
»Laßt uns ganz neu anfangen. Beginnen wir mit dem Namen. ›1. FC Berlin‹, schlage ich vor. Ich kann TB nur verkaufen, wenn wir ständig gewinnen.«
»Rudi, deshalb haben wir dich verpflichtet – gewinn für ›Tennis‹ die Spiele«, sagt Manager Opitz, ohne dabei zu lachen. Wäre doch sein Telegramm in Afrika verlorengegangen. »Ist der Trainerberuf bei euch wirklich nur ein Himmelfahrtskommando, gebt ihr mir keine kleine Chance?«
Achselzucken ist ihre Antwort.
Die Tatsache, daß die meisten Spieler, die ich trainieren soll, überhaupt nicht dem Verein gehören, kann mich auch nicht hoffnungsvoller stimmen. Sie sind Leihgaben von Privatleuten, die nicht mal Mitglieder des Vereins sind. Versicherungsleute, Künstler, Banker, lassen unsere Kicker als Rendite-Objekte in ihren Bilanzen und über den Platz laufen. Aber das kann ich nicht ändern, ich stürze mich voll in die Arbeit, schaffe und plane rund um die Uhr. Das einzige, was mir übrigbleibt. Ein Trainer kann einiges verbessern, aber aus dem Nichts kann er – in knapp bemessener Zeit – keine Klassespieler zaubern. Die Kraft kann ungefähr um dreißig Prozent verbessert werden, die Schnelligkeit so um die zehn bis fünfzehn Prozent. Seit ich Trainer bin, habe ich immer gehört, daß die Vereinsvorsitzenden und Funktionäre sagen: Das ist ein guter Spieler, aber machen Sie den mal schneller. Es sind nur minimale Verbesserungen beim Tempo möglich. Schnelligkeit ist

wie vieles andere – Talent. Ausdauer läßt sich dagegen, bei entsprechendem Training, fast verdoppeln. Es gibt also nur ein Gebiet, auf dem ich alles erreichen muß: Psychologie! Die Willenskraft kann ich enorm vergrößern, wenn ich meinen Fanatismus auf die Spieler übertragen kann. Ich muß ihre Willenskraft ins Gigantische steigern. Hier liegt für mich die einzige Chance. Auf diesem Gebiet kenne ich mich aus, hier setze ich den Hebel an. Die Kraft, die ich in Afrika gespeichert habe, kommt meinem neuen Club zugute.
Wie schon öfter werde ich schnell das Lieblingskind der Medien, ohne jemandem in den Hintern zu kriechen. Mein Rezept: ich gebe höflich Auskunft und nehme mir Zeit für jeden Journalisten. Und dann kaufe ich, nicht der Club, Benny Wendt und Volkmar Gross, zwei erstklassige Profis. Bei Köln und Enschede sind beide nur potentielle Größen auf der Ersatzbank, bei mir werden sie Stars, die auf dem traditionsreichen Rasen des Olympiastadions zeigen wollen, was sie draufhaben. Das Geld für die Spieler kommt aus einer Idee, deren alleiniger Promoter ich bin. Mein goldfarbenes Sport-Cabrio habe ich öffentlich für den Einkauf dieser Spieler versteigern lassen. Der Erlös wird zum Grundstock meines Fonds für neue Spielerkäufe. Was ist schon ein Auto? Mich interessiert jetzt kein Auto, mich interessiert jetzt nur noch eins: Erfolg mit TB. Des deutschen liebstes Kind, sein Auto, sein Statussymbol, opfert er für TB, schrieb man, das schlägt wie ein Blitz ein. Die Berliner verstehen etwas von Opfern. Sie beginnen jetzt auf einmal hellhörig zu werden, wenn von dem neuen Trainer gesprochen und geschrieben wird. Das war meine Absicht! Hoffnungsschimmer blitzen auf! Mein Gag kommt an, erregt Aufsehen. Andere Geldgeber ziehen nach. Über uns, hauptsächlich über mich, wird gesprochen, und man spendet. Leute mit kleinerem Einkommen schicken zwischen fünf und hundert Mark in Kuverts – das sind für mich die Beträge, die schwerer wiegen als die absetzfähigen Zehntausender, die auch eintrudeln und insgesamt zu einer halben Million anwachsen. Ich kann es kaum glauben, daß wir plötzlich »in« sind, die Zuschauer wieder zu unseren Spielen strömen und die Zeitungen auf einmal voll sind von TB. Meine Geldbeschaffungsaktion ist ein Supererfolg. Die tierliebenden Berliner haben plötzlich ihr Herz für die verhungerte Kirchenmaus, die vor Kohldampf schon veilchenblau

angelaufen ist, wiederentdeckt. Bei Hertha-Spielern rufen die Fans, wenn es bei ihnen läuft, in Sprechchören: »Tennis Borussia«. Der Vorstand steht auf, begrüßt mich stehend, wenn ich zu den Sitzungen ins Zimmer komme. Ich werte das als Anerkennung.
Ich finde eine sehr teure, aber auch sehr schöne Wohnung in Berlin-Dahlem. Dahlem, meine neue Heimat, hat in diesem Jahrhundert schon so manchen illustren Bewohner in ihren herrschaftlichen Villen beherbergt – gerngesehene und unerwünschte. Dieser Stadtteil war einst das Viertel der schnauzertragenden preußischen Generalität in Kaiserzeiten. Später wohnten hier die Goldfasanen und Bonzen des Dritten Reiches, danach lösten die stolzen Sieger der Entente diese Unfeinen ab und beschlagnahmten alle Villen, die ihnen gefielen. Dahlem erlebte in dieser Zeit die rauschendsten Siegerparties und Feste mit den schönsten deutschen Mädchen und jungen Frauen, die halb verhungert waren und deren Männer sich in Sibirien in Gefangenschaft befanden oder für den heißgeliebten Führer gefallen sind.
Hier wohne ich, etwas weit weg zwar vom Zille-Idyll und vom brausenden Geschehen, bin aber bald mittendrin, wo immer ich den runden Ball und so manches andere bewege.
Ich bin zum großen Macher geworden.
Eine Tragödie katastrophalen Ausmaßes beginnt mit meinem ersten Training.
»Ali, wenn ich sage, spurte, dann spurtest du, fauler Sack, sonst schmeiß ich dich raus«, schreie ich meinen Spieler Bittlmayer an, der nach dem fünfzehnten Spurt über vierzig Meter immer schlapper wird und keine Explosion mehr im Antritt hat.
»Verdammtes schlappes Schwein«, knurre ich in mich hinein, »und das schon zu Beginn der Saison.«
Bestimmt schießen aus meinen Augen Blitze, ich kann in Wut geraten!
Nach dem Training klopft es zaghaft an meiner Trainerkabinentür. Es ist Bittlmayer. In seinem schwerverständlichen Dialekt – er stammt aus dem niederbayrischen Dollnstein, einem kleinen Dorf im Altmühltal – versucht er mir umständlich klarzumachen, daß er einfach noch nichts drauf hat.
»Meine Knie werden weich beim Spurten. Trainer, ich glaube, Sie

machen mich kaputt mit Ihrem harten Training. Ich quäle mich von einem Tag zum anderen, ich habe keine Kraft mehr. Ich bin verzweifelt, weil ich schon am Anfang der Saison Atembeschwerden habe.«

»Was? Bist du wahnsinnig? Erzähl mir keinen Scheiß! Schick deine Freundin heim nach Dollnstein und konzentriere dich nur auf Bundesligafußball. Das ist der einzige Rat, den ich dir geben kann. Geh heim und schlaf dich aus und laß die Finger von der Kleinen.«

»Herr Gutendorf, ich will doch in sechs Monaten heiraten . . .«

Ich unterbreche ihn abrupt: »Da fängt der ganze Quatsch schon an; Fußballer heiraten am Ende der Saison, nicht am Anfang. Kein Wunder, daß du nichts drauf hast, scheinbar vögelst du dir die ganze Kondition aus deinem Körper und kommst mir mit weichen Knien. Ich hab' die Schnauze voll von dir.«

»Trainer, ich . . .«

»Ab morgen rennst du«, unterbreche ich ihn.

»Herr Gutendorf, was soll ich denn machen? Es ist doch alles geplant mit der Hochzeit und so!«

»Schick die Kleine heim, verschieb die Heirat um ein Jahr, konzentriere dich auf deinen Beruf. Du hast Tore gemacht in der letzten Saison, ich brauche dich. Wir spielen in der Bundesliga, nicht in der bayrischen Amateurliga. In vierzehn Tagen geht es gegen Fortuna Düsseldorf, und ich will das erste Spiel mit dir gewinnen. Du hast eine Verpflichtung Tennis Borussia, dem Verein, der dich bezahlt, gegenüber. Im übrigen: wenn es hinten weh tut, sollst du vorn aufhören – eine alte Volksweisheit.«

Er geht mit hängendem Kopf aus meiner Umkleidekabine.

Ich föne schnell meine Haare trocken, hetze zum Schultheiß-Prominenten-Stammtisch an den Kurfürstendamm.

Wolfgang Gruner macht schon seine Späße, als ich in hübscher Begleitung zu spät eintreffe. Er nimmt mich auf die Schippe, noch bevor ich Platz nehme.

»Da kommt der Skandal-Rudi, der Weltmeister im – lange Pause – Rausfliegen.«

Meine blonde Berliner Begleiterin, die ich erst zwei Tage kenne, schaut mich schockiert von der Seite an.

Aber es kommt noch dicker. Gruner wendet sich jetzt direkt an das

Mädchen und warnt: »Medel, paß uff, wenn et nachher duster is und der Abendstern so romantisch uff de Mülltonnen scheint. Der Rudi wird versuchen, dich in aller jroßer Liebe langzulejen, der macht dat immer so, met allen Medeln zwischen Schalke und Chile.«
O Gott, was für eine Scheiße. Ich schwöre mir: Dem Gruner trete ich in den Hintern, der vermasselt mir die Tour.
Ich bin ziemlich betroffen von diesem Empfang. Lege mein Gesicht in Falten und schiebe meinen Unterkiefer vor, was ich immer ungewollt tue, wenn ich mich hilflos fühle.
Gruner sieht meine Verlegenheit und will mir auch etwas Aufmunterndes sagen:
»Rudi, keine Angst, wir sind von Hertha ganz andere ›Klopse‹ gewöhnt. Deine Skandale sind nur kleine Butterstullen. Brauchst dir nix einzubilden, du wirkst nur wie der resozialisierte Glöckner von Notre Dame nach einer Entziehungskur.«
Er witzelt weiter über mich, während mich der Maler Timm in Minuten meisterhaft mit meinem verlegenen Überbiß auf seinem Zeichenblock festhält.
Morgens um neun Uhr schleppe ich mich mit Brummschädel und wahnsinnig schlechtgelaunt zum Training.
Nach dem Warmmachen geht dasselbe Theater beim harten Vorsaison-Konditionstraining mit Bittlmayer wieder los. Alle Spieler jagen nach meiner Trillerpfeife leichtfüßig wie die Rehe über den regennassen Platz. Ali schleppt sich mit schweren Beinen verkrampft hinter der Horde her. Ich pfeife schrill und rufe Bittlmayer zu mir. Ich lasse meinen Assistenten Milde Bodengymnastik mit dem ganzen Haufen machen und will mir den Ali zum Einzeltraining vornehmen. Ich hole schon tief Luft, um ihm meine Wut ins Gesicht zu brüllen – da sehe ich seine Augen: kranke, traurige Augen. Der leere Ausdruck darin schockt mich, und mein beabsichtigter Anbrüller bleibt mir im Hals stecken. Er tut mir leid. Ich nehme ihn am Genick, und, ohne meinen Griff an seinem Nacken zu lockern, spaziere ich mit ihm auf den Nebenplatz.
»Ali, sag mir, was los ist. Ich helfe dir, wenn ich kann, aber sei jetzt ehrlich zu mir!«
»Ich weiß nicht, was mit mir ist«, antwortet er.

»Wir müssen was unternehmen«, sage ich. »Ich gebe dir heute frei, dusch dich und fahre sofort zu Professor Weigert. Er soll dich zu einem Internisten weiterschleusen, wenn es nötig ist. Ich rufe den Arzt nach dem Training an.«
»Herr Gutendorf«, sagt der Arzt mir am Abend des gleichen Tages, »Ihr Spieler hat eine bösartige Geschwulst im Lungengewebe, ein Sarkom, das so ungünstig liegt, daß bei einer Operation die Luftwege stark beschädigt würden. Dieses Krebsgeschwür kann auch, weil es sich schon ausgebreitet hat, nicht mehr entfernt werden.«
Ich sehe Ali nicht mehr. Einige Wochen später fährt er heim zu seinen Eltern nach Dollnstein. Tage darauf bekommt er Sehstörungen und seine Stimme versagt. Der Krebs hat sich weitergefressen. Die Metastasen haben sich explosionsartig in seinem Körper ausgebreitet und Teile des Gehirns befallen und das Rückenmark beschädigt.
Er stirbt am 1. Juni 1977.
Ich hatte einen meiner besten Spieler verloren. Im Vorjahr war er zweitbester Torschütze unserer Mannschaft.

Es ist immer wieder die gleiche teuflische Situation bei meiner Tennis Borussia. Man weiß es schon vor dem Spiel, auf dem Papier haben wir schon verloren, die Mannschaft ist bereits besiegt. Chancengleichheit gibt es nicht, die seit mehr als zehn Jahren etablierten Bundesliga-Clubs sind eingespielte Einheiten, haben sich in dieser Zeit wertvolle Spieler gekauft oder rangezüchtet. Sie haben einfach das bessere Material, das siegen wird, wenn das Spiel normal läuft. Man kalkuliert die Aussichten morgens, mittags und abends vor dem Spiel immer wieder neu.
An den Chancen ändert das nichts. Der Verteidiger auf der Gegenseite ist stärker als unserer, zudem ist er ein bekannter Nationalspieler, hat dreißigmal internationale Erfahrung speichern können. Der offensive Mittelfeldmann von drüben ist technisch viel perfekter als meiner und auch noch schneller. Der Rechtsaußen der anderen ist trickreicher, sein Marktwert ist zwanzigmal höher als der meines Außenstürmers. Der Mittelstürmer der Gegenseite ist lange nicht so verletzungsanfällig wie mein »Tank«, und auf der Reservebank hat der Gegner drei austrainierte Klassespieler sitzen,

die alle besser sind als meine Stammspieler, die ständig im Einsatz sind.
Da kommen dann meine braven Recken aufs Spielfeld, mit Kampfesfreude in den Augen, richtig nette Kerle, die nicht aufmucken, keine Extrawünsche haben, die nicht lamentieren und stöhnen und die viel weniger verdienen. Alles Fußballprofis der Marke »brave Jungs«, deren Stärke es ist, nicht schlappzumachen, wenn es gilt, nonstop zu rennen; manchmal meint man, sie spielen mit roten Krawatten – aber es sind ihre Zungen, die raushängen. Natürlich können meine Spieler auch rechnen und kalkulieren. Sie wissen genau, wie es um ihre Chancen bestellt ist, sie wissen um die Klasse ihrer Gegenspieler, die Overaths, Netzers, Beckenbauers, wissen um den Torinstinkt von Gerd Müller und Klaus Fischer.
Und ich, ihr Trainer, stehe vor ihnen, eine Tafel im Rücken, ein Stück Kreide in der angstfeuchten Hand, male Kreise, Kreuze und Striche, spiele die bevorstehende Machtprobe in der Theorie perfekt durch, schneidere eine Taktik auf sie zu, aber ich weiß genau, daß meine Taktik nur Überlebenshilfe ist. Ich bedenke hundert Wenn und Aber, sage jedem Spieler ganz genau, was er dann und dort machen muß, wenn dies und das passiert.
Ich rede und rede, überzeuge, strahle Zuversicht aus, spreche jeden persönlich an. Plötzlich jedoch merke ich, wie ich anfange, den Männern, die vor mir sitzen, die Unwahrheit zu sagen: Also der Verteidiger, Berti Vogts, sei doch gar nicht so stark, der Mittelfeldspieler Bonhof technisch kein Wunderknabe, der Rechtsaußen Simonsen laufe gar nicht so schnell und sei im Abschuß eine Flasche.
Ich komme mir wie ein Schweinstreiber vor! Die ganze Woche beim Training behandle ich willige Sportler wie Galeerensträflinge, bin dazu gezwungen, um sie auf Höchstleistungen zu trimmen. Ich muß sie anbrüllen, daß der Putz von der Kabinendecke fällt, und eingreifen, wenn sie, weil sie völlig unerwartet die Bayern besiegt haben, wie jeder normale Mensch im Hochgefühl des Triumphes über die Stränge schlagen. Oft tut es mir schon leid, bevor ich überhaupt zu brüllen anfange, weil ich mit ihnen fühle. Habe ich nicht noch vor ein paar Jahren als Spieler genauso empfunden?
Aber da ist mein Ehrgeiz, der alle Bedenken und Sentimentalitäten

wegfegt. Ich will das größte Kunststück meiner Trainerlaufbahn vollbringen und mit diesem Haufen nicht absteigen.
Ich will die Bundesliga überraschen, wie im ersten Bundesligajahr, als mir dies mit den Meiderichern gelang.
Wir landen sensationelle Siege. Wir schlagen den FC Köln, der mit Weißweiler ungeschlagen als Tabellenführer nach Berlin kommt, mit 3:2. Vier Wochen später putzten wir die Bayern mit Beckenbauer, Müller und Meyer 3:1 weg. Meine »Tennis« hat mehr Zuschauer als die »Hertha«.
Wie ich mitfiebere und eine wichtige Bundesligaschlacht in Berlin angehe und wie ich vor und im Spiel, das für mich eigentlich immer ein Kampf ist, mitgehe, sieht ein von mir geschätzter Journalist so:

»Vielleicht glaubt er wirklich an die Macht der Magie und an geheime Kräfte, dieser moderne Hexenmeister. Er hat ja lange genug bei den Medizinmännern im afrikanischen Busch zugebracht. Zumindest glaubt er an die Kraft des Willens, der Berge versetzen und Tore schießen kann.

Am Sonnabendnachmittag spielt er mit seiner Tennis Borussia, seiner ›Truppe von grünen Jungs‹, gegen den großen Lokal-Rivalen Hertha BSC. Ein bißchen feudaler Zauber ist schon dabei. 15.25 Uhr, Olympiastadion Berlin, fünf Minuten vor dem Anpfiff zum großen Derby. Draußen schwenken junge Burschen Fahnen, tuten Hörner. Die Ränge brodeln, die Stimmung heizt sich auf.

In der kahlweiß getünchten Kabine riecht es nach scharfem Massageöl, mit dem der Masseur den Spielern ihre Muskeln vorwärmt. Rudi Gutendorf tritt auf als Seelenmasseur. Er hat das gut getimed. Den blauen Schal mit den roten und weißen Streifen hat er wie ein Fahnentuch um den Hals geknotet.

›Nicht mehr sprechen‹, befiehlt er. Seine Stimme senkt sich, erklingt fast sanft im Raum. ›Entspannen.‹

Die Spieler hocken artig nebeneinander, wie Schulbuben auf zwei Kabinenbänken und lauschen dem großen Guru. Der streckt die Hände seitlich weg. Plötzlich ist Metall in seiner Stimme.

›Alle anfassen‹, befiehlt er. Die Alustollen der Fußballschuhe trommeln auf den Betonboden. Gehorsam stellen sich die Män-

ner mit den kräftigen Waden und Oberschenkeln wie Gäule im Kreis auf, reichen sich die Hände wie kleine Mädchen zum Ringelreihn, senken die Köpfe, blicken konzentriert zu Boden.
Um Gottes willen, was macht er denn jetzt, denke ich.
Der Trainer spricht einen Eid:
›Das ist heute kein Spiel, das ist Opfern.‹ Pause. ›Wir werden keinen Meter Boden preisgeben. Wir ziehen uns in der eigenen Hälfte zusammen.‹ Pause. ›Und dann werden wir unseren Konter ansetzen und Tore machen.‹ Pause. ›Ihr könnt das. Wir packen diese Angeber heute.‹ Gutendorf reißt beide Arme in die Höhe und schmettert: ›Raus, freßt sie auf, vom Anpfiff weg!‹
Rudi ist ein überschäumender Mensch, von Ausgeglichenheit keine Spur. Er hat diese braven Jungs von Tennis Borussia und die Fußballfans so weit gebracht, weil er erst mal sich und dann die anderen begeistern konnte. Auch seine Auftritte auf der Bank gehören dazu. Dort ist er ein irrer Zappelphilipp. Von hier dirigiert er, startet seine Ausflüge aufs Spielfeld, ohne es zu wissen, bis ihn der Schiedsrichter zurückpfeift. Er stößt sich den Kopf laufend am Plastikdach über der Trainerbank, ohne es zu spüren. Er brüllt sich die Seele aus dem Leib, bis er heiser ist. Wie hat der bloß zwanzig Trainerjahre überlebt? Als das Spiel auf der ›Kippe‹ steht, vergräbt er die Hände in der knielangen Jacke. Die Brille sitzt jetzt tief auf der Nase. Als ein Borusse umgetreten wird, hebt er anklagend die Hände zum Himmel:
›Schiedsrichter, das Schwein gehört raus . . .‹
Dann scheucht er den Masseur auf:
›Los, auf den Platz, du Penner. Immer auf den Platz von jetzt an, immer wenn einer von uns fällt. Weißt du nicht, daß wir Mitleid erwecken müssen, hast du das noch nicht gemerkt, du blinder Schafskopp?‹
Der Schafskopp ist immerhin fünfundsechzig, hat vier Kinder.
Zum Spieler, der an der Außenlinie vor Schwäche umfällt: Verstecktes böses Foul, ›bleib liegen‹!
Als er zu früh hochkommt, drückt er ihn wieder runter. Flüche zum Gotterbarmen. ›Arschlöcher, überall wo ich hinsehe, große Arschlöcher!‹
Die Ersatzspieler links und rechts neben ihm nicken zustimmend;

sie glauben sowieso, besser zu sein als die Arschlöcher, die er heute aufgestellt hat.
Halbzeit, Pause, Tee mit Zitrone, Rudi überschreit das nervöse Durcheinander.
›Keiner spricht.‹ Dafür spricht der Meister. Eine starke Waffe ist sein Wort: ›Heute packen wir sie – ich spüre es.‹ Er ahnt allerdings Schlimmes, weil der Schiedsrichter dem Hertha-Riesen Kliemann die Rote Karte gab und deswegen erbärmlich ausgepfiffen wurde.
›Der Feigling wird eine Konzessionsentscheidung machen, einen von uns wird er vom Platz werfen‹, sagt er.
Was der Schiri auch prompt tat.
Vor der Kabinentür pfeift es schrill, der eben beleidigte Unparteiische guckt in die Kabine. Gutendorf hebt die Stimme:
›. . . und fair und anständig spielen, der Schiri ist korrekt!‹
Fußball ist Krieg mit anderen Mitteln.
Bank: wieder Zittern.
›Nicht eindrücken lassen‹, schreit er, ›wir müssen was riskieren‹, als Hertha wie ein Orkan mit Mann und Maus anstürmt. Jetzt kommt sein entscheidender Auftritt. Er springt auf und zeigt auf einen blassen Reservespieler: ›Du rein jetzt‹, dann flüstert er ihm was ins Ohr.
Als er drin ist, erklärt er, ohne mich anzusehen: ›Alles hängt davon ab, daß du im richtigen Moment reagierst, deine Vorahnung – nicht dein Verstand muß schneller sein als die Geschwindigkeit des Lichts.‹
Tor! Seine Ahnung hat ihn nicht getrügt, der Ersatzmann kloppt wie ein Eisenbieger und gibt den für die Hertha tödlichen Paß.
Gutendorf eilt an die Außenlinie, reckt beide Arme höher, als das ein anderer Mensch kann, steht auf den Zehenspitzen, will noch höher, als wolle er in eine ferne Galaxis abheben, verharrt Sekunden wie ein Denkmal – bis alle Fotografen geknipst haben, er ist high; Tore beflügeln ihn wie eine Droge. Er strahlt, seine Augen und Zähne blitzen. Das Getobe im Stadion läßt erst nach, wenn er wieder auf der Bank sitzt. ›Laß sie laufen, sie sind mürb, wir haben sie jetzt im Sack, wir sitzen im Sattel, reiten, reiten, reiten, wir müssen sie jetzt rennen lassen, laßt den Ball laufen,

der hat mehr Luft als Hertha.‹ Der Rheinländer bricht durch: ›Se sen mürb! Tanze müsse mer se jetzt lasse, wie die Tanzbäre‹, sagt er vor sich hin. Seine Spieler befolgen den Rat, schieben sich nur noch den Ball gegenseitig zu bis zum Schlußpfiff. Ein Sieg vor sechzigtausend Berlinern! Nach dem Abpfiff umarmt Gutendorf alle. Er drückt sein Gesicht in die verschwitzten und verdreckten Haare seiner Spieler. Man muß sehen, daß er ihren Schweiß und ihren Dreck nicht scheut. Er hat neunzig Minuten mitgespielt, er sieht auch so aus!
Ist Rudi Gutendorf ein Mensch zum Mögen?
In Berlin mag man ihn!

100-Tage-Frist beim HSV

»Wenn ich in der kommenden Saison schon zum HSV kommen soll, müssen wir mit Schwierigkeiten rechnen.«
Als ich gerade konkret werden will, schüttelt Dr. Krohn ungehalten und mißbilligend den Kopf und unterbricht mich unhöflich:
»Mein Gott, Rudi, gibt es denn überhaupt Fußball auf diesem hohen Niveau, auf das ich den HSV gezaubert habe, ohne Schwierigkeiten? Was Sie Schwierigkeiten nennen, sind für mich Kinkerlitzchen, die ich einfach wegputze. Sie sind nicht mehr bei Tennis Borussia.«
»Herr Doktor, wie ich die Situation beim HSV von Berlin aus beobachtet habe, ist ein Trainerwechsel zum jetzigen Zeitpunkt bestimmt nicht ganz problemlos.«
»Rudi, Probleme, Schwierigkeiten – alles Worte, die ich nicht gerne höre und die in meinem Vokabular überhaupt nicht vorkommen. Wo vermuten Sie welche?«
»Ich habe gemerkt, daß es dem Kuno – wie auch immer – gelungen ist, die Sympathien der Hamburger Fußballanhänger auf seine Seite zu ziehen. Darüber hinaus hat er es, mit Hilfe von einigen namhaften Stammspielern geschafft, Ihnen ein Buhmann-Image bei der Masse des Publikums anzuhängen!
Seine Reaktion darauf, daß Sie ihm des öfteren in der Öffentlichkeit einen ›drübergegeben‹ haben, war, daß er sich äußerst geschickt von der Presse als geprügelter Hund hat verkaufen lassen. Er hat es nie versäumt, Ihnen einen Bonbon ins Hemd zu kleben, wann immer er es konnte, und das ist nicht ganz ohne Wirkung geblieben.«
»Rudi, um Gottes willen, das beurteilen Sie nun ganz falsch«, Dr. Krohn hebt beide Arme beschwörend, so daß die wenigen Gäste des ›Interconti‹ in Hannover erstaunt zu uns herüberschauen. »Die

gesamte Intelligenz Hamburgs erkennt meine Verdienste voll an, ich ...«
Nun unterbreche ich ihn erregt und bin erstaunt über seine Naivität. »Von wieviel Prozent des Publikums und der Leser der Presse sprechen Sie, wenn Sie von der ›Intelligenz‹ reden, Herr Doktor?«
»Es sind mir genug. Soll ich mich etwa an Klötzers primitiven Sympathisanten orientieren?«
»Ich meine, es sind viele, und bleibe dabei, daß wir Kuno, die von der Presse hervorragend aufgebaute Märtyrerfigur, die mit einem Heiligenschein über unserer Arbeit schweben wird, nicht unterschätzen sollen«, und dabei schlage ich ein Kreuzzeichen. Dr. Krohn lacht.
»Unterschätzen, überschätzen – was soll's, das ist doch Theorie«, sagt er, »ich kenne die Hamburger Szene besser als Sie. Von unserem Ritter Kuno von der traurigen Gestalt spricht doch kein Teufel mehr, wenn Sie da sind. Großstädte leben vom Neuen. Nur das Neue und Große kann man verkaufen. Ich werde Sie ganz groß verkaufen, Rudi.«
Eine wegwerfende Handbewegung beendet das Thema für den Doktor.
Er spült es zudem noch, wie zur Bekräftigung, mit einem kräftigen Schluck Weißwein runter.
Als die Kellnerin die Gläser wieder nachgefüllt hat, fährt Dr. Krohn fort:
»Ich habe Ihre Arbeit bei Tennis Borussia das ganze Jahr über genau verfolgt, aber was bei mir noch mehr zählt: Ihnen ist schon 1963 beim MSV mit dem Riegel-Rollsystem was Neues eingefallen. Danach ist übrigens keinem deutschen Trainer, wenn man von Lorants freier Raumdeckung bei Frankfurt mal absieht, taktisch was eingefallen. Sie waren damals allen Trainern um Jahre voraus. Alle haben Sie später kopiert, auch der Schön.«
Ich schlucke einmal trocken und trinke dann meinen zweiten Gin-Tonic in einem Zuge aus, bevor ich Dr. Krohn bewußt sachlich unterbreche. Er ist dabei, sich in eine Euphorie zu steigern.
»Herr Doktor, ich wäre ein toter Fisch, wenn mir nicht mein Hintern jucken würde bei diesem Angebot von Ihrem HSV, es ist

für mich eine einmalige Chance, aber wir beide sollten auch die Kehrseite der Medaille sehen. Mein Gefühl sagt mir, es wäre besser, wenn ich erst in einem Jahr kommen würde. Ich kann diese Saison bei ›Hertha‹ arbeiten, Holst hat mir eine konkrete Offerte gemacht. In diesem kommenden, nennen wir es mal ›Planungsjahr zur absoluten Weltklasse‹, können wir schon alle großen Aktionen starten und im geheimen gut vorbereiten.«

Dr. Krohns Reaktion auf meinen bestimmt nicht unvernünftigen Vorschlag gibt mir einen ersten Einblick in das Feuer, das in ihm brennt. Seine Augen beginnen hinter den dicken Brillengläsern zu flackern, seine Stimme wird rauh, die Finger tanzen unbeherrscht auf dem Tischtuch rum.

»Der total ausgereizte Kuno kann meiner Mannschaft keine neuen Impulse mehr geben, ich will und kann kein weiteres Jahr mehr verlieren – nehmen Sie das mal als gegeben hin.

Für mich kommen nur zwei Trainer in Frage: Sie oder Branko Zebec, alle anderen sind Rucksacktrainer, außer dem Weißweiler, aber der ist ein Bauer. Zebec paßt nicht zu unserem renommierten HSV. Er soll ein Quartalssäufer sein. Wie ich gehört habe, soll der öfter mal literweise Schnaps verputzt haben, und das an einem Tag. Der ist nicht tragbar für uns. Ich setze voll und ganz auf Sie, Rudi. Wenn Sie mich jetzt im Stich lassen, sind Sie für mich und den HSV gestorben!«

Ärgerlich spült er sein drittes Glas Wein runter, dabei wird sein Gesicht ernst.

Wie er so rigoros und kaltblütig meine ganzen deutschen Kollegen runterpinselt und dazu seine Ansicht noch mit auffallender Gestik unterstreicht, das ist schon dick.

Dr. Krohn nimmt meine Hand und zieht sie über den Tisch, hält sie einen Augenblick, läßt sie wieder los und sagt:

»Rudi, ich will mit Ihnen, einem der wenigen intelligenten Trainer, meinen HSV zur stärksten und attraktivsten Clubmannschaft der Welt machen. Es ist die Aufgabe meines Lebens, mein Credo. Ich fühle, daß ich dieses Werk mit Ihnen realisieren kann, nur wenn ich Geist um mich herum habe, kann ich kreieren. Cäsar scharte Dicke und Glatzköpfe um sich, ich brauche intelligente Persönlichkeiten, Fachleute Ihres Formats neben mir. Leute, die mich beflügeln, die

mir in meiner Ideenschmiede das Material reichen, vorgeformt sozusagen, ich mache den Feinschliff.
Den tumben Klötzer habe ich wie einen Klotz ertragen, was sage ich, wie Klötze hing der Klötzer an mir!«
Ich will etwas erwidern, aber mein Gegenüber ist in einem Schwung, der kein Unterbrechen zuläßt.
»Von meinem neuen Trainer will ich als geistige Potenz, wenn Sie so wollen als ›spiritus rector‹ anerkannt werden.«
Verdammt noch mal, da ist die Assoziation; ich konnte es mir nicht mehr verkneifen. Die Gedankenverbindung Spiritus rector – Spiritus Zebec ist wirklich komisch.
»Jetzt weiß ich, warum Sie nicht den Zebec nehmen«, pruste ich laut lachend heraus. »Sie haben Angst, daß er Sie in punkto Spiritus, in der flüssigen Form natürlich, übertrumpft.«
Nur durch ein kurzes Zucken im Gesicht, dort, wo sich die Lachfalten festgesetzt haben, merke ich, daß Krohn nicht ganz humorlos ist. Seine Augen aber machen nicht mit, die starren mich erstaunt und groß an.
Er redet sofort weiter: »Man nennt mich den General. Ich höre das nicht gerne. Sie sollten das sein beim HSV. Ich will nur dirigieren, vom Geistigen her, mehr in Richtung Kunst, mit Inspiration, verstehen Sie? Ich will tun, was mein Freund Everding an der Staatsoper macht. Ich will inszenieren, will Dramatik in das Geschäft Fußball bringen. Ich kann neue Akzente setzen in dieser Wüste um mich herum oder nicht, Rudi? Soll ich auf die in Frankfurt mit den Kniescheiben auf dem Kopf warten oder auf die Opas beim HSV? Ich habe die Wüste, was sage ich, die ganze Sahara, mit meinen Denkanstößen bewässert. Mit Ihnen mache ich deutschen Fußball elitär. Sie sollen die Feuerchen in der Mannschaft schüren. Sie können das. Ich lösche die Flammen, wenn sie zu hoch schlagen. Sie agieren als Brandstifter, ich als Feuerwehrmann. Wir machen alles gemeinsam. Ich stelle mit Ihnen die Mannschaft auf, wir bestimmen gemeinsam die Taktik, und Sie entscheiden mit im Management.«
»Für einen Trainer ist das, was Sie mit mir vorhaben, das Gefährlichste«, antworte ich ihm. »Ich werde auf einem schmalen Grat wandern und unweigerlich abstürzen, wenn Sie mich nicht voll

abdecken. Wir können dieses große Risikospiel nur spielen, wenn wir uns hundertprozentig vertrauen. Wir versuchen uns an einem ungewöhnlichen, bisher nicht dagewesenen Kunststück im deutschen Fußball. Ich bin kein Feigling, Neues fasziniert mich.«
Dr. Krohn sieht mir in die Augen und sagt feierlich:
»Sie können mir vertrauen, schon deshalb, weil wir in einem Boot sitzen werden.«
Er steht auf, geht zur Toilette. Etwas verblüfft sehe ich ihm nach. Ich staune wieder über seinen Gang. Er hebt seine Beine schwer aus der Hüfte, schwankt dabei mit dem Oberkörper hin und her; sein Kopf macht wie widerwillig die Bewegungen mit. Dieser Gang ist gewollt, er soll seine dynamische Persönlichkeit zum Ausdruck bringen. So ähnlich bin ich auch mal gegangen, als ich noch glaubte, den Koblenzer Mädchen zeigen zu müssen, daß ein kommender Fußballstar der Straße, die er beschreitet, die Ehre gibt. Als eine hübsche, aber freche Ziege mir mal sagte, »Du gehst ja wie ein schwankendes Wüstenschiff«, lief ich wieder normal.
Ich muß an Max Merkels Bemerkung denken, der mir kürzlich sagte: »Der Schaumschläger Krohn redet nur hanebüchenen Scheiß, er ist halt nur ein kultiviertes Arschloch.«
»Wenn er jetzt zurückkommt, muß ich zur Sache kommen und ihm auf den Zahn fühlen«, murmle ich vor mich hin.
Alle inneren Warnlichter flackerten bei mir auf. Ich hatte genug von diesen theoretischen Ideen. Credo, spiritus rector, General, Everding, elitär – was soll das alles? Diese großen Worte kommen mir zu sehr wie rundgelutschte Phrasen vor, trotzdem hat er mich beeindruckt.
»Herr Doktor«, sage ich schnell und betont trocken, als er sich hinsetzt, bevor er wieder das Wort ergreifen konnte.
Er schaut mich an, sanfter Schmerz trübt seine Augen, seine Augen blicken mißtrauisch halb schräg von unten auf mich, als ich ihn nicht zu Wort kommen lasse.
»Die beste Vereinsmannschaft der Welt machen heißt, viel Geld ausgeben zu können. Es müßten zwei absolute Weltklassespieler schon in der neuen Saison in die jetzige Mannschaft eingebaut werden. Alle wertvollen Spieler wie Kaltz, Memering, Magath,

Volkert usw. müßten gehalten werden. Sagen Sie mir jetzt ehrlich: Haben Sie Geld genug, um dieses gigantische Ding ernsthaft ins Auge fassen zu können?«
Dr. Krohns Antwort kann nicht klarer und präziser sein:
»Geld ist für den HSV, seitdem ich die Karre aus dem Dreck gezogen habe, kein Problem mehr. Ich kann in einer Stunde jede Summe Geld flottmachen. Sie sagen mir, welche Spieler Sie haben wollen, ich kaufe sie Ihnen. Bei mir singt kein Nachwuchstenor, ich biete große Oper, wenn Sie wollen, mit Ihnen.«
Ich setze mich aufrecht auf meinen Stuhl, hole tief Luft und sage nun bestimmt und auch überzeugt:
»Ich bin bereit, unter diesen Umständen mitzumachen, wenn wir jetzt hier und heute Nägel mit Köpfen machen.«
Sein Gesicht überzieht sich zum ersten Mal mit einem breiten Lächeln, er lehnt sich gemütlich in seinen Sessel zurück.
»Wie sehen Ihre Nägel – Ihr Rheinländer sagt doch ›Botter bei de Fisch‹ – denn aus?«
Das Lächeln hat er ganz plötzlich wieder ausgeknipst, ein lauernder Ausdruck macht sich auf seinem Gesicht breit.
Ich denke kurz nach, werde konkret.
»Holen wir Ivan Buljan aus Jugoslawien und Kevin Keegan aus England. Keegan ist frei und möchte, wie ich erfahren habe, aus steuerlichen Gründen im Ausland spielen. Mit Buljan habe ich persönlichen Kontakt, ich kann ihn kriegen. Ich wollte ihn für ›Hertha‹ kaufen. Ich garantiere für seine Klasse als Stopper.
Ich möchte bei Ihnen 120000 Mark plus einer Prämie für die Deutsche Meisterschaft sowie den Gewinn des Europapokals verdienen. Wenn Ihr Vorstand diese Bedingungen akzeptiert, unterschreibe ich. Einzelheiten und Formalitäten können wir später fixieren. Ich vertraue Ihnen, Herr Doktor«, sage ich.
»Ich bin mit Ihren Bedingungen einverstanden.«
Der Doktor reicht mir die Hand über den Tisch und sagt: »Um bei den Nägeln mit den Köpfen zu bleiben, schlage ich folgendes vor: Sie fliegen so schnell wie möglich nach Jugoslawien und verhandeln mit Buljan. Ivan, diesen Vornamen finde ich übrigens großartig. Ich ›verkaufe‹ ihn als ›Ivan den Schrecklichen‹.«
Meinen ersten sehr schmerzhaften Fehler begehe ich schon in dieser

Nacht. Da Dr. Krohn mir das »Du« anbietet, schütte ich Idiot zu den schon reichlich getrunkenen Gin-Tonics noch einige Gläser Champagner in mich hinein. Prost Peter – Prost Rudi! Wir beschließen, das Traumpaar des deutschen Fußballs zu werden. Tief in der Nacht singen wir gemeinsam den Vorkriegs-Evergreen: »Wir wollen niemals auseinandergehn.«
Ich fliege zurück nach Berlin und trainiere wieder täglich meine Tennis-Borussen. Die Saison ist noch nicht zu Ende.
Der HSV kommt weiter und weiter im Europacup. Die Erfolge schweißen die Mannschaft mit Kuno Klötzer zusammen. Die Spieler wissen, daß Krohn den auslaufenden Vertrag mit Kuno nicht verlängern will. Es wird gemunkelt, daß ich der neue Trainer werden soll.
Mir scheint, die HSV-Spieler spielen und kämpfen wie verrückt für ihren Trainer. Sie kämpfen gleichzeitig gegen Krohn, den die meisten hassen.
Diese natürlich entstandene Supermotivation läßt die Mannschaft weiter siegen. Sensationelle Triumphe feiert der HSV, wie im Rückspiel gegen Atlético Madrid im Europapokal. Von Trainerwechsel, der von uns ja schon im geheimen vollzogen war, will keiner mehr reden. Dr. Krohn ist plötzlich in eine schlimme Zwangslage geraten. Der HSV-Vorstand nimmt ihm intern seine einsame Entscheidung, mir so früh schon eine verbindliche Zusage gegeben zu haben, übel.
Überraschend bietet sich mir die Gelegenheit, Dr. Krohn ein wenig aus der Patsche zu helfen. An einem regnerischen Samstag spiele ich mit meinen Berliner Veilchen in einem der letzten Bundesligaspiele der Saison im Volksparkstadion gegen den HSV.
Selbst ich staune, welch ausgefuchsten modernen Fußball meine Jungens mit Jakobs, Berkemeier und Benny Wendt demonstrieren. Über weite Strecken des Kampfes spielen wir die komplette HSV-Mannschaft aus. Sie wird ausgebuht, wirkt wie gelähmt. Wir bekommen Szenenbeifall während der 2. Halbzeit vom fairen Hamburger Publikum.
Als wir auch noch 15 Minuten vor Schluß durch ein wunderschön herausgespieltes Tor in Führung gehen, sehe ich Dr. Krohn mit wehenden Rockschößen von der Haupttribüne zur Trainerbank

eilen. Dort gestikuliert er wie verrückt mit Kuno Klötzer. Danach schaut er strahlend zu mir rüber.
Ich zucke verlegen mit den Achseln. Gleichzeitig fühle ich, wie in mir eine überwältigende Sympathie für ihn aufkommt. Ich nehme mir vor, diesen Mann, der so voll auf mich setzt und mir vertraut, nicht zu enttäuschen.
Beim HSV wird mir die oft erlebte peinliche Tatsache, daß eine Mannschaft beim Trainerwechsel wie auf Kommando ihre alten Trikots in den frischen Wind des neuen Trainers hängt, erspart. Und das gänzlich.
Mir und Keegan, den beiden Neuen – Buljan wird vorerst nicht ernst genommen – schlägt die ganze feuchte Kälte einer steifen Brise von der Waterkant vehement um die Ohren.
Keegans erwartungsvoller Guten Morgen-Gruß, die einzigen deutschen Worte, die er beherrscht, wird, wenn er den Umkleideraum betritt, von seinen neuen Spielkameraden nicht erwidert. Peinliches Schweigen! Kevin kommt verstört zu mir und fragt:
»Why don't the guys here like me, damned?«
Wütend über das Verhalten der futterneidischen Spieler dem immer freundlichen Keegan gegenüber, mache ich meinen ersten Fehler. Als Keegan im Massageraum nebenan ist, nehme ich mir die Spieler vor. Nachdem ich mich in Rage geredet habe, sagt mir Nogly, der Mannschaftsführer, der nur einen Meter entfernt von mir steht: »Trainer, damit Sie's wissen, wir brauchen den Engländer nicht, wir haben ohne ihn vor sechs Wochen den Europa-Cup geholt. Wir sind nur darauf gespannt, wen Sie und Ihr Krohn, der ja jetzt die Mannschaft aufstellt, von der Endspielmannschaft rausschmeißen, um für den Engländer Platz zu machen.«
Bei dieser Äußerung schaut der Spielführer mich nicht an. Er hat einen Fuß auf die Bank gestellt und schnürt seinen Fußballschuh schon zum wiederholten Male auf und zu.
Er streckt mir, seinem neuen Trainer, demonstrativ seinen Hintern ins Gesicht. Mir kommt es vor, als stünde ich schon jetzt auf einer Falltür.
Ich schreie ihn an:
»Diese Flegelei vergess' ich Ihnen nicht.«
Verdammt noch mal, ich habe wirklich von niemandem besondere

Freundlichkeit oder ein anbetendes Lächeln erwartet, aber das ist ein zu starkes Stück.
Beim Rausgehen hab' ich das Gefühl, daß die Spieler sich schon nach meinem ersten Tag beim HSV zusammenrotten, um mich kaputtzumachen.
Drei Tage vor Beginn der Saison – mein erster Krach mit Dr. Krohn. Wir tragen das Ablösespiel für Keegan gegen Liverpool aus.
In der Bild-Zeitung hat die Nachricht gestanden, die Spieler des HSV hätten pro Kopf 30000 Mark für den Gewinn der deutschen Meisterschaft verlangt. Dr. Krohn erscheint zwei Stunden vor Spielbeginn zur Mannschaftssitzung. Er drängt mich von der Magnet-Tafel, an der ich gerade taktische Spielzüge erläutere und beschimpft die Spieler. Ich versuche, ihn zu unterbrechen.
»Wenn dir das nicht paßt, kannst du gehen«, brüllt er außer sich vor Wut. Jetzt kommt der machthungrige Glory-Hunter mit Spikes an den Ellenbogen, der seinen Weg marschiert, zum Vorschein. Das habe ich nicht erwartet. Durch diesen Auftritt vor meinen Spielern, hat er mir schon ganz am Anfang das ›Genick angebrochen‹. Will er das? Die Spieler schmunzeln.
Dr. Krohn wirft mir in den kommenden Wochen Rettungsseile zu, aber ich sehe die Schlingen am Ende. Natürlich unsicher geworden, da ich jetzt schon im Sandwich zwischen Spielern und Manager hänge, komme ich mir vor, als würde ich flattrige Flugversuche an einer zu kurzen Schnur vollführen, und Krohn beobachtet meine Anstrengungen mit Argusaugen.
Im Duell mit Dr. Krohn fühle ich mich wie einst der unvergessene Kohlmeyer im Länderspiel in London gegen Stan Matthews, der stets die linke Seite antäuschte, »Kohli« damit verarschte und dann rechts vorbeizog. Ich weiß nicht, welche Seite mein Partner sich aussucht oder ob er nur täuscht.
Wir verlieren das erste Meisterschaftsspiel beim MSV Duisburg 2:5. Ein ganz böser Anfang mit unseren Millioneneinkäufen. Krohn wirft mir vor: »Keegan und Buljan haben sich noch nicht in die Mannschaft integriert.«
Da hat er recht. Wie sollen sie es auch in dieser kurzen Zeit? Fußballspieler sind nicht genormt, auch ein Weltklassemann

braucht seine Zeit, besonders wenn er von den anderen ›geschnitten‹ wird.
Wenn wir gewinnen, wie gegen Köln und auswärts in Frankfurt und Stuttgart, so wird das für normal angesehen, nicht mal ein Klaps auf die Schulter. Verlieren wir, zerreißt man mich, nicht Dr. Krohn. Ich suche verzweifelt nach Wendemarken, aber da sind keine. Meine Niederlagen mit dem HSV bekommen bald etwas von einer öffentlichen Folter. Bei anderen Clubs tritt nach unerwartet verlorenen Spielen die Guillotine in Aktion. Die Amtszeit des Trainers wird nach Vorstandsbeschluß beendet. Nicht so bei Dr. Krohn – der spricht von einer 100-Tage-Frist.
Mal was Neues, aber ein Ding, das jeden Trainer killt.
Die Spieler wissen wie es um den Trainer steht, reagieren auf hartes Training nicht mehr wie gewöhnlich. Sie bilden Grüppchen in den Pausen. Der Trainer aber muß weiterhin selbstbewußte Führung simulieren. Wer kann das in einer solchen Situation, nachdem man schon Zielscheibe des versteckten Spotts geworden ist? Nur Mitleid ist noch schlimmer.
Die 100-Tage-Frist wird zur Qual, die Pein gräbt sich in die Seele ein. Im Gesicht zeigen sich deutliche Linien der Niedergeschlagenheit, und wie's drinnen aussieht verraten die Augen.
Anordnungen und Formulierungen, die motivieren sollen, wirken wie alle Bewegungen auf dem Trainerplatz lahm, ohne Überzeugung. Dr. Krohn hat seinem Partner, dem Trainer, mit einigen flotten Aussagen vor der Presse endgültig das Rückgrat gebrochen. Er kennt die Wirkung. Dr. Krohn ist nicht dumm! Von wegen: Ich soll die Feuerchen in der Mannschaft schüren ...
Mir hilft niemand, warum auch? Freunde habe ich keine in Hamburg. Schadenfreude, wohin ich komme und wohin ich gehe, vom Ochsenzoll bis Pöseldorf, von Uwe Seeler bis zum Taxifahrer, der den Kuno mag, weil er so ein einfacher Kerl ist.
Aber noch habe ich ja ein paar Samstage, bis meine Bewährungsfrist abläuft. Mein Vertragspartner nutzt diese ganz locker. Mit interessanten Bemerkungen auf meine Kosten, die sein Foto auf den Titelseiten der Gazetten garantieren, geht er gezielt zu Werke. Er beabsichtigt, seinen Trainer immer mehr in eine Ecke zu treiben, aus der es keinen Ausweg mehr gibt.

Das ist das Schlimmste – noch ausgestellt zu werden, obwohl viele schon betroffen wegsehen, weil sie wissen, der ist ja schon scheintot.
Wie oft würde ich morgens am Ochsenzoll lieber vorbeifahren, viel lieber, als mit Nogly, Kaltz, Magath und Co. zu trainieren. Ein bisher gänzlich unbekannter Wunsch kommt in mir auf: Ich möchte mich verstecken. Dieser Wunsch wird montags, nach dem verlorenen Heimspiel gegen St. Pauli übermächtig!
Krohn lädt die Mannschaft zu einem Makrelenessen ein, nicht den Trainer. Der Manager lacht kräftig und herzhaft mit, als über den Trainer geflachst wird. Man hat schon was getrunken, ist fröhlich. Krohn fragt die Spieler nach den Fähigkeiten des Trainerassistenten – so nebenbei. Die Presse vernimmt es.
Der Trainer beginnt sich jetzt zu wehren. Er tut das ungeschickt, weil er mit seinen Nerven am Ende ist. Aber er ist immer noch dazu verdammt, Runden zu drehen in einer kalten, leeren Umgebung. Aus der Leere, die plötzlich überall ist, glaubt er spöttischen Beifall zu vernehmen. Ihm wird klar, daß sein Rausschmiß unausweichlich geworden ist.
Alles, und das von Anfang an, seit ich Hamburg betrat, lief gegen mich.
Die 25. Trainerstation ist zu meiner Unglücksstation geworden.
In Hamburg verlor ich viel, ich war auf dem Sprung in die Elite der Fußballtrainer.
Dr. Krohn hat geschafft, was noch keiner fertigbrachte, ich habe keine Lust mehr. Ich fahre einfach weg, weiß nicht mal, wohin.
Ich muß wie schon so viele vor mir dafür bezahlen, zum falschen Zeitpunkt zu einem erfolgreichen Verein gekommen zu sein.
Als ich nachts irgendwo in einem kleinen Landgasthof übernachte – in einem Hotel hätte man mich erkannt, fühle ich mich leer und unglücklich wie nie vorher im Leben.
Soll ich mich aufhängen? Irgendwann in dieser Nacht, versuche ich meine Lage objektiv zu beurteilen: War die Zeit beim HSV wirklich die schlimmste, die ich bisher erlebt habe? Habe ich mich nicht schon aus böseren Niederlagen wieder aufgerappelt?

»Schwedische Gardinen« in der Schweiz

Die Stadt ist reizvoll. Das ist mein erster Eindruck. Das Almendstadion, am Fuß des Pilatus gelegen, ist eines der schönsten und heimischsten. Ein echter Heimvorteil-Platz, weil die Zuschauer ganz dicht am Spielfeld sitzen. Sie sehen die Gesichter ihrer Spieler und haben so hautnahen Kontakt mit ihnen – sie leiden mit und freuen sich, wenn es läuft.

Als ich mich im Palace-Hotel mit den Vorstandsherren des FC Luzern treffe, bin ich bereit, zu jedem Preis einen Vertrag zu unterschreiben. Ich habe mir die Stadt angesehen und weiß, daß man in ihr wunderbar leben kann. Hier will ich Sitzfleisch zeigen. Der Blick auf den Bürgenstock vom »Palace« aus, gibt den Ausschlag. Ein Vertrag muß bei mir beinhalten, nicht nur mein täglich Brot zu verdienen, sondern er soll mir auch garantieren, daß ich mich wohl fühle. Zur ökonomischen Befriedigung, die ich sehr hoch in Kurs setzen muß, da ich nichts »drauf«habe, soll aber auch eine Daseinsbereicherung kommen. Beide Komponenten hängen zusammen, denn in unserer Gesellschaft spielt der Lebensstandard eben eine entscheidende Rolle. Mehr als alles das ist mein brennender Ehrgeiz, mich in die Riege der bekannten Trainer vorzuboxen. Hinter diesen Drang treten alle anderen Wünsche weit zurück.

Mein Verhandlungspartner ist Dr. Ludin. Er hat mich öfter in Zürich bei meiner Trainerarbeit beobachtet und meine Mannschaft siegen sehen. Ihm gefiel der dynamische Stil, wie meine Blue-Stars »drauf gingen«, wie ich sie motiviert habe.

Es wird nicht streng verhandelt, sondern mehr getafelt, gefachsimpelt – feine Leute, diese Luzerner Fußball-Leute. Die Verschuldung des Vereins wird jedoch besonders hervorgehoben, wie das alle Club-Bosse in Vertragsverhandlungen tun, um damit Honoraransprüche zu dämpfen. Der Verein hat ganze hundertzwanzigtausend Fränkli Schulden, ein Klacks, die für einen Präsidenten unserer Tage ein sanftes Ruhekissen wären, denkt man an die Millionen Schuldsummen vieler Bundesligaclubs. In der Schweiz ist diese Summe aber unerträglich, da sie neben dem merkantilen Abstieg auch verdeutlicht, daß die Mannschaft nicht mehr zieht. Der Verein schämt sich.

Ich handle also meine tausendfünfhundert Franken aus. Für mich ist das »dickes Geld«, wie wir in Koblenz sagen. Nebenher bekomme ich eine kleine Wohnung, die direkt aufs Stadion blickt, mir aber auch eine wunderbare Sicht auf den Pilatus freiläßt. Nur nebenbei wird von Prämien gesprochen. Ich erbitte mir eine Gratifikation, wenn ich mit dem Verein in die Nationalliga A aufsteigen würde.

Man sagt Okay zu diesem Betrag, weil es für die Herren außer Frage steht, daß sie ihn in diesem Jahr nicht zu bezahlen brauchen. Keiner hat mehr Vertrauen zu den meist abgehalfterten, zu alten eigenen Spielern, die den Club in der letzten Zeit in den Abstieg gespielt haben.

Die Luzerner, mehr noch die ganze Innerschweiz, sind eine fußballbegeisterte Gemeinde. Ihr Verein, der FCL, ist eine Art öffentliche Institution, ein Kind, das von allen erzogen und verzogen wird. Seine Schulzeugnisse, sein Werdegang und seine Entwicklung werden bis in alle Einzelheiten verfolgt. Auch die Erziehungsmethoden sind – wie man sie bei Kindern anwendet – völlig einfallslos. Sie beschränken sich auf Lob und Tadel.

Mein Leben hat sich schlagartig geändert. Sobald ich das Angebot von Luzern im Sack habe, fahre ich erst gar nicht mehr heim nach Koblenz. Ich hole meine spärliche Garderobe in Davos ab, packe sie in meinen schäbigen M 12 und fahre nach Luzern.

Mir kommt es darauf an, in dieser wunderschönen Stadt am Vierwaldstätter See nicht nur zu spielen und zu trainieren, sondern ich will mir beweisen, daß ich über Zeiträume hinweg planen und aufbauen kann. Luzern ist diesen Versuch wert. Man hat auch hier schon das Trainer-Karussel rotieren lassen. Der Club hat schon vier Wiener Trainer verschlissen – darunter die berühmten Uridil und Lang–, danach kamen Jugoslawen, Engländer und

Ungarn. Nach dem Krieg kamen die Deutschen: Hack und Stennul waren meine Vorgänger.
Die Mannschaft hat Spieler mit großen Namen. Aber fast alle sind »over the hill« – ohne jugendliches Feuer. Sie halten nicht mehr ihre Knochen hin. Sie wollen alles mit Routine machen. Dünn drüber – nicht mit mir! Ich weiß, daß ich – auf Zeit gesehen – das Team mit eigenen Junioren aufbauen muß, um nach und nach auf die älteren Spieler zu verzichten.
Mit der Problematik des Spieler-Trainers und seiner zweifachen Aufgabe wurde ich schon sehr früh vertraut. Ich habe ja Gauchels Neuendorfer Aufstieg und seinen Fall miterlebt und daraus gelernt. Sein Scheitern hing mit dem Mißverständnis zusammen, als Spieler auch gleichzeitig der Distanz wahrende Vorgesetzte zu bleiben, dem man zu gehorchen hat. Ich trenne von vornherein beide Bereiche. Das ist gerade für einen Anfänger sehr schwer: Aber Gauchel ist mir warnendes Beispiel.
Wenn immer ich die Farbe des FC Luzern trage, integriere ich mich ganz in die Mannschaft und in den laufenden Spielzug als Spieler. Ich verlange nicht, wie das Gauchel jedem zur Pflicht gemacht hat, das Spiel auf mich zuzuschneidern.
Auf mein Können als Fußballspieler kann ich mich verlassen. Ich bin ein guter Handwerker, der durch die Routine und die Präzision der »TuS« längst seinen Meisterbrief in der Tasche hat. Als Spieler verlange ich präzises Zusammenspiel und taktische Disziplin, als Trainer Gehorsam und Respekt. Das gelingt mir, obwohl ich kein derart überragender Spieler bin, der alle in Erstaunen setzt. Da ich nie die Ehre hatte, in unserer Nationalmannschaft zu spielen, geht mir auch der Berühmtheitsbonus verloren, den Nationalspieler haben, die als Trainer im Ausland spielen. Sie haben es leichter, sie werden mehr respektiert, und ihr Können wird nicht angezweifelt.
Wir steigen im zweiten Jahr schon in die höchste Klasse wieder auf. Wie stolz bin ich auf meinen ersten großen Trainererfolg! »Rudi, der Trainer des FCL im Aufwind«, schreibt das Luzerner Tageblatt. Am Ende des Artikels steht: »Von diesem jungen Deutschen wird man noch hören.«
Am 8. Mai 1960 gewinne ich als Spieler-Trainer des FC Luzern mit

meiner Mannschaft den Schweizer Pokal. Bei der Rückkehr aus dem Berner Wankdorfstadion empfangen uns Alphornbläser, Jodlergruppen und dreißigtausend Luzerner mit Kuhglockengeläut. Das romantische Städtchen am Vierwaldstädter See ist aus dem Häuschen, und ich fühle mich, wie Wilhelm Tell sich gefühlt haben muß, nachdem er den Apfel vom Kopf seines Sohnes geschossen hat.
Vom offiziellen Bankett im »Seehotel« verdrücke ich mich gegen ein Uhr nachts. Im Schlepptau habe ich Helen, eine launische, aber bildschöne Schauspielerin des Stadttheaters, die in jeder Beziehung stark nach vorne drängt.
Am nächsten Morgen reißt mich ein Klingel-Stakkato aus dem Schlaf. Ich kralle mein Kissen fest um die Ohren – vergeblich.
Das Klingeln wird von einem Trommelwirbel, der auf die Tür meiner Junggesellen-Wohnung niederprasselt, begleitet. Schlaftrunken krieche ich aus dem Bett, grinse Helen an: »Hast du einen Liebhaber, der mich umbringen will?«
Es ist kein Liebhaber – zwei Polizisten des Kantons Luzern und zwei Herren im Trenchcoat stehen vor meiner Tür. »Ziehen Sie sich was Vernünftiges an«, empfiehlt einer der Polizisten.
»Sind Sie verrückt, in meiner Wohnung habe ich an, was ich will«, schreie ich und schleudere ihm meine Pyjama-Jacke ins Gesicht.
»Herr Gutendorf, gegen Sie werden schwere Vorwürfe erhoben, die uns berechtigen, in dieser Stunde Auskunft von Ihnen zu verlangen.«
»Ich bin Rudi Gutendorf, mit einem festen Wohnsitz, kein Penner, den Sie im Park aufgegriffen haben. – Ich empfehle Ihnen, das Zimmer, in dem eine Dame schläft – zu verlassen.«
Wir einigen uns, daß die Herren draußen warten. Während ich die Tür schließe, höre ich, daß die Herren miteinander tuscheln. Ist das Haus etwa umstellt?
»Was wollen die von mir?« frage ich Helen.
»Viel, wenn sie mit so einer großen Hauskapelle auftreten. Nimm deinen Ausweis mit und, bitte, führ dich einigermaßen zivilisiert auf!«
Dann fahre ich im Polizeiwagen durch die leeren Straßen, über die ich gestern noch als König getragen wurde. Im Statthalteramt

schlagen sie mir die Anschuldigung um die Ohren: »Unzucht mit einer Minderjährigen. Der Staatsanwalt wird Sie dem Untersuchungsrichter vorführen.« Man verhört mich: »Waren Sie betrunken, als Sie sich an dem Kind vergingen? Hatten Sie keine Skrupel, diesem armen Mädchen schweren körperlichen und seelischen Schaden zuzufügen? Wie kamen Sie dazu, dieses Mädchen in Ihre Wohnung mitzunehmen? Haben Sie jetzt wenigstens Gewissensbisse?

»Ihr seid alles Idioten, Ihr Käsemacher!« blubbert es aus mir heraus.

»Abführen!« donnert der Chef-Verhörer mit sich überschlagender Stimme. Ich muß lachen.

»So was Abgebrühtes haben wir hier noch nie gehabt! Wir werden Ihnen in den nächsten Monaten Ihr freches Maul stopfen.«

Erst in der Zelle dämmert es mir, in welche Situation ich geraten bin. Man nimmt mir Gürtel und Schnürsenkel ab, der Inhalt meiner Taschen wird registriert. Ich bin nun Insasse eines Schweizer Gefängnisses. Die von Marmelade klebrige Wolldecke verursacht mir eine Gänsehaut. Stundenlang liege ich auf meiner Pritsche und überlege, welche Mädchen mir in letzter Zeit über den Weg gelaufen waren. Keine war unter achtzehn, da bin ich sicher, obwohl ich mir natürlich nicht ihre Ausweise angesehen habe.

Am nächsten Morgen bringt man mich wieder zur Vernehmung.

»Der Haftbefehl gegen Sie wurde vom Gericht bestätigt. Wir können Sie bis zu einem Monat in Gewahrsam halten.«

Ich spüre, wie mir die Farbe aus dem Gesicht weicht.

»Na, wollen Sie nicht endlich Ihr Herz ausschütten? Sie waren euphorisch, weil Sie Erfolg hatten, Sie hatten getrunken, waren nicht mehr Herr Ihrer Sinne. In der Schweiz gibt es auch mildernde Umstände.«

»Nein, ich weiß gar nicht, wovon Sie sprechen«, antworte ich mit belegter Stimme. »Wahrscheinlich hat Ihnen eine kleine Hure ein Greuelmärchen erzählt.«

»Das Mädchen sagt, sie sei noch unberührt gewesen, als sie Ihre Wohnung betrat. Außerdem hat sie eine detaillierte Beschreibung Ihrer Wohnung abgegeben. Wie erklären Sie sich das?«

»Vielleicht hat sie einen Schlüssel zu meinem Appartement. Was

weiß ich? Ich kenne kein Mädchen unter achtzehn.« Ich spüre, daß meine Verteidigung dünn ist und alles andere als überzeugend klingt.
»Sie lügen. Das Mädchen, das Sie angeblich nie gesehen haben, weiß sogar, wo die Möbel in Ihrem Schlafzimmer stehen. Hier, sehen Sie sich diese Skizze an.«
Tatsächlich, jede Einzelheit stimmt. Mir flimmert es vor den Augen.
»Na bitte, Herr Gutendorf, geben Sie auf. Gestehen Sie doch, daß Sie das Mädchen bedrängt, ihre Bluse zerrissen und sie dann ins Schlafzimmer gezerrt haben.«
Ich bin in einer ausweglosen Situation. Gegen die scheinbar stichhaltige Anklage wehre ich mich mit Flüchen und Beleidigungen.
»Ich muß Sie darauf aufmerksam machen, daß ab sofort noch ein zweites Verfahren gegen Sie eingeleitet wird. Vergewaltigung! Am Arm der Klägerin wurden Kratzspuren festgestellt.«
Die ›Alpensöhne‹, die ›Eierköpfe‹ und ›Käsemacher‹, die ich ihnen daraufhin an den Kopf werfe, vergelten sie mir auf ihre Weise: Drei Tage lang werde ich nicht mehr verhört. Mein FC Luzern siegt 7:1 in Grenchen, während ich in der Zelle Goethes ›Faust‹ lese. Da steh' ich nun ich armer Tor...
Am sechsten Tag abends kommt der Untersuchungsbeamte mit den ausgeprägten Geheimratsecken zu mir in die Zelle. Er ist sehr nervös – sein linkes Auge zuckt ununterbrochen. Er spricht so schnell, daß es zischt, wenn er in den kleinen Zwangspausen heftig nach der Zellenluft schnappt, die ich seinetwegen schon seit Tagen in mich hineinpumpen mußte. Der Herr ist persönlich in den Orkus herabgestiegen, um sich bei mir zu entschuldigen und mich auf freien Fuß zu setzen. Ich will ihm in den Bauch boxen, ihm einen saftigen Tritt in den Unterleib donnern – so grenzenlos ist mein Haß. Beherrschen oder nicht beherrschen – bei dieser Frage verliere ich immer. Als ich ihn wie ein Blitz von der Seite anspringe und mich festkralle, steigt der üble Dunst von Angstschweiß aus seinem mausgrauen Anzug. Mir ist alles egal, ich will mich rächen. Mein Anwalt wirft sich dazwischen, ich lasse nicht los, bis der Polizist, dem ich gegen das Schienbein trete, mir mit seinem Gummiknüppel auf den Kopf haut.

Tagelang war ›Feuer frei‹ für alle Agenturen und Zeitungen, die sich förmlich überschlugen. Wer will es ihnen verdenken, daß sie die klotzende Überschrift »Gutendorf und die kleinen Mädchen« weit über die Schweizer Berge auch nach Deutschland tragen?
Erst jetzt ist klargeworden, daß die ganze Sache ein abgekartetes Spiel war. Initiator meines ganzen Dilemmas ist ein abgetakelter Spieler meiner Mannschaft, der auf Rache sinnt. Ein ehemaliger Fußballstar, den ich kurzerhand rausschmiß, weil er soff und nichts mehr brachte. Er spielte elf Jahre in der ersten Mannschaft. Ich feuerte ihn schon nach der ersten Halbsaison, da er wie ein fauler Apfel die anderen ansteckte.
Er stiftete seine Freundin, eine durchtriebene Lolita, an, mich wegen Unzucht mit einer Minderjährigen anzuzeigen. Bei meiner Geburtstagsparty, zu der die komplette Mannschaft mit Anhang angetreten war, hatten die beiden meine Wohnung bis in jede Einzelheit studiert und ihren Plan ausgeheckt.
Erst als der Untersuchungsbeamte das kleine Biest in die Mangel nahm, brach sie zusammen.
Sie kam ins Erziehungsheim Lysin. Der Spieler zog dort ein, wo ich rauskam. Ich erhielt hundertvierzig Franken Haftentschädigung.
Das Schlimmste an der ganzen unerfreulichen Sache war, daß meine Mutter in diesen Tagen Höllenqualen durchleiden mußte. Die Meldung über meine Verhaftung ging über den Fernschreiber einer Agentur auch nach Koblenz. In der Rheinzeitung las die Arme, daß ihr Rudi wegen Verführung eines minderjährigen Mädchens im Gefängnis saß. Ein Hausbewohner erzählte mir später, Mutter wäre fast verhungert, vor Scham hatte sie es nicht mehr über sich gebracht, zum Einkaufen zu gehen. Ihre Wohnungstür war immer abgeschlossen. Sie wollte niemanden mehr sehen, sie wollte sterben. Ich war ihr ein und alles, nachdem Vater gefallen war. Wie stolz war sie, wenn eine Meldung über einen meiner sportlichen Erfolge in der Zeitung stand. Die erste Verwundung durch meinen Einsatz im Beruf hatte ich weg.
In meinem Job bekommt man Schrammen ab, die nicht mehr heilen!

In der Wüste auf Leben und Tod

Die ›Ville d'Alger‹, ein französischer Luxusliner, hält für mich – vom Auswärtigen Amt reserviert – eine Kabine Erster Klasse bereit, deren Lage mich in Erstaunen versetzt. Ich wage erst mal keinen Protest.

Das Abtäuen von Marseille bedeutet für mich eine Premiere, nie zuvor bin ich auf einem Ozeanriesen gefahren. Alles ist mir neu – auch meine Kabine, ein eiserner Kasten. Sie ist eingebaut unter dem Oberdeck, direkt über der Kombüse, das ist mein Problem.

Nach wenigen Stunden weiß ich, daß man mich betrügt.

Von wegen Luxuskabine!

Ich mochte die Franzosen noch nie. Die Kriegsgefangenschaft bleibt in meinem Gedächtnis eingegraben. Mein Ressentiment erhält nun neue Nahrung. Die Besatzung tut so, als verstünde sie meine Beschwerde nicht. Sie hält es für angemessen, einen deutschen Trainer in einer unbewohnbaren Kabine unterzubringen.

Zu der Höllentemperatur von zweiundvierzig Grad Außentemperatur kommt in meiner derzeitigen Behausung auch noch die Küchenbruthitze von unten, verbunden mit undefinierbaren Gerüchen, die durch die Ritzen des Holzbodens qualmen. Dieser Raum ist eine Folterstätte. Von Stunde zu Stunde steigert die Hitze und der Gestank meinen Zorn.

Später erfahre ich den Grund dieser ›Sonderbehandlung‹: Die französische Schiffsbesatzung mißbilligt, daß ein Deutscher die Stellung einnimmt, die seit Jahrzehnten eine französische Domäne war – nämlich die des Fußballnationaltrainers von Tunesien.

Wahrscheinlich komme ich deshalb auch noch in den Genuß eines weiteren ›Vorzugs‹: Wanzen! Ich kann mich in meiner ›Küchenkabine‹ nachts dieser blutgierigen Bestien nicht mehr erweh-

ren. Ich weiß, die Wanzen sind ein zusätzliches ›Geschenk‹ der Schiffsbesatzung, die unverhohlen ihren Deutschenhaß an mir auslebt.
In der zweiten Nacht nehme ich eine Decke und lege mich auf die Brücke des Oberdecks auf den Boden.
Nach kurzer Zeit weckt mich der Dritte Offizier barsch: »He, stehen Sie auf. Was fällt Ihnen ein? Sofort die Brücke räumen!«
»Ta gueule, du Arsch«, schreie ich zurück.
»Scheren Sie sich weg von hier«, fährt mich der Kerl wütend an.
»Ich werde mich beim Kapitän beschweren«, brülle ich zurück.
Er trollt sich fluchend: »Boche, merde, allemand!«
Ein paarmal noch werde ich in dieser Nacht geweckt, weil jemand über mich stolpert – gewollt oder unbeabsichtigt. Aber ich behaupte meine Stellung, schlummre in Etappen Tunesien entgegen. Die uralte deutsch-französische Erbfeindschaft feiert neue Triumphe, ich spiele mit.
Mein Groll ist noch nicht verflogen, während wir in den Hafen von Tunis einlaufen. Tausende Flamingos und Pelikane stehen Spalier. Ein Vertreter der Deutschen Botschaft und der stellvertretende Sportdirektor Mohammed Mzali empfangen mich. Finstere Gesichter verabschieden mich auf dem französischen Schiff, als ich ihnen zum Abschied noch so beiläufig sage: »Ein Glück, daß ihr uns Deutschen frühzeitig die Kolonien abgenommen habt. Ihr französischen Trottel habt die Zeichen der Zeit noch nicht verstanden. Kämpft nur weiter um eure Kolonien. Es bringt euch schöne Früchte – hier und in Algerien.« Seit Jahren kämpft Frankreich einen blutigen Krieg in seinen Nordafrikanischen Kolonien.
Die Landschaft wirkt nicht exotisch – alles erscheint mir gelblichgräulich, nur das Meer ist von einer herrlich blaugrünen Farbe. Außer dem Meer gibt es nichts, woran meine Augen erfreut hängenbleiben. Einige Kamele am nahen Horizont beleben ein bißchen das monotone Bild.
Der Sportdirektor neben mir im Auto redet während der stundenlangen Fahrt nach Süden auf mich ein. Ich verstehe zu wenig und bemerke, daß ich dabei bin, einzuschlafen. Ich hatte ja kaum geschlafen auf dem Schiff.
Endlich angekommen, fühle ich mich wieder munter. Der Fischer-

hafen in Monastir ist interessant. Viele Gestalten stehen verhüllt und mit typisch afrikanischer Gelassenheit in kleinen Gruppen herum. Rechts vom Hafen erhebt sich der Ribat. Er weist mächtig und mit breiter Deutlichkeit ins Land! Diese alte Festung, die nach dem Muster der Ordensburgen erbaut wurde, bildet das mittelalterliche Pendant zu dem Marmorpalast Bourgibas in Skanes, in den ich gefahren werde.

Marmorbelegte Parkwege, an denen in regelmäßigen Abständen goldene Telefone stehen, scheinen mir unwirklich. Ich glaube zu träumen. Der Palast selbst vereinigt moderne Stilarten mit exotischer Pracht. Gitterwände umrahmen alles. Caboub, der Architekt, wird mir vorgestellt. Er ist ein tunesischer Jude – er beachtet mich kaum. Die prunkende Architektur steht in unglaublich krassem Widerspruch zu der Armut des Landes. Dieser schloßartige Palast ist das Symbol der wiedergewonnenen Freiheit des Landes, sagt man mir und rechtfertigt so den Luxus. Man muß dem Kind ja einen Namen geben, denke ich. Die verschiedenen Baustile würden die Offenheit des neuen Tunesien sowie die Enge des alten Wüstenafrika bekunden.

Ich halte es für Wahnsinn, in einem bettelarmen Land für solchen Prunk so viele Millionen auszugeben. Aber was geht das einen deutschen Fußballtrainer an?

Nominell bin ich der Deutschen Botschaft unterstellt. Mit vollem Elan will ich loslegen – doch zu arbeiten gibt es nichts, da alle Fußballspieler zum Kriegsdienst eingezogen sind. Was bleibt mir also anderes übrig, als zu genießen, was zu genießen ist: Sonne, Meer und den delikaten Kuskus, geheimnisvoll nach Beduinenart zubereitet.

Darüberhinaus nutze ich die aufgezwungene Muße, um Tunesien kennenzulernen, vor allem die Souks und Basare mit ihren schiefen Lehmhäusern, den Kramläden und Ramschbuden haben es mir angetan. Tagelang kann ich in ihnen herumstrolchen. Es fällt mir schwer, mich der Faszination dieser orientalischen Geschäftigkeit zu entziehen. In den unzähligen Basaren gibt es nichts, was es nicht gibt. Wer versteht, ein bißchen zu handeln – was unerläßlich ist, wenn man den Händler nicht beleidigen will –, und wer zwischen Kitsch und Kunst auch nur einigermaßen unterscheiden kann, der

kann hier eine wertvolle arabische Kunstschmiedearbeit – natürlich Diebesgut – billiger erstehen als die Nachbildung des Kölner Doms, die in »echtem Gold« angeboten wird. Runterfallen lassen darf man den Dom selbstverständlich nicht – sonst bröckelt der Gips ab . . .
Die Rue de Notre Dame, am Rande der Souks, einst die Straße der besseren Läden mit überquellenden Angeboten von Waren aus aller Welt, wurde von Prostituierten aufgekauft. Seitdem ist die Gegend versaut. Das horizontale Gewerbe wird hier zwischen runterhängenden fetten Hammelnieren, Lungen mit dranhängenden Luftröhren und allen stinkenden Innereien von Ochsen, Kälber, Schafen und unbekanntem Getier, das ich nicht für eine Million Mark essen würde, betrieben.
Die unwahrscheinlichsten Huren aus ganz Schwarzafrika haben sich in dieser Gegend eingenistet. Die Glänzend-Blauschwarzen mit geweiteten Ohrlappen aus Zentralafrika, meist ältere Semester, die mit dem Zauber des Medizinmannes, mit Salben und handlichen Reizmitteln ältere Klienten wieder in Hochform bringen, sind am billigsten. Appetitlicher sind die grazilen Schönen mit der helleren Hauttönung der Wasuaheli von der Küste; sie machen das große Geschäft, weil sie viel lachen und immer freundlich sind. Ihnen macht es Freude, Kunden zu verwöhnen. Auch sehe ich elfenbeinhäutige Araberinnen, die von bärtigen Sikhs mit weißen Turbanen streng ›behütet‹ werden. Die würdevollen Herren entlassen die Mädchen nur für größere Scheine aus ihrer Obhut – ganz junge Mädchen kosten einen ganz großen Schein.
Gutaussehend sind auch Somalia-Mädchen aus der Wüste, die den Inderinnen ähneln und ihre wogenden Attraktionen so lange unter hellroten Tarbooshes versteckt halten, bis Francs auf den Tisch geblättert werden. In einem der Gäßchen gibt es Mütter oder Stiefmütter, die ihre noch unschuldigen Töchterchen für zweihundert Dollar den reichen Arabern feilbieten. Sexhungrige Geschäftsleute werden von armseligen Sklavinnen der Liebe, die von Mädchenhändlern aus dem Busch oder der Wüste hierhergebracht worden sind, gespeist und auf unglaubliche Art und Weise befriedigt – gegen Dinare. Vereinsamte, Traurige und Greise werden, wenn sie Geld haben, wieder behutsam aufgerichtet und dann ausgenommen. Perverse und Sadisten werden mit Peitschen so hart

gezüchtigt, daß ihre gellenden Schmerzensschreie hundert Meter weit zu hören sind – oder sind es die Schreie der Strichjungen, die den Versuch gewagt haben, ihrem Boß Geld zu unterschlagen?
Die ganze Szene wird garniert von Besoffenen, die überall herumliegen und dem kommenden Tag glückselig entgegenschnarchen.
An die Gerüche von Curry und Backwerk, das immer klebrig-süß und triefend vor Fett und Honig ist, muß man sich erst gewöhnen, auch an die kleinen Wolken von Fliegen, die über den Abfällen und Lebensmitteln summen. Von Nebengassen dringen noch andere Düfte herüber, im Laufe der Zeit ist mir der schwere, üppige Gestank nicht einmal mehr unangenehm.
Ich tauche fast täglich aufs neue ein in dieses pulsierende und quirlende Gewimmel, das mir nur anfangs wie ein Schlag ins Gesicht vorkam. Als ich am zweiten Tag eine fremde Hand an meiner Gesäßtasche spüre, die sich an meiner Brieftasche zu schaffen macht, sehe ich das als Warnung an, aufzupassen, denn auch Schlägereien und Messerstechereien gehören zu dem faszinierenden Leben in dieser Gegend. Ein Klappmesser habe ich von nun an immer in der Hosentasche – auf Federdruck springt es auf und rastet ein. Ich fühle mich stark, Angst habe ich nicht.
Braungebrannt und ausgeruht gehe ich jeden Abend bummeln. Gemütlich setze ich mich, wenn der Gesang des alles übertönenden Muezzins zum Gebet aufruft, in eine kleine Kaffeestube, die so etwas wie meine Stammkneipe wird. Für umgerechnet vier Pfennig genehmige ich mir hier einen starken Mokka. Schon beim ersten Schluck spricht mich ein Araberkind an – vielleicht zehn Jahre ist der barfüßige Bengel. Mit geheimnisvoller Stimme und todernstem Gesichtsausdruck fragt er:
»Mister, you American?«
»No, German«, antworte ich.
Er: »Aha, du Deutsch, du such scheen Mädchen, mein jung Schwester serr scheen.«
Ich: »Nein, ich will kein schönes Mädchen von dir.«
Er: »Aha, du Arschficker, ich hab' Haus mit serr scheen Arschficker, du kommen?«
Ich: »Ich will hier einen Kaffee trinken, hau ab.«
Kopfschüttelnd zieht er ab.

Zum ersten Mal im Leben komme ich mir frei und unabhängig vor. Volle Entschädigung für alle Scheußlichkeiten, die ich bis jetzt überstanden habe.
Da ich erst einige Wochen in Tunesien bin, hat sich mir noch keine Gelegenheit geboten, ein Mädchen kennenzulernen. Wer kümmert sich im Krieg um das private Wohlergehen eines ausländischen Fußballtrainers? Niemand weiß etwas mit mir anzufangen. Ich bin sicher, daß man mich nach der Begrüßung vergessen hat. Alle Aufmerksamkeit richtet sich auf Bizerta und auf die ersten gefallenen tunesischen Soldaten an der Front. Ein Zufall hilft mir.
Ich fahre an einem Straßencafé vorbei und sehe nur diese Haare: lange, glänzende, blauschwarze Haare. Jetzt oder nie, sage ich mir, zügle die Pferde – und trete auf die Bremse. Es ist mir egal, wo ich parke. Strafzettel gibt es hier sowieso keine. So lasse ich den Wagen einfach mitten auf der Straße stehen. Da steht es nun, das verlassene Cabrio mit seinem durch die Sonne und die salzhaltige Luft verwitterten Lack.
Das offene Cabrio wirkt einladend für sie, hoffentlich. So einen Wagen gibt es in ganz Tunesien nicht. Ich muß sie sofort kennenlernen! Ihre Haare dominieren ihr schönes Gesicht, in dem viel, vielleicht gespielte Traurigkeit liegt. Da überlege ich erst gar nicht, was ich sagen oder nicht sagen soll. Ich singe ihr zu: »Bonjour tristesse«, und setze mich. Sie sieht mich ungläubig an, und um ihre Mundwinkel herum formt sich ein verwundertes Lächeln. Ich schließe die Augen und genieße die Sonne, die mir voll ins Gesicht lacht. Selbst Mißerfolg und Zurückweisung sind besser, als keinen Versuch zu wagen. Sicher, es ist ein heißer Tag – aber da ist auch noch etwas anderes, was ich wie einen warmen Strom in meinem Körper spüre. Einer solchen Schönheit so nah zu sein ist nicht leicht, mir wird heiß und heißer.
Es gibt verschiedene Anlässe zu schwitzen auf dieser Welt: Wenn die Sonne im Zenit steht, schwitzt man; wenn ein Spiel Null zu Null steht und der Gegner in den letzten Minuten viermal die Bälle an die Querlatte schmettert; wenn einem zwei riesige homosexuelle Neger im abgelegenen Fabrikviertel hinterherlaufen, wie es mir in St. Louis erging, dann komme ich ins Schwitzen. Ich

schwitze aber auch, wenn ich neben einem Mädchen sitze, von dem ich nur eins weiß: daß ich es um jeden Preis erobern will.
Der Clou an ihr sind die blauen Augen. Die üppigen Formen ihres Körpers bewahrt sie unter einem kaftanartigen weißen Gewand, das selbst in dieser Wahnsinnshitze noch frisch gewaschen und sauber leuchtet.
»Ich fahre Sie ans Meer, und Sie verraten mir Ihren Namen«, sage ich zu ihr und bekomme als Antwort nur ein seltsames Lächeln. Wer so schön ist, braucht nicht viel zu reden, sondern setzt sich einfach in die Sonne und wartet.
Ich sehe einige Kinder um meinen Wagen herumspielen. Ein ganz besonders mutiger Bursche steigt gerade ein. Ich taste meine Hosentasche ab – okay, die Wagenschlüssel habe ich, also abrauschen kann der Knirps nicht. Sollen die Bengel damit spielen, abwracken werden sie ihn ja nicht.
Endlich höre ich ihre Stimme:
»Haben Sie keine Angst um Ihr Auto?« fragt sie ganz leise.
»Wenn ich Angst habe, dann habe ich Angst um mein Leben und nicht um irgendeinen Gegenstand.«
Kaum mache ich den Mund wieder zu, merke ich, daß ich zu dick aufgetragen habe. Um meine hochtrabende Bemerkung verdaulicher zu machen, versuche ich es mit einer phonetischen Wortspielerei: Statt »C'est la vie, mon amie«, sage ich albern-unsicher: »Tel Aviv, Mondamin.«
Ich wollte witzig sein.
»Haben Sie etwas gegen Tel Aviv?«
»Nein, nein Mademoiselle«, stelle ich schnell klar.
»Je m'en fou«, ist mir auch egal, entgegnet sie abweisend. Hätte man ihre Stimme in den vor mir stehenden Whisky getan, er wäre gefroren.
»Haben Sie etwas gegen das Meer?« kontere ich.
»Nein, aber ich habe etwas dagegen, daß ein fremder Mann, der zufällig hier vorbeifährt, mit mir zum Meer fahren will.«
Nun spricht sie mit mir, sieht mich dabei aber nicht an. Sie starrt ins Nichts, als sei selbst das Nichts interessanter als ich.
Es ist einer dieser heißen Tage, an denen man nicht mehr fragt, wieviel Grad es wohl sein mögen. »Scirocco«, stöhnen die Einhei-

mischen Allah ergeben und legen sich in dunkle Ecken und dösen. Sogar die Kinder trotten von meinem Wagen – das will was heißen, wenn Kinder in einem offenen Sportwagen nicht mehr spielen wollen.
Plötzlich tauchen einige Boys an unserem Tisch auf, von denen keiner so aussieht, als hätte er einen Bettler als Vater. »Sarah, komm wir fahren ans Meer«, ruft ein mickriger Junge. Ihr Gesicht taut auf.
»Oui«, jubelt sie, steht auf und fragt mich, ob sie meinen Autoschlüssel haben dürfe. Völlig verdutzt gebe ich ihr die Schlüssel und bleibe sitzen. Sie geht ein paar Schritte vor, bleibt stehen und fragt: »Was ist, Sie wollten doch ans Meer?«
Ich breche mir fast das Genick bei dem Sprint und stolpere über einen querstehenden Tisch und einen Sonnenschirmfuß, um wie ein Blitz bei ihr zu sein. Wir gehen zu meinem Wagen, ich setze mich brav auf den Beifahrersitz.
Sarah heißt sie also, die so selbstverständlich mit meinem Wagen fährt, als sei ich ein Tramper, den sie ein Stück mitnimmt.
»Sie sind Schweizer?« fragt sie und deutet auf das Nummernschild. Wenn sie Sarah heißt, denke ich mir, lasse ich sie lieber in dem Glauben.
»Ich komme aus Luzern«, behaupte ich – und das ist ja nicht gelogen.
Am Meer treffen wir alle wieder. Sarah sagt, daß es ihre Schulfreunde wären. In ihrer ›Bande‹ taut Sarah auf wie ein Gletscher, der in den Golfstrom driftet. Sie spricht gut französisch, was sie einer Genfer Lehrerin zu verdanken hat. Ich glaube, es war die Autonummer meines Wagens, CH-Lu 33441, die mir ihr erstes oberflächliches Vertrauen abgewonnen hatte. Sie ist Jüdin.
Sarah und ich sitzen auf Tuchfühlung nebeneinander. Ich himmle sie an. Zwei Burschen spielen Gitarre. Einer mit einer fürchterlich großen Nase, er heißt Cohen, spielt phantastisch auf der Jazztrompete dazu. Der kilometerlange menschenleere Strand in den Abendstunden mit der musizierenden ›Bande‹, dazu Sarah – das ist schon paradiesisch. Nach Sonnenuntergang zünden wir ein mächtiges Feuer an. Ein Lamm wird am Spieß gebraten. Dazu trinken wir Raki, einen starken Schnaps, der es in sich hat.

Phantastisch – die Nächte am Meer mit der sorglosen jüdisch-arabischen Jeunesse. Die Mädchen bereiten über einem zweiten kleinen Feuer das in Schüsseln mitgebrachte Nationalgericht Kuskus zu, das sie »mechvi« nennen. Es kommen so delikate Sachen rein wie saftige Kordhorusblätter, frischer grüner Pfeffer, geröstete kleine Lammwürste und viele Fleischstücke. Es wird mein Lieblingsgericht.
Als die beiden Gitarristen ein paar Rock'n-Roll-Akkorde anschlagen und Cohen mit der Trompete einsetzt, hopsen einige Pärchen im Sand. Ich hopse mit Sarah herum wie verrückt – und bin happy. Ich sehe nur noch Sarah. Ich trinke viel Raki, sehr viel Raki.
Sarah macht mich nervös, sie läßt mein Herz aufgeregt schlagen, wenn ihr langes, tief auf den Rücken herunterfallendes Haar das Lagerfeuer reflektiert. Ihre blauen Augen sind nicht einfach nur blau – es ist ein Blau, das man nicht beschreiben kann. Wo gibt es so was, ein arabisches Judenmädchen mit strahlend blauen Augen und einem so sinnlichen Mund? Sarahs dichtes bläulich-schwarzes Haar hat wahrscheinlich nie die Hand eines Friseurs angetastet. Das Mädchen scheint einem Märchenbuch entstiegen zu sein.
Ist es der Raki? Ist es das Meer? Ich träume mit offenen Augen. An Fußball möchte ich überhaupt nicht mehr denken. Statt dessen verfasse ich zum ersten Mal in meinem Leben Gedichte, Gedichte über sie, die ich ihr aber nicht vorlese.
Sarah stammt aus einer vornehmen Familie, die mich eines Tages einlädt. Der nicht vorhandene Vater ist ein absolutes Tabu – es wird nicht über ihn gesprochen. Ist Sarah unehelich? Mir ist das gleichgültig. Ihre Mutter und ihre Großmutter behandeln mich wie einen potentiellen Bewerber ihrer Sarah, auch das soll mir recht sein. Ich würde das Mädchen vom Fleck weg heiraten.
Sarah läßt sich von nun an küssen – alle Glocken beginnen bei mir zu läuten. Daß sich ihr Gewand auch nur einen Spalt für mich öffnet, davon kann ich vorerst nur träumen.
Die Lebensauffassung der Mohammedaner und auch der Juden in Tunesien hat für die Mädchen ihr Gutes. Es ist praktisch unmöglich, daß ein Mädchen eine Ehe eingehen kann, ohne daß es sich seine Unschuld erhalten hat. Auch heute noch kontrollieren die Schwiegermütter nach der Hochzeitsnacht die Bettücher. Finden

sie keine Blutflecken, wird die junge Frau sofort aus dem Haus gejagt – und das wie ein Hund. Damit ist sie ehrlos, ihr bleibt nur noch das Bordell.

Uns zieht es immer wieder ans Meer; das hat keine Saison, es gewährt dem immer fröhlichen Fischer Ernten, die von keinem Tag, keiner Stunde abhängig sind. Sarah zeigt mir alles Sehenswerte der Umgegend. Alles, was sie mir zeigt, ist für mich wertvoll und etwas Besonderes – sie hätte mir eine Handvoll Sand vorhalten können, und ich wäre entzückt gewesen, hätte gestaunt wie verrückt.

Strahlend weiß sticht mir die Moschee mit dem schlanken Minarett in die Augen. Die Glut der Sonne spiegelt sich auf dem Marmor im Innenhof des Luxushotels »Les Palmiers«, in dem ich wohne.

Das neue Stadion in Monastir liegt direkt am Meer und ist gerade fertig geworden. Es hat jedoch, gerade wegen der wunderschönen Lage, einen großen Nachteil: von der See her weht fast immer ein starker Wind, der das Spiel oftmals unberechenbar macht. Der Ball spielt für sich allein, unmöglich, ihn zur Ruhe zu bringen. Er bleibt nicht liegen, er rollt und rollt und rollt . . .

Bei Eckbällen oder gar bei Elfmetern muß manchmal ein Mitspieler mit einem Finger den Ball festhalten, damit ein anderer schießen kann. Eine Regel, von der die Fifa nichts ahnt – aber was soll man machen, wenn der Ball nicht liegenbleibt?

Ein Vergnügen ist es für mich, zusätzlich zu meiner Arbeit im Club die tunesischen Youngsters zu betreuen, »Les Espoirs« genannt.

In einer Sportschule bei Lamzar bereiten wir uns auf die Junioren-Länderspiele vor. Gern möchte ich hier einige Zeit nur malen wie Klee. Malen, rumsitzen und faulenzen – sonst nichts. Doch das ›dolce far niente‹ wird plötzlich vom Dauerstreß abgelöst. Der Krieg ist zu Ende.

Junioren-Länderspiel in Tripolis: Vor fünfzigtausend fanatischen Zuschauern spielen wir 2:2. Das Resultat wird in Tunesien als Erfolg gefeiert.

Auch im Rückspiel in Tunis gibt es ein 2:2.

Die Zuschauer im Monastirer Stadion sind bunt, die Kulisse ähnelt einer Szenerie aus einem Karl-May-Film. So viele Gesichter, so

viele Hauttönungen. Eine Komposition von Trachten und Farben: Saharakrieger in blutrotem Burnus stehen mit gezogenem Säbel an den Eingängen. Pfadfinder in blauen Hemden halten die andrängenden Scharen zurück, sie bilden eine lebendige Feldbegrenzung. Die Musikkapelle spielt deutsche Marschmusik, dabei rollen den dicken Arabern Schweißperlen auf die Saxophone. Daneben Volksgruppen in braunem Leder mit Handtrommeln. Nach den Märschen viel monotones Flöten, arabische Musik. Die Fanfarenchöre der Jugend setzen immer wieder hell in Intervallen ein.
Bourguiba läßt sich feiern. Meine Schützlinge, seine Mannschaft gewinnt mit 2:1, mit freundlicher Hilfe eines gutgesinnten Schiedsrichters. Lachend steht er bei Spielende in seinem schwarzen offenen Wagen, inmitten zerlumpter Fußballfans, blickt über sie hinweg.
»En avant, Rudi«, sagt er zu mir.
»Toujours, mon Président«, antworte ich stolz.
Monastir ist sein Geburtsort.
Ich erhalte zweihundert Dinar Prämie, ausgezahlt von meiner Heimatpräfektur Monastir. Der Staatspräsident tut alles, um seinen Trainer bei Laune zu halten. Davon leiste ich mir meinen ersten Luxus in Tunesien: Ich kaufe mir ein zweijähriges Rennkamel, eine Rassestute. Nie hatte es ein Kamel besser zwischen Tanger und Kapstadt. Aber es liebt mich nicht – trotz bestem Futter und frischem Wasser schaut es mich angewidert mit immer feuchten Augen und verächtlich runterhängenden Lippen an. Sein Gesicht ist immer so verknautscht, daß ich lachen muß, wenn ich morgens aufsteige und zum Training reite, nur beladen mit meinen Fußballschuhen über der Schulter. Manchmal springe ich ab und renne dem mucksigen Tier voraus. Shila verfolgt mich dann, das ist das einzige, was ihr Spaß macht – mit mir um die Wette rennen. Wenn wir die vier Kilometer am herrlichen Strand entlang geschafft haben, brüllt sie so laut, daß die Spieler schon von weitem hören: Der Trainer ist im Anmarsch.
Beim Einzug in meine Prachtvilla verschlägt es mir den Atem – es ist unglaublich: zwei alte Diener haben im Garten aus Tausenden Kieselsteinen ein großes Hakenkreuz eingelegt. Naturgetreu schwarz-weiß-rot.

Sie schauen mich beifallheischend an:
»Gefällt es Ihnen nicht, Monsieur?« fragen sie überrascht, als ich wie versteinert dastehe.
Als ich ein bißchen vertrauter mit meinen Dienern werde, mache ich behutsam den Vorschlag, das mächtige Emblem aus vergangenen Tagen in einen Stern zu verwandeln. Haken schlagen sollen meine Fußballer, Sterne will ich mit ihnen vom Himmel holen – deshalb will ich einen Stern. So argumentiere ich. Als ich am nächsten Morgen schlaftrunken wie gewöhnlich in meinen Garten wanke, sehe ich das neue Zeichen, kunstvoll verziert: einen Stern mit zwanzig Ecken.
Ich trainiere hart, aber genieße auch das Leben.
Im Hafen von Monastir sprechen mich drei Deutsche, Mitte Zwanzig, an. Zwei Männer und eine Frau. »Sind Sie nicht der Gutendorf?« Den Satz: »Keine Zeit, Freunde«, kann ich mir noch verkneifen, als ich mir die Frau näher ansehe. Ihre Augen sind so blau, als reflektierten sie das Meer. Mit ihrem Körper hätte sie jedem Bildhauer als Liebesgöttin Venus Modell stehen können.
Wir gehen in eine Araberkneipe. Aus einem Bier werden sechs, sieben. Mit gelösten Zungen plaudern sie über ihren Plan: Die drei wollen die Wüste durchqueren, von Gafra bis Algerien. Eine Mutprobe soll es werden, die daheim in Bottrop oder Wanne-Eickel Eindruck machen soll.
Ich schwanke zwischen Skepsis und Abenteuerdurst, aber das Mädchen gibt den Ausschlag. Edith blinzelt mich herausfordernd an: »Es wäre Klasse, wenn Sie mitkommen.«
Ich fühle mich geschmeichelt und will ihr imponieren. Ja, es ist Imponiergehabe. Es gibt Momente, da erschreckst du dich selbst. Da schlägst du dir mit der Hand an die Stirn und fragst: Wie konnte ich nur?
In mir strömen Übermut und Risikofreude bis zum Wahnwitz; und ich spiele dann mit meinem Leben, als hätte ich noch zwei auf der Ersatzbank.
Edith haucht mir einen Kuß auf die Wange. Ich tue lässig, als hätten wir ein paar Kilometer Autobahn vor uns: »Also, was ist, wann fahren wir los?«

Fritz umarmt mich ein bißchen theatralisch, Fred, ein derber Sauerländer, läßt seine Hand auf meine Schulter krachen.
Die Vorbereitungen nehmen zwei Tage in Anspruch. Wir packen unseren Jeep so voll, daß sich die Achsen biegen. In der Wüste muß man vier Liter Wasser pro Person am Tag rechnen, sagen mir Kenner. Wir verstauen einen riesigen Tank und natürlich viele Kleinigkeiten im Wagen. Ich habe mir einen Überlebensgürtel mit einem Set Messer, Medikamenten und ein dünnes Perlonseil umgeschnallt.
Bei Sonnenaufgang starten wir, beladen bis unters Dach.
Die Zufahrt zur Sahara ist interessant. Als Deutscher, der Soldat war, fährt man etwas betreten durch die nordafrikanische Landschaft – man fährt durch Erinnerungen, Rommel-Erinnerungen. Genau hier haben sich die alliierten Armeen versammelt, um dem Wüstenfuchs die endgültige Niederlage zu verpassen. Stundenlang befahren wir eine Straße mit jungen Eukalyptusbäumen, die die Ränder des Betons so zusammenschnüren, daß sich zwei Wagen nur knapp aneinander vorbeidrängen können. Als uns das erste schwere Fahrzeug begegnet, denke ich, ein leises sägendes Singen an unserer Wagentür zu hören, so dicht fahren die Wagen aneinander vorbei. In der Ferne: sanft ansteigende Weinberge, Olivenhaine und Obstplantagen – riesige Anlagen, die von den römischen Colons angelegt wurden.
Das Fahren in der Wüste ist anstrengend, man wird todmüde. Es scheint, als ob wir nicht vom Fleck kämen. Das sture Fahren geradeaus nach Kompaß vermittelt den Eindruck, als stünden wir still. Unter dem flirrenden unendlichen Himmel kommen wir uns schon nach einigen Stunden verloren vor. Der Wagen ist voll von Staub und puderfeinem Sand, der zwischen den Zähnen knirscht. Beim Schalten in einen anderen Gang dringen Staubwolken durchs Verdeck. Einer muß ständig die Frontscheibe wischen, der Staub macht sie blind. Die winzigen Sandkörnchen verursachen ständigen Husten bei Edith. Ich kann es bald nicht mehr hören, ihr Räuspern und Gekrächze macht mich verrückt. Die Kehle trocknet aus, meine Augen tränen stark.
Bei Sonnenuntergang, den wir herbeisehnen, frißt die Nacht den Tag übergangslos auf. Sofort steht der Mond kalt wie ein Eisball

über uns. Es wird erbärmlich kalt. Aber unsere Getränke sind noch brühwarm.
Am dritten Tag beginnt unsere Pechsträhne. Wir geraten mit dem geliehenen Jeep in einen fürchterlichen Sandsturm, der die ganze Landschaft in diffuses Licht taucht, und können bald nichts mehr sehen. Gelbrote Sandwolken hüllen uns ein, zehn Stunden dauert er an und gräbt uns hoffnungslos in dem Sand ein. Wir arbeiten bei vierzig Grad Hitze wie die Zuggäule, um den Wagen wieder flottzukriegen, bis wir umfallen und einschlafen, die Staubglocke über uns hat sich nicht verzogen, sie wird uns ersticken. Früh, von der Nachtkälte geweckt, arbeiten wir einen ganzen Tag mit der Intensität verzweifelter Menschen weiter, immer das gleiche: schieben, heben, schaufeln, schwitzen, fluchen. Gegen vier Uhr nachmittags sinken wir zitternd unter dem Sonnendach zusammen. Wir haben den Wagen frei, jedoch der Motor ist unbrauchbar: Kolbenfresser, der Luftfilter war unter dem andrängenden Sandsturm erstickt. Das bedeutet das Ende. Völlig verzweifelt liegen Fritz und Fred im Sand und stieren in den Himmel. Edith sitzt im glühendheißen Wagen, die Hände vor den Augen und weint still vor sich hin.
Ich brülle die Männer an:
»Ihr wolltet einen Härtetest – jetzt bekommt ihr ihn. Wir müssen nach El Schab laufen, zu einer kleinen Oase, sechzig Kilometer südlich von hier. Wir brechen sofort auf.«
Ich lasse sie gar nicht zu Wort kommen, verteile das, was wir brauchen.
»Edith bleibt beim Wagen«, sage ich abschließend.
Sie erhält eine große Wasserration und den größten Teil der Eßwaren; wir wollen nichts schleppen, was unnötig ist. Sie schaut mich mit den Augen eines gehetzten Tieres an, das man eingefangen hat. Als die Wüste im Goldbraun des Abends erglüht und es übergangslos Nacht wird, kommt ein angenehm kühler Wüstenwind auf. Die Temperatur wird erträglich. Ich atme tief durch, als wir aufbrechen. In der ersten Nacht kommen wir gut vorwärts. Da wir nicht ausruhen, wird der heiße Tag zur Qual. Jeder muß sich bald selbst tragen – das ist schwer genug, und abwechselnd müssen wir unseren Kanister mit Wasser schleppen. Auf geht's über den sonnengedörrten Sandboden, der mit aufgehender Sonne in gleißendes Licht

getaucht wird, immer weiter in die weglose Wüste. Im Anflug erster Freude, daß wir uns selbst helfen können, laufen wir sieben Stunden und kommen etwa zwanzig Kilometer weit. Die Nacht, die wir an einem Felsen angelehnt verbringen, ist bitterkalt. Am nächsten Tag marschieren wir fünf Stunden – vielleicht fünf Kilometer. »Freunde«, sage ich, »wir müssen uns anstrengen, sonst verrecken wir hier. Wir haben in zwei Tagen nur ein Viertel unseres Weges geschafft. Wenn wir so weitermachen, werden wir noch zwei Wochen brauchen. Aber unser Wasser reicht – auch bei kleinsten Zuteilungen – nur noch für zwei Tage. Von jetzt an wird nachts durchmarschiert. Wer schlapp macht, bleibt liegen.«
Unsere Lippen sind aufgeplatzt und stark geschwollen, Schwindelgefühle setzen ein, da der Blutzuckerspiegel jäh abfällt. Wenn wir lagern, haben wir den Wasserbehälter ständig im Auge, weil er für uns Überleben bedeutet.
Der Wasservorrat geht zu Ende. Jeder weiß es, wir wechseln halbstündlich mit dem Tragen des Kanisters. Mir ist klargeworden, daß die Männer es niemals schaffen würden. Auch ich bin am Ende, aber noch nicht ganz!
Ich erwische Fred, der tatsächlich in Selbsttötungsabsicht mit einer .48er Magnum wedelt. Er ist am Durchdrehen. Ich trete ihm die Waffe aus der Hand und stecke sie schnell ein.
»Du dumme Sau, verrecken können wir immer noch – wir dürfen nicht aufgeben!«
Fred läßt sich wie ein Sack umfallen. Mit leeren Augen stiert er vor sich hin. Es ist erst Spätnachmittag, die beste Zeit zum gehen. Aber wir können nicht mehr. Wir sind total am Ende. Ich krächze: »Jeder einen kleinen Schluck, wir lagern hier.« Fred antwortet mehr zu sich selbst: »Alles umsonst, wir verrecken hier.«
Ich höre gar nicht hin, massiere mir meine wahnsinnig schmerzenden Unterschenkel. Dabei sehe ich etwas, was trotz der Hitze mein Blut gefrieren läßt. Ein nasser Punkt im Sand, so groß wie eine Faust nur. Fred hat den Verschluß nicht festgeschraubt, als er als letzter trank. Keiner hat gesehen, daß unser fast leerer Lebensspender im losen Sand umgefallen und ausgelaufen ist!
Anstatt durchzudrehen und Fred den Schädel mit dem leeren Kanister einzuschlagen, kommt mir blitzartig eine Idee. Mit dem

Fuß schiebe ich erstmal Sand über den nassen Punkt und stelle den Kanister auf.
Keiner hat es bemerkt, beide dösen apathisch vor sich hin. Sie haben sich bereits aufgegeben.
Ich nehme den Kanister, in dem fast nichts mehr ist und verlasse die schlafenden Männer wie ein Dieb. Ich laufe mit Schritten, von denen ich weiß, daß ich sie noch verkraften kann. Zwanzig Jahre täglich hartes Lauftraining über ungezählte Aschenbahnen und Fußballplätze helfen mir. Mein Marschtempo ist weit schneller als in den letzten Tagen. Ich renne in die von Sandstürmen aufgestockten Dünenberge, einzelne kleinere Dünen nehme ich im Anlauf, durchwandere dann wieder gemächlich windschlüpfrige, glattgefegte Sandgebilde und geriffelte Täler. Ganze Sandmeere lasse ich keuchend hinter mir.
Ich werde mich hier durchbeißen, ich werde laufen, rennen, gehen und wieder laufen. Ich werde mich mit meiner letzten Kraft zum Ziel schleppen, das Überleben heißt. Irgendwann muß doch auch eine Wüste mal aufhören! Aber die endlosen sandigen Weiten grinsen mich hämisch an, genau wie der auf mich niederschauende Mond, der tief vor mir hängt.
Egal, wann sie aufwachten. Einholen werden sie mich nicht mehr! Irgendwann werden sie aufspringen. Am Morgen, wenn die Kälte sie weckt und die Angst vor dem Verdursten sie auf die Beine stellt. Dann werden sie merken, daß ich mit dem Wasser auf und davon bin. Nicht mehr das Ziel, die rettende kleine, grüne Oase wird sie treiben, nicht der Durst, nicht die Angst vor dem Untergang, die sie noch gestern fest umkrallt hielt, sondern der Haß auf den Mann, dem sie vertraut haben. Ich war nach dem Sandsturm ihr Führer, den sie in ihrer Hilflosigkeit und Verzweiflung als Boß akzeptiert haben. Wie mutterlose Welpen werden sie sich fühlen ohne mich. Der Haß wird sie treiben – das will ich, sie werden meinen Fußspuren und dem Wasser nachjagen. Ich sehe sie nicht, denn ich blicke mich nicht um. Ein Zurück gibt es nicht. Mein Kopf dröhnt, tiefe Baßtöne erregen Schwindelgefühl – nun muß ich rasten. Nach Stunden sehe ich sie. Ich drehe mich zu ihnen um und öffne den Verschluß des Kanisters. Mit höhnischer Bewegung führe ich Trinkgebärden aus, die die Männer verrückt machen müssen. Sie

kommen näher, um mich zu töten. Ich lasse sie nie näher als auf Rufweite herankommen. Plötzlich sehe ich, die Sonne steht schon schräg, weit in der Ferne, nur nadelkopfgroß, Bewegung. Bisher ging ich nach Kompaß genau nördlich, Richtung Algerien. Die Bewegung, die ich zu sehen glaube, ist westlich. Ist dort eine Karawanenstraße? Ich lasse Fred und Fritz bis auf Fußballplatzlänge nochmals herankommen, trinke einen kleinen Schluck und stelle den Kanister auf einen Hügel unter einen abgestorbenen Dornbaum, dessen verkrümmte Klauen ins Nichts greifen. Im Behälter ist vielleicht noch eine Tasse Wasser, so heiß wie Suppe. Ich schreie:

»Wartet hier, ich hole Hilfe.«

Dann schlage ich die Richtung nach Westen ein, weil ich dort am Horizont Punkte, die sich bewegen, sehe. Dann wird es Nacht. Ich kann nur hoffen, daß, wer auch immer sich dort in der Ferne bewegt, diese Nacht nicht weiterzieht.

Der helle Schein der Sterne am weiten Himmel durchbricht die tiefe Nacht. Ein tiefstehender Planet, der wie eine gelbe Lampe vor mir hängt, weist mir die westliche Richtung.

Nach Mitternacht breche ich ausgelaugt zusammen. Nichts bewegt sich mehr in der angepeilten Richtung. War es eine Fata Morgana, die ich vor Stunden dort gesehen habe? Gehirn und Körper sind ausgetrocknet, ich ziehe nur noch einen Fuß vor den anderen, nur meine Beinmuskeln sind noch funktionsfähig.

Als ich mich einen langgestreckten, sanft ansteigenden Hang heraufgequält habe, krächze ich mit vertrockneten Stimmbändern:

»Gott, laß es wahr sein.«

Eine Gruppe Nomaden, in dunklen Burnussen, lagern direkt vor mir im Sand, im Hintergrund liegen ihre Kamele. Auf einem Feuer brutzelt Essen. Als sie mich sehen, schreit einer: »Allahu akbar!« Allah ist groß! Im Chor murmeln die anderen die gleichen Worte: »Allahu akbar.«

Man gibt mir zu trinken, eine alte Frau streicht mir eine dunkle Paste auf meine verbrannte Gesichtshaut. Mit den Händen erkläre ich, was uns passiert war.

Zwei Mann besteigen ihre Kamele und reiten los, geleitet von meinen Fußspuren, um Fred und Fritz zu holen. Ein Rennkamel läuft mit einem älteren Reiter in die von mir angezeigte Richtung, um Edith zu retten. Ohne Zeit zu verlieren, setzt man mich auf ein Kamel, um mich in ein Hospital zu bringen. Ich sehe so gottserbärmlich ausgetrocknet und versengt aus, daß man um mein Leben fürchtet.

Fred und Fritz waren nicht transportfähig, als man sie fand. Es dauerte lange, bis der Rettungshubschrauber verständigt war. Sie wurden bewußtlos nach Sousse ins Spital geflogen.

Edith war verschwunden. Nur den leeren Jeep, der völlig ausgeraubt war, sogar die Reifen waren weg, fand man. Edith blieb ganz verschollen, wochenlang kein Lebenszeichen!

Mir blieb nichts anderes zu tun, als den ganzen Vorgang der Deutschen Botschaft zu berichten. Diese gab eine Vermißtenanzeige auf und verständigte Ediths Angehörige in Schwerte.

Erst nach zehn Wochen erfuhr ich, wie es Edith ergangen war. Sie hatte zuerst einmal Glück. Der Jeep, in dem sie halb bewußtlos vor sich hindämmerte, wurde von einer Kamelkarawane gesichtet. Sie wurde mitgenommen und aufgepäppelt. Ihr vermeintliches Glück war trügerisch. Die sieben Mauretanier, die Waffen nach Algerien schmuggelten, betrachteten Edith als ein von Allah geschicktes himmlisches Beutestück.

Von Sonnenuntergang bis zum morgendlichen Aufbruch fielen die sieben primitiven Wüstensöhne über sie her – wochenlang. Nachts ließ man sie keine Stunde zur Ruhe kommen, tagsüber zwölf Stunden in glühender Sonne auf einem Kamel, das war die Hölle. Als sie in Grenznähe flüchten konnte und alles der Polizei erzählte, wurde sie ausgelacht. Was man ihr sagte: »O Frau, du gehörst in die Küche und ins Bett deines Mannes, der dich beschützt. O Frau, nicht allein in die Wüste!«

Die Ausscheidungsspiele um den Cup d'Afrique, der mit der Europameisterschaft der Nationalmannschaften gleichzusetzen ist, standen bevor. Tunesien war nie eine starke afrikanische Fußballnation. Marokko, Ägypten, Zaire sind und waren es seit vielen Jahren. Die tunesische Nationalmannschaft flog bisher – ohne jede Ausnahme – in allen Qualifikationsspielen immer sang- und klanglos in der ersten Runde raus. Nie nahm Tunesien an einer Endrunde

teil, die in diesem Jahr in Äthiopiens Hauptstadt Addis Abeba stattfinden soll, und Tunesien ist dabei!
Ich bin nicht offizieller Nationaltrainer, bin aber als Juniorencoach hinter den Kulissen der, der das Sagen hat. Entwicklungsländer haben ihren Stolz, zum Vorzeigen wollen sie einen Landsmann an der Spitze haben. Was ich verstehen kann.

Das Stadion in Addis Abeba ist ausverkauft.
Als ich aus der Umkleidekabine durch einen unterirdischen Gang ins Stadioninnere komme, werfen sich in diesem Moment sechzigtausend Zuschauer auf den Boden und berühren mit ihrer Stirn die Erde. So was Flaches habe ich noch nie gesehen. Die Äthiopier erweisen Haile Selassi ihre Reverenz. Der Kaiser, nur anderthalb Meter groß, steht auf der Tribüne wie eine Statue. Der Negus ist begleitet von seiner Hofkamarilla, die ihn farbenprächtig und würdig einrahmt. Zwei Tarzanfiguren mit eingeölten Glatzen und Oberkörpern, Krummsäbel in den Händen, martialisch dreinblikkend, stehen bewachend hinter ihm.
Der König der Könige nimmt Platz. Er erwartet heute den Sieg seiner Nationalmannschaft.
Durch eine Handbewegung, so wie man eine Fliege wegwischt, läßt der Kaiser endlich die Massen aufstehen. Das Spiel beginnt noch lange nicht – nein, die Show geht weiter. Seine Majestät geruht zuerst etwas zu speisen. Ein kleiner goldener Tisch wird gebracht, beladen mit den erlesensten Früchten und Backwerk. Zwei bildhübsche junge Mädchen bereiten alles vor, mundgerechte Bissen auf goldenen Schalen werden seiner Majestät gereicht. Der Kaiser geruht gnädig, winzige Happen zu sich zu nehmen – und das im Stadion! »Wenn ich das meinen Freunden in Koblenz erzähle, halten die mich für Sindbad den Seefahrer«, denke ich und schaue fasziniert zu, mit welch edler Nonchalance der Negus sich bewundern läßt.
Ein Märchen aus Tausendundeiner Nacht.
Das Volk wartet artig und atemlos, bis der Kaiser fertig ist. Man hat ja so herrlich viel Zeit in Afrika, man versäumt ja nichts. Unsere Spieler machen sich schon siebzig Minuten warm auf einem Nebenplatz. Zehn Minuten hätten gereicht bei dieser Hitze! Sollte ich

mich beim Kaiser beschweren? Die Ölglatzen mit den Krummsäbeln hätten mir den Kopf abgehauen.
In ganz Schwarzafrika glaubt man an Geister.
Alle guten Geister sind heute auf seiten der Gastgeber. Das Finale gewinnt Äthiopien zur Freude seines Kaisers gegen Ägypten mit 4:2. Das Volk ist aus dem Häuschen. Die Leute tanzen und kreischen vor Entzücken. Seine Majestät streckt huldvoll beide Arme aus, als wolle er seine Landeskinder ganz lange segnen.
Vor dem Endspiel hat unsere Mannschaft im Kampf um den dritten Platz gegen Uganda mit 3:0 gewonnen. Unser Sieg wird als die Sensation im afrikanischen Fußballsport gewertet – mit Tunesien hatte niemand gerechnet. Uganda hatte schon zweimal den Afrika-Pokal gewonnen.
»Ist das der Gipfel des sportlichen Ruhms in Afrika?« frage ich mich, als der Negus auch mich und den offiziellen Nationaltrainer sehen will. Wir Trainer erhalten von ihm als persönliches Geschenk einen wertvollen Dolch mit einem großen Rubin am Knauf. Für die Spieler gibt es große Medaillen aus purem Gold.
Je ärmer die Staaten, um so wertvoller die Geschenke!
Beim abendlichen Festbankett esse ich von dem zarten Schnitzel. Kalbfleisch wird es sein – vermute ich. Da es etwas süßlich schmeckt, lasse ich es stehen und esse vom kalten Büfett gekochte Hühnerbrust. Die Spieler leeren viele silberne Tabletts, ihnen ist das Schnitzelfleisch nicht zu süßlich. Später koste ich noch etwas von einer braunen Masse, die wie Leberwurst aussieht und lecker nach Nuß und Nougat schmeckt.
»Man muß doch diese exotischen Spezialitäten mal kosten«, denke ich! Der Küchenmeister des kaiserlichen Hofes ist geehrt, daß es uns so schmeckt. Er erscheint persönlich mit hoher weißer Kochmütze und strahlt wie ein Honigkuchenpferd, als wir sein Essen loben. »Na, wie waren die Affen – zart genug gebraten?«
Einen Augenblick herrscht Funkstille an unserem Tisch. Tunesier sind zivilisierte Leute, es käme ihnen nicht in den Sinn, Affenfleisch zu essen. Ich sehe die Gesichter meiner Tischgenossen – die Mienen spiegeln Ekel. Wir haben Affenfleisch gegessen? Ich bin froh, nicht voll ins Affenfleisch reingehauen zu haben.
Bei der Rückkehr haben wir nicht viel von den Ehrungen, die uns

von Behörden und von der Bevölkerung bereitet werden: Durchfall wie Wasser hält uns am Laufen, bis wir gelb werden. Acht Spieler und auch ich, wir fühlen uns todelend; es geht uns wie einem Teil der deutschen Weltmeister-Elf 1954. Wir haben uns eine Gelbsucht eingehandelt und müssen ins Hospital. Ich werde als erster nach acht Tagen entlassen. Der Arzt klärt mich auf: Die leberwurstähnliche braune Masse mit dem leckeren Nuß-Nougat-Geschmack war ungekochtes Affenhirn.
Verdammt noch mal.

Das Auswärtige Amt bittet mich, meinen Vertrag in Tunesien zu verlängern. Doch wie ein Fuchs die Ohren spitzt, wenn ihm der Duft eines Fasanengeheges in die Nase steigt, wittere ich meine große Chance. In Deutschland ist die Bundesliga im Kommen. Ich will am Puls der Dinge sein. Im deutschen Profifußball zeichnen sich günstige Entwicklungen ab. Für mich ist das die größte Herausforderung in meiner Trainerlaufbahn.
Was nützen die schönsten Erfolge im Ausland, wenn sie in der Heimat kaum erwähnt werden? Erfolg ist Leistung *plus* Anerkennung.
Ohne Vertrag, ohne Absprachen, ohne vorläufige Aussicht, irgendwo unterzukommen, mit einem nur ganz bescheidenen finanziellen Polster – aber mit einer gehörigen Portion Unbekümmertheit und gesundem Selbstvertrauen, schiffe ich mich ein, zurück nach Marseille. Dann geht's im Auto immer gen Norden, Richtung Koblenz!
Ein tunesisches Sprichwort sagt:
»Wer nicht weiß, wo er hinfährt, braucht sich nicht darüber zu wundern, wo er ankommt.«
Ich weiß wohin – ich will in die neue Bundesliga.

Vizemeister mit dem MSV

Bei Marl-Hüls beginne ich, an meinem »Riegel« herumzupusseln und erlebe am Anfang eine Katastrophe nach der anderen. 0:6 gegen Rot-Weiß Oberhausen, 0:8 gegen Schalke 04, 1:8 gegen den 1. FC Köln.

Trotz des krassen Fehlstarts von 0:12-Punkten verbreite ich weiter prallen Optimismus. Unsere Anhänger und auch die Spieler schütteln den Kopf: »Wir haben ja einen ulkigen Trainer.« Manche drücken sich noch ein bißchen derber aus.

Mir droht in Marl-Hüls der freie Fall in eine ungewisse Zukunft, vielleicht sogar zurück auf das Koblenzer Wirtschaftsamt, wo ich ein Dutzend Jahre vorher 310 Mark im Monat verdient habe – brutto.

In der Rückrunde wendet sich das Blatt zu meinen Gunsten, der »Riegel« schnappt schon zu. Wir siegen 1:0 gegen Borussia Dortmund, das uns vorher noch mit 1:11 deklassiert hat. Aha! Man horcht auf, plötzlich wollen sie alle mein neues System kennenlernen.

Im letzten Spiel der Saison müssen wir nach Duisburg zum MSV, der als fünfter der Oberliga-West Hoffnung auf einen Platz in der geplanten Bundesliga hegt. Ein paar Wochen später wäre ich wohl nicht so wild darauf gewesen, die Meidericher aufs Kreuz zu legen.

»Wir werden es den Zebras zeigen wie vorher den Schalkern«, rede ich meine Spieler heiß. Bis kurz vor dem Abpfiff steht es tatsächlich 1:1, ehe die Duisburger den Siegtreffer erzielen und damit die Teilnahme an der ersten Bundesliga-Saison sichern.

»Rudi, bleiben Sie unser Trainer«, beschwört mich der Vorstand in Marl-Hüls. »Wir zahlen ihnen fünfhundert Mark mehr.« Zweitausend Mark erhielt ich bisher. Das war eine Menge Geld.

Ich halte mich jedoch an das Motto meines Großvaters: »Wer warten kann, kriegt alles.« Ich bekomme den Meidericher SV.
Heute heißt der Verein »MSV Duisburg«. Die altertümliche Geschäftsstelle in der Westender Straße, deren knarrende Holztreppe mehr einer Hühnerleiter glich, ist längst den Planierraupen zum Opfer gefallen.
Auch wenn das Messingschild mit der Aufschrift »Meidericher Spielverein 02« verkratzt und angerostet ist, auch wenn uns der penetrante Schwefeldampf aus den nahegelegenen Schloten die Luft nimmt, auch wenn aus den Duschen in der Kabine, mehr ein Geräteschuppen, das Wasser so spärlich tropft, daß man hin und herhüpfen muß, um getroffen zu werden, es ist jetzt »mein« Verein.
Generaldirektor Lehmann von Phönix Rheinrohr erklärt mir: »Wir sagen es Ihnen frei heraus, Herr Gutendorf, wir sind glücklich, wenn Sie uns die Bundesliga erhalten. Siebenunddreißig Trainerangebote liegen uns vor. Wir sind an einem jungen, hungrigen Trainer interessiert.«
»Ich bin genau das, was Sie suchen«, behaupte ich vorlaut. »Ich bin hungrig und werde arbeiten. Das Gehalt ist für mich erst in zweiter Hinsicht wichtig. Teuer werde ich erst, wenn ich dem MSV Erfolg gebracht habe. Ich kenne Ihre Truppe, Herr Lehmann, ich werde das letzte aus ihr herausholen, Sie werden es nicht bereuen, wenn Sie mir vertrauen. Ich werde eine unerschrockene Mannschaft formen, die körperlichen und seelischen Mut hat, die auch aus einer schwachen Position heraus angreift. Wir werden nicht wie Duckmäuser spielen.«
Dies gefällt dem Generaldirektor, dem Herrn über fünftausend Angestellte und Verwaltungsrat-Chef des MSV. Er bespricht sich kurz mit einigen Kollegen. Ich muß solange spazierengehen. Es ist kein erholsamer Spaziergang! Als wir miteinander zu Abend essen, entwerfen wir auf der Rückseite einer Speisekarte im »Marienbildchen« meinen Trainer-Vertrag. Zweitausendfünfhundert Mark monatlich. Ich unterschreibe wie ein Blitz. Siebentausend Mark Nichtabstiegsprämie werden noch abgemacht. Nur nicht absteigen ist die Devise des MSV – sonst nichts!
Unsere Stimmung im »Marienbildchen« bessert sich von Glas zu Glas. Wir sprechen über die starke Konkurrenz, über das junge

Talent »Eia« Kremer, ob man Manglitz und Helmut Rahn kaufen soll. Als die Stimmung hohe Wellen schlägt, traue ich mir was zu und sage: »Lassen Sie uns noch einen Zusatz machen, meine Herren. Sagen wir hunderttausend Mark für die deutsche Meisterschaft und dreißigtausend für die Vizemeisterschaft für mich als Sonderprämie. Ihnen, meine Herren, tut es nicht weh, denn wenn wir das erreichen, haben Sie immer das Stadion voll. Für mich ist es ein Anreiz.«

Meine neuen Arbeitgeber lachen, schlagen mir freundschaftlich auf die Schulter. Ihr Club Deutscher Meister! Wie waren sie überhaupt in die Bundesliga hineingekommen? Ohne hochzeitliches Kleid gewissermaßen, über ein Punktesystem der letzten zehn Jahre rutschte man gerade noch so hinein. Und dann faselt dieser Jüngling von Prämien für Meisterschaft, schmunzelt der Kassierer. Der Kerl spinnt, vielleicht sollte man doch einen erfahreneren und realistischeren Trainer verpflichten. Meine neuen Chefs sind schon ein bißchen angetrunken. Der Zusatz mit den Summen wird akzeptiert und vom Vorsitzenden Dr. Walter Schmidt noch ganz winzig auf den unteren Rand der Speisekarte gekritzelt. Der völlig verblüffte Kassierer, Herr Tacken, der gegenzeichnen muß, ist ohne Brille, die er nicht findet, so blind, daß er, anstatt auf dem weißen unteren Papierrand zu unterschreiben, die weiße Tischdecke signiert.

Mit siebenunddreißig Jahren bin ich der jüngste Trainer der Bundesliga. Ich gelte als unreif und meine Mannschaft als »Fallobst«. Was ist uns schon zuzutrauen?

Ich habe es immer gemocht, zum Außenseiter abgestempelt zu werden. Man hat wenig zu verlieren, aber alles zu gewinnen. Man kann das Feld von hinten aufrollen. Man ist der Jäger.

Meine blau-weiß gestreiften »Zebras« und ich steigen voll ein. Zum Start der Bundesliga am 24. August 1963, einem historischen Tag für den deutschen Fußball, feiern wir im ausverkauften Karlsruher Wildparkstadion einen 4:0-Triumph. Sepp Herberger, bei dem ich meine Lizenz erworben hatte, kommt in den Umkleideraum. Der Bundestrainer drückt mir wortlos die Hand. Die Verleihung eines Bundesverdienstkreuzes hätte nicht würdevoller sein können als diese Geste.

Nachher lobt Herberger in einem Interview mein Spiel-System: »Es ist durchdacht, mir gefällt es.«
Andere fluchen und jammern, stimmen Klagelieder an: »Gutendorf macht die Bundesliga kaputt!«
Der Vorsänger ist Max Merkel, dessen Münchener Löwen wir ebenfalls wegputzen. Sollen sie doch wehklagen! Was ist denen schon eingefallen? Phantasielos halten sie weiter am antiquierten WM-System mit starren Positionen fest.
Bis heute hat neben der freien Raumdeckung von Gyula Lorant keine andere Idee den deutschen Fußball so revolutioniert wie mein »Riegel«. In verfeinerter Form spielen die meisten Trainer immer noch mit dieser Taktik.
Der SPIEGEL definiert sie so:

> »Meiderichs Angriffswelle besteht aus zwei besonders schnellen und schußkräftigen Stürmern, die bei ihren Vorstößen naturgemäß mehr Raum finden als die sonst üblichen fünf Stürmer, die sich im Weg stehen und zu Klein-Kleinspiel verleiten. Mit ihrer zweiten Welle überrollen die Meidericher den Gegner dann vollends: Sogar die Außenverteidiger rücken überraschend auf (das ist gänzlich neu) und schießen auf das gegnerische Tor. Dabei werden sie nicht einmal behindert, denn die Gegenspieler der MSV-Verteidiger, also die Außenstürmer, laufen nicht nach, um der eigenen überraschten Abwehr zu helfen, die nicht mehr weiß, wen sie angreifen soll. Gutendorfs Roll-System krempelt die althergebrachte Fußball-Ordnung um. Meiderich verteidigt mit Stürmern und greift mit Verteidigern an. Das ist modernster Fußball.«

Wir riegeln und siegen vor uns hin. Uwe Seeler stöhnt, nachdem wir den HSV in Duisburg zerrupfen: »Wenn ich den Ball annehmen will, habe ich immer zwei Meidericher auf den Socken stehen.«
Der Star meiner MSV-Elf ist drei Jahre jünger als ich. Einen Helmut Rahn in der Mannschaft zu haben ist beruhigend und zugleich beunruhigend.
Rahn, »der Boß«, wie ihn alle Welt seit dem großen Triumph bei der WM 1954 nennt, kann ein ganzes Team mitreißen, kann Spielentscheider und Stimmungskanone in einer Person sein. Sein Einfluß auf die Umwelt ist sagenhaft. Der »Boß« ist aber auch manch-

mal das, was man an der Ruhr einen »Schlot« nennt, einer, der es mit der Disziplin nicht genau nimmt. Spaß zu haben geht ihm über alles.

Das ist auch meine Lebensmaxime, aber im Mannschaftssport muß man auf einiges verzichten. Am schönsten Platz auf dieser Erde, an der Theke, fühlt sich Rahn zu Haus, auch wenn es da nach Qualm, Küche, Pissoir und Keller stinkt.

»Da kann man noch Mensch sein und richtig lachen und einen draufmachen.«

Der Boß war nicht daran interessiert, daß er zu einem Symbol der Nachkriegszeit hochstilisiert wurde. Er schnappte nicht über, weil er das entscheidende Berner Weltmeistertor an die deutsche Fahne geklebt hatte. Aber seine Fans drehten durch, auch noch Jahre danach, wenn sie ihn an der Theke hatten. Sein Tor machte Millionen Deutsche, die nach dem Krieg keinen Grund mehr hatten, auf etwas stolz zu sein, glücklich. Für Helmut war es ein Tor und sonst nichts. Nie versucht er sich aufzuspielen, ist mit jedem auf Du, flachst gerne und ist immer fröhlich. In seinen Kneipen, zwischen Essen und Meiderich, in denen er mit »Boß, erzähl doch mal« begrüßt wird, gefällt es ihm. Nach ein paar Bierchen und Klaren ist die selige Stimmung wieder da, wo der Boß loslegt:

> »Na also, da fällt mir die Kirsche von Fritz direkt vor die Mauke, genau auf 'n rechten Schlappen. Da stürzen paar von diese Zigeuner so richtig mit alle Wut auf mich zu. Ich laah 'se ruhig kommen on zock' dann die Kartoffel von 'n rechten auf meinen linken Schlappen. Mensch, Mann, da hab' ich doch auf einmal den ganzen offenen ungarischen Botterladen vor mich! Ich hau druff met dem linken Hammer on seh', wie die Kartoffel emmer länger wird. Datt gibt dann s'n pafitten Aufsetzer, so 'n richtig gemeinen, der en den Zigeuner-Kasten einschlägt. On watt danach passiert, is ja schon Historie.«

Bombenapplaus für den Boß. Prost Kumpels, der Weltmeister hat jetzt Durst vom Erzählen! Helmut ist kein Nassauer, er ist glücklich, wenn er Lokalrunden schmeißen kann – dann glänzen seine Augen, bezahlen läßt er sich nicht gern.

Als ich das mal selbst miterlebe – Mitternacht ist lange vorbei und aus den sechs Bierchen sind zwanzig geworden, rede ich ihm ins Gewissen. Unter vier Augen sage ich ihm:

»Willst du wirklich jetzt schon, wo du noch so viel draufhast, ein Kaschemmen-Clown werden, der Witze reißt, um die besoffenen Arschlöcher da zu unterhalten? Hinter deinem Rücken sagen die, daß du eine weiche Birne hast von den vielen Kopfbällen. Wenn du dich nicht auf das Training konzentrierst, wirst du sehr bald mit dem Bierglas in der Hand der Glorie der Vergangenheit nachhängen.«

Der Boß nickt mir zustimmend zu und singt aus voller Brust, eingehängt mit ein paar Thekenfreunden: »Es gibt kein Bier auf Hawai . . .«

Eine Sache habe ich ihm allerdings bis heute noch nicht verzeihen können. Er besucht mich. Ich bin noch nicht zu Hause. Meine Freundin, die dringend weg muß, läßt ihn in meiner Wohnung allein warten. Ich entschuldige mich per Telefon bei ihm für mein Zuspätkommen und sage:

»Boß, hol dir was zu trinken, mach es dir gemütlich, ich bin in einer Stunde da.«

Helmut tut es. Was er sich als Drink nimmt, ist für mich die Katastrophe. Er spült in einer Stunde zwei Flaschen Wein runter wie Mineralwasser. Aber es ist nicht nur Wein, es sind genau die zwei Flaschen, die mir seit Monaten zu schade waren zum Selbsttrinken. Ich sparte sie für einen ganz besonderen Anlaß auf, die beiden Spitzenweine: Eine Flasche Domtaler Eiswein 1949er Jahrgang und eine Flasche Bernkastler Doktor, Trockenbeerauslese. Den Rest der zweiten Flasche kann ich wenigstens noch probieren, es ist noch »ein Fingerhut voll« drin.

Ich lasse mir nicht anmerken, wie schwer mich der Weltmeister getroffen hat.

Vor dem Spitzenspiel gegen Tabellenführer FC Köln beziehen wir ein Hotel draußen im Grünen. Ich schlafe fest, es ist lange nach Mitternacht. Von einem komischen Geräusch über mir werde ich wach. Knallte da nicht ein Pfropfen? Blubb! Eine Sinnestäuschung. Vielleicht habe ich geträumt, ich schlummere weiter. Nach zehn Minuten wieder dieses verdächtige Blubb, das mich erneut weckt. Sollten da einige aus meiner Mannschaft – unmittelbar vor dem wichtigen Spiel – ein Saufgelage inszenieren?

Ich werde kribbelig und horche angestrengt in die Dunkelheit. Da, zum dritten Mal: blubb-blubb, dann verhaltenes Lachen. Es ist zwei Uhr morgens.
Raus aus dem Bett, hinaus in den Gang. Ich lausche. Nichts. Runter in den Garten. Blick nach oben. Kein Licht! Ich schleiche mich auf nackten Füßen von Zimmer zu Zimmer. Endlich hab' ich sie, unterdrücktes Lachen kommt aus Zimmer sechs.
Ich schaue auf meine Zimmerliste. Das Dreier-Zimmer der Spieler Rahn, Krämer, Höher.
Mit grenzenloser Wut klopfe ich. Aufmachen! Keine Reaktion. Statt dessen höre ich imitierte tiefe Atemzüge. »Aufmachen, sofort!« ich schreie und trete gegen die Tür! Nichts, alles ist wie tot. Türen nebenan werden geöffnet. Verschlafene Spielergesichter schauen aus Türspalten. Ich drehe durch und ramme mit Anlauf mit der Schulter die Tür ein, die nach innen aufschlägt. Ich sehe Schlimmes. Eine Batterie leerer Bierflaschen ist unter einem Plumeau und unter einem Bett versteckt. Rahn lacht verlegen. Eia lallt eine Entschuldigung. Höher stellt sich schlafend.
»Den Gute-Nacht-Trunk habt ihr perfekt organisiert. Anziehen und raus aus dem Hotel«, schreie ich, »ihr Schweine gehört nicht mehr zu meiner Mannschaft.«
Ich trete in die leeren Bierflaschen. Alle drei verlassen wie begossene Pudel das Hotel – und das nachts gegen drei Uhr. Morgens sitzen die Sünder am Frühstückstisch. Alle drei mit dem Spielführer Günter Preuss! Der bittet im Namen der ganzen Mannschaft, die Spieler trotzdem aufzustellen. Die drei kommen an meinen Tisch und entschuldigen sich. Rahn sagt: »Wenn Sie mich bringen, mache ich das Siegestor wie damals in Bern.«
Ich zitiere den Götz und gehe lange allein spazieren, um zu überlegen. Ich lasse Rahn und Krämer spielen. Wir gewinnen, Rahn schießt – wie versprochen – das entscheidende Tor.
Heinz Höher stelle ich nicht auf. Später finde ich heraus, daß er tatsächlich geschlafen hat und daß ihm die Sauferei der zwei Freunde äußerst unangenehm war und er, bevor er einschlief, immer wieder versuchte, sie zum Aufhören zu bewegen. Hat er mir den Irrtum von damals verziehen?
Die Premiere der Bundesliga endet in einem triumphalen Finale für

den MSV. Wir werden mit 39:21 Punkten Deutscher Vizemeister hinter dem 1. FC Köln.

Eine Duisburger Zeitung beschreibt den Jubel:

> »Beide Arme hochgerissen, mit unendlich glücklichem und stolzem Lächeln und Tränen in den Augen lief Rudi Gutendorf nach neunzig Minuten auf den Rasen des Duisburger Wedau-Stadions. Um 18.40 Uhr am Samstag, dem 9. Mai, hatte die größte Stunde des jungen Erfolgstrainers geschlagen: Er hatte seinen Meidericher SV, den großen Außenseiter der ersten Bundesliga-Saison, zur Deutschen Vizemeisterschaft geführt. Ganz Duisburg stand Kopf! Kaum war der Schlußpfiff von Schiedsrichter Riegg aus Augsburg ertönt, da wurde die Wedau-Kampfbahn gestürmt. In einem Wald von blau-weißen Fahnen, umringt von Anhängern aller Altersklassen, begaben sich die elf Spieler und ihr Trainer vor die Ehrentribüne, um die Ehrung durch den Vorstand entgegenzunehmen. Vorsitzender Dr. Schmidt kam nicht weit, denn nach seinen Worten: ›Der deutsche Vizemeister 1963/64 heißt Meidericher SV‹ hob ein ohrenbetäubender Beifallsorkan an, in dem selbst der Tusch der Welsumer Bergwerkskapelle unterging. Erst nach einer Stunde hatten sich die Fans wieder beruhigt. ›... der Meidericher SV wird niemals untergehn‹, sangen Zehntausende glückliche Duisburger immer aufs neue, immer wieder die gleiche Strophe.«

Ich bin ganz sicher, die Krönung meines Lebens erreicht zu haben. Auf den Schultern der Fans getragen zu werden, in ihre glänzenden Augen zu sehen, »Rudi, Rudi«-Chöre zu hören – kann man tieferes Glück empfinden, frage ich mich ernsthaft.

Alles Schöne geht vorbei. Beim MSV geschieht dies sehr jäh.

In der Führung des Vereins findet ein Wechsel statt. Für Dr. Schmidt, mit dem ich mich prima verstehe, wird ein Versicherungskaufmann aus der Hockey-Abteilung zum Präsidenten gewählt.

Der Mann mit dem Krummstab – Wilhelm Tiefenbach ist sein Name – hätte mich am liebsten um meine Prämie für die Vizemeisterschaft geprellt.

»Das ist doch ein Witz, Herr Gutendorf«, sagt er im Brustton der Überzeugung und stemmt seine Arme in die Hüfte. »Das sind keine Witze, Herr Präsident, auch wenn unsere Abmachung auf der

Rückseite einer Speisekarte fixiert ist. Überweisen Sie mir das Geld.« Ich lasse ihn noch einen Blick auf das ungewöhnliche Dokument werfen und gehe, ohne mich zu verabschieden.
Er brüllt ein herzhaftes »Flegel« hinter mir her. Der letzte Krach ist damit vorprogrammiert und kommt prompt nach den ersten beiden Heimspielen der neuen Saison, in denen wir nur zwei Punkte machen.
Tiefenbach bombardiert mich mit Vorwürfen und verlangt, sofort meinen Riegel einzupacken.
»Sie müssen anders spielen«, befiehlt er. Ich kontere: »Gehen Sie lieber in Ihre Hockey-Abteilung zurück.«
Ein Wort gibt das andere, wir schaukeln uns gegenseitig hoch, bis ich etwas tue, was kein Trainer seinem Präsidenten antun sollte. Ich greife mit beiden Händen an seinen Hals. Das langt schon. Der Präsident überlebt, aber ich fliege raus.

»König von Stuttgart«

Eine liebgewordene Mannschaft verlassen zu müssen, hinterläßt Wunden. Hunde lecken sie – kluge Tiere. Sie verkriechen sich in einsame Winkel und kommen erst wieder zum Vorschein, wenn sie sich wieder erholt haben und stark fühlen.
Mir bleibt keine Zeit zum Verkriechen und Wundenlecken. Nur Stunden nach dem Meidericher Rausschmiß lockt die neue Aufgabe: Der VFB Stuttgart, Tabellenvorletzter nach der Vorrunde, will mich sofort haben. Ich unterschreibe einen lukrativen Vertrag, verdiene das Doppelte und hoffe, auf das richtige Pferd gesetzt zu haben, das einen ehrgeizigen Trainer zwei Jahre tragen kann.
Für mich ist die Vergangenheit keine Sofaecke, sondern ein Sprungtuch. Die Welt ist schön, die Zukunft als Trainer liegt vor mir. Ich bin in einer Phase, in der ich vor Ungeduld wie ein Rennpferd mit den Hufen scharre, wenn ich – auch nur für Tage – zur Untätigkeit verurteilt werde.
Meine Premiere muß ausgerechnet ein Spiel gegen den frischgebakkenen deutschen Meister, die 1860er aus München, sein. Die, mit Merkel als Trainer, wollen meinen schwer angeschlagenen VFB so im Vorübergehen fertigmachen. So tönt es aus Bayerns Gazetten.
Wie gern würde ich Merkel und seine Löwen heute »putzen«. Merkel hat meine neue Taktik als »unmöglich« verhöhnt: »Gutendorf hat überhaupt keine Taktik, das ist eine Ticktack!«
Hier im Neckarstadion, mit dem Merkel und seinem aufwendigen Geprahle, kommt alles anders.
Es sehen vierundsiebzigtausend zahlende Zuschauer zu. Fünftausend stehen noch vor dem Zaun. Das Stadion wird gesperrt. Alle kommen mit gemischten Gefühlen, denn die vielen Niederlagen haben dem Renommee des Vereins geschadet, aber sie sind da. Viele wollen sehen, wie Merkels Münchener Löwen gegen den

Riegel und den Stuttgarter Fußball vom Leder ziehen, hauptsächlich die von dem Lokalrivalen »Kickers«.
Der Platz ist »tief«, tagelang hat es geregnet, die Stimmung kritisch wachsam. Viele wollen auch die taktischen Kapriolen des neuen VFB-Trainers prüfen, von dem sie viel in den Zeitungen gelesen haben, schließlich hat er den MSV mit dem neuen System zum deutschen Vizemeister gemacht.
Es ist mein erstes Spiel als Trainer für den VFB Stuttgart. Erst zehn Tage trainiere ich mit den mir teils noch unbekannten Spielern. Ich arbeite rund um die Uhr. Am Tage Gruppentraining und Einzeltraining, schon am ersten Tag sehe ich, wo der Hase im Pfeffer liegt: Da ist keine kontrollierte Offensive, nur wildes Drauflosstürmen mit allen Mann. Was schlimmer ist – die Deckung ist nicht rationell abgesichert, von Doppeldeckung keine Spur. Daran arbeite ich stur, bis die Jungs es begreifen. Nachts zermartere ich mir mein Gehirn, wie ich den Max mit seinen Löwen taktisch aufs Kreuz legen kann.
Der VFB spielt mein Rollsystem zum ersten Mal. Meine Spieler im weißen Dreß mit rotem Brustring, denen seit so langer Zeit die Abstiegskrankheit anhaftet, geben im Angesicht der erstaunlicherweise entfesselten Zuschauer den berühmten 1860ern einen Anschauungsunterricht, der bis zum Ende des Spiels einer mörderischen und erbarmungslosen Löwenjagd gleicht. Wir lassen die blauweiß-längsgestreiften Löwen nicht zur Besinnung kommen. Sie lernen das Fürchten und beißen nicht mehr. Sie bekommen die Zähne gezogen. Wie geübt, ziehen wir uns immer wieder wie eine Spiralfeder vor unserem Tor zusammen, so kompakt, daß keine Lücke offenbleibt. Diese lebende Mauer schnellt nur ab und zu, wenn die Merkeltruppe pennt, vor und schlägt zu. Die Ziehharmonika-Taktik funktioniert. Wir überrennen Merkels Selbstbewußtsein und seine geschniegelt-flotte Regenmütze – und den amtierenden deutschen Meister.
Ich bin happy. Das »Rudi, Rudi« und »VFB – VFB« von vierundsiebzigtausend Stuttgartern kann man bis zum Hauptbahnhof hören. Es wird noch verstärkt durch die Chöre der Bayern-Fans, die mich und mein System, das sie immer angefeindet und verlacht haben, bejubeln.

Menschenskinder, was ist es schön, Trainer zu sein! Ich fühle mich wie Siegfried im »Ring der Nibelungen«, wenn er seine Lippen mit dem Blut des Drachens benetzt.
Ich bin ein Enthusiast: Der Einsatz und Kampfgeist meiner Spieler hat mich voll begeistert und hingerissen. Sie haben nicht nur den Riegel perfekt verwirklicht, der Siegerwille, den ich ihnen wortwörtlich eingehämmert habe, dieser Mumm, der in Explosionskraft umgewandelt wurde, zeigt, daß meine Spieler motivierbar sind und wir nicht abzusteigen brauchen, wenn meine Ausstrahlung anhält. Der perplexe Merkel konnte diese blamable Niederlage nie verkraften, aus der offene Feindschaft entsteht. Ich mache mir auch nichts daraus, daß einige Kritiker sagen und schreiben, ich spränge wie ein Besessener aufs Spielfeld. Jawohl, ich renne auf den Platz und umarme meine verschwitzten und verdreckten Spieler. Sind Trainer nicht auch Schauspieler? Leben wir nicht vom Erfolg? Wissen wir nicht um die schwankende Gunst des Publikums, um die vernichtenden Kritiken, die besonders hart bei Leuten ausfallen, die nicht mal wissen, ob der Ball mit Sägemehl oder mit Luft gefüllt ist?
Aber erstmal bin ich »in« in Stuttgart.
Eine Zeitung schreibt als Überschrift:
»Rudi ist der König von Stuttgart.« Die gleiche Zeitung kritisierte noch am Vortag meine Anstellung. Alle bitteren Vermutungen sind durch den Sieg ausgewischt von der Schiefertafel des Sportlobs, auf der bekanntlich mit flüchtiger Kreide für den Tag und nicht mit dem erzenen Griffel für Jahrhunderte geschrieben wird.
Interviews in der Kabine, Sekt, der warm ist, die Spieler nackt, zerbeult und verschrammt unter den Duschen. In diesem Milieu bin ich zu Hause, fühle mich sicher. Im Wurstkessel der jungen Bundesliga kenne ich mich schon aus, da sitzt jede Kopfdrehung und jedes Lächeln für jede Einstellung, jeder Blitz für jede Blende. Journalisten mögen mich, weil wir uns verstehen. Ich gebe ihnen Stoff zum Schreiben, ich werfe ihnen Brocken hin, mit denen sie was anfangen können, gebe ihnen Informationen – damit mache ich ihnen ihren Job leichter. Ich bin ihrem Beruf gegenüber aufgeschlossen, ich verstehe, daß sie was bringen müssen. Meine Neider nennen meine Einstellung zu den Medien »publicity-geil«.

Nach der Schlacht bin ich glücklich, aber total kaputt. Nach Hunderten von Autogrammen, den Einzelgesprächen mit einigen Spielern, mit den Honoratioren des Vereins, die alle selbstverständlich bei solchen Gelegenheiten auf fotogene Abbildungen mit dem Trainer bestehen, bin ich ausgepowert. Bei bitteren Niederlagen ist man allein. Schämen die sich denn eigentlich nicht, frage ich mich immer wieder?
Jeder Sieg macht mich todmüde, denn im Angesicht von Massenerhebungen spüre ich nach dem Spiel auch schon die Kälte der unweigerlich kommenden Niederlagen. Ich steure meinen Wagen die Landstraße entlang, die mich in mein Junggesellenquartier nach Wangen führt – einen dieser vielen romantischen Flecken, die Stuttgart umranken.
Ins heiße Bad, dann für ein paar Stunden ins Bett.
Später, vielleicht so gegen elf Uhr, wenn ich etwas aufgetankt habe, werde ich dann noch ein bißchen was unternehmen ...
Das Telefon höre ich im Tiefschlaf, aber ich ignoriere es. Das Gebimmel läßt sich jedoch nicht abwimmeln – es hält für Minuten an, bis ich mich entschließe, abzunehmen. Es ist Erwin Lehn, einer meiner Freunde, der von Anfang an zu mir stand, hier in Stuttgart. Ein Freund mit Niveau. Erwin leitet das Tanzorchester des Südfunks und fiedelt mit einer Truppe von Berufsmusikern gegen eine junge Meute ungeheuer talentierter Jazzer an. Er hält sich über Jahre gegen die aufstrebende Konkurrenz, ist begehrt und überall beliebt. Wir haben beide das Leistungsprinzip im Kopf, und Lehn teilt meine Meinung, daß der VFB Vollprofis benötigt.
»Wer bei mir nicht den ganzen Tag gut spielt, hat keinen Platz in meinem Orchester«, ist sein Motto, mit dem er meinen dauernden Ruf nach der Beendigung der Halbtagsarbeit unserer Lizenzspieler unterstützt.
»Schläfst du schon, Rudi?«
»Nein, jetzt bin ich wach, dank deiner schrecklichen Ausdauer!«
»Mensch, du kannst mich doch nicht versetzen. Alle sitzen hier herum und warten auf dich. Man will den großen Meister, den Super-Riegel-Rudi kennenlernen!«
»Erwin, laß mich aus dem Spiel. Du kennst das doch, wenn man

völlig ausgebrannt ist. Laß mich's allein genießen. Wenn mich jetzt noch mal Leute spielen sehen wollen, sehe ich schlecht aus.«
»Ich kenne dich besser, Rudi«, sagt er.
»Das ist doch deine Katzenzeit jetzt, und bevor du mit der Jagd beginnst, tu mir den Gefallen, komm eine halbe Stunde zu uns raus. Sind ein paar gute Katzen hier. Eine besonders gute, die Ute, da wirst du staunen.«
Er hat ein schönes Haus am Sonnenberg. Ich fahre gern die alte Weinstiege hoch, mit dem Blick hinunter ins Tal. Erinnert mich ein bißchen an Luzern, dessen Häuser plötzlich wie Lichtwanzen im Tal auftauchen, während man sich selbst die Serpentinen hinaufwindet. Lehn läßt mich in die Ohs und Achs der staunenden und begeisterten, der blasiert und gelangweilt Interessierten seiner Party einzugleiten. Leute, die den Fußball im Grunde ihres Herzens verachten. Einige sprechen ostentativ über den Ankauf neuer Ponys für ihre Kinder, andere über Golferlebnisse mit Filbinger, über Handicaps und auch über viel dekadentes Zeug, als ich in Hörweite komme. Höflichere Zeitgenossen denken, man sollte auch etwas über den Massensport der Proletarier wissen, dem sogar die Youngsters der Reichen zu huldigen beginnen. Ich lasse die schlappen, scheinheiligen Cheers und das neidische Lob junger Angeber ungerührt über mich ergehen. Ich fühle mich als Sieger.
Ich sehe das Mädchen sofort und bin auch sofort ratlos und nervös. Ihre klassische Nase ist so makellos, daß ich unbewußt an meinem verunstalteten Zinken zu drücken und zu ziehen beginne – eine Geste, die bei mir Unruhe und Unsicherheit verrät. Ich bin hellwach, setze das Sektglas ab und stecke sofort meinen Pfeil in den Köcher zurück, denn hier gibt's nichts zu jagen, hier muß vorsichtig gearbeitet werden. Sie hat die grazile Schlankheit englischer Collegegirls, wunderschöne Schultern, die sich wie gemeißelt unter der weißen Baumwolle ihres Kleides abzeichnen. Die Augen sind arabisch dunkel und können, obwohl sie Desinteresse am allgemeinen Geschwätz offenbaren, die Herzlichkeit und Weltoffenheit nicht verbergen – Augen, die keine Erfahrungen gespeichert halten, sondern die dies und das gesehen, bewundert und vergessen haben. Ihre Lippen sind schön, die volle Unterlippe verheißt Sinnlichkeit.

Der Schmelz der Jugend, denke ich, der jedes Mädchen schön macht. Sie war vielleicht zwanzig Jahre alt, trug keinen Schmuck. Von der reizvollen Erscheinung dieses Mädchens geht eine zarte Zerbrechlichkeit aus, obwohl ihr Körper trainiert zu sein scheint. Ich überlege – Tennis oder Ballett?

Habe ich sie wohl länger als gehörig gemustert? Sie blickt mich spöttisch an und schießt eine ironische Frage ab, die zeigen soll, wie verächtlich sie mein Metier findet und wie lächerlich und unbedeutend das Aufsehen um meine Person für sie ist. Ich blicke über den Tisch hinweg in diese irritierenden Mädchenaugen. Sie hält meinem Blick stand. Aufbegehrend wie eine bestrafte Primanerin erhebt sie sich und kehrt mir den Rücken zu. Ihre Zierlichkeit ist erstaunlich. Sie hat den Körperbau einer jungen Javanerin, nur die katzenweiche Schmiegsamkeit fehlt. Mich überrascht, wie seltsam ausdruckslos ihr Gang war, aber auf den zweiten Blick erkenne ich, dieses Schreiten hat sie gelernt. Sie weiß, daß sie blendend aussieht, weiß, daß ich ihr nachblicke.

Ich fühle Lehns Hand auf meiner Schulter: »Etwas aus gutem Stall, Freund. Erstklassige Bildung, klug und sauber.«

»Ein freches Biest«, knurre ich.

Ich glaube nicht, daß es so etwas wie Liebe auf den ersten Blick gibt. Stur wie ich nun mal bin, suche ich nach Gründen für meine Verwirrung – ich vermute, daß die Ereignisse des Tages und der Erfolg dafür verantwortlich sind. Ich reiße mich zusammen, da war noch was zu gewinnen heute. Habe ich heute nicht meinen Glückstag? Das kleine Biest muß wie die Löwen am Nachmittag besiegt werden. Ich fühle mich stark und unternehmungslustig. Ich traue mir nach einem gewonnenen Spiel mehr zu und gehe ran!

Sie kommt mir entgegen, weicht mir nicht aus. Steht dann vor mir, blickt mich an.

Ich mußte an kämpfende Falken denken und stottere etwas Belangloses! Verdammt, mein Falke hat an Höhe verloren und meine Pfeile sind schon verschossen, trotz der Sicherheit meines heutigen Erfolges über eine ganze Löwenherde. Sie triumphiert nicht, sondern sagt mit ihrem unaufdringlichen und gleich ans Herz gehenden Dialekt, daß ihr die Bemerkungen leid täten: »Es ist ja Ihr Beruf.« Über mir bricht Himmelblau aus! Sie hat mir alle Kerzen am Baum angezündet, ich denke, daß sie mein Herz klopfen hören muß. Ich fühle mich plötzlich gut, weiß aber nichts zu sagen. Es wird ein Flirt mit großen Pausen. Ich entlasse meinen Jagdfalken, der sich nicht auf sie stürzt, sondern sich in die blauen Gefilde meiner ausschweifenden Phantasie erhebt. Wir gehen zum Auto, steigen ein. Und sie tut's wie selbstverständlich. Im Auto riecht es nicht mehr nach kaltem Rauch, mit ihr weht ein frühlingshafter Duft herein. Ich bin ohne Arg und ohne Tricks, bin schon ganz von diesem Menschenwunder gefangen, das mich mit jedem Kilometer mehr verzaubert, der mich weg von Lehns Haus und den vielen Leuten führt, weg von der Party und dem Rummel, hinein in die matschige Stuttgarter Winterkälte, die mir nun ihre Nähe noch spürbarer werden läßt. Ich weiß nicht mehr, wovon wir sprechen, wo wir sind, was wir trinken. Mein Märchen hat begonnen. Sie erzählt, und ich höre nicht, was. Ich antworte, und ich weiß nicht, was. Noch später, als wir uns längst verabschiedet haben, bin ich völlig verzaubert. Beim Einschlafen kann ich nur an sie denken, und zum ersten Mal in meinem Leben fühle ich, daß ich wirklich liebe: Ich habe das Glück, einer Frau wie Ute begegnet zu sein.

Der faule Sonntag nach dem Sieg! Das Genießen des Triumphs, Sonntagmorgen im Bett, der Sieg, der noch lebt, noch nicht schal geworden ist. Das Faulenzen vor dem nächsten Training, der nächsten Pflichtkür in Sachen Erfolg, die schon am Montag wieder mit dem Zwang zur Hochleistung kommen würde. Bundesligatrainer sein heißt an der Front kämpfen, jedes Wochenende. Der Sonntag: Presseanrufe und Frühschoppen mit Dr. Walter und dem Vorstand, Mittagessen mit Herrn Irgendwer. Erholung der Seele zwischen zwei Auftritten. Der eine ist abgetanzt. Es war München 1860. Der neue droht wuchtig heran – ein Auswärtsspiel in Braunschweig, das als sicher verloren gelten kann, glaubt man den Miesmachern und der Toto-Vorschau.
Mir gelingt es, den VFB in der Bundesliga zu halten, sogar ganz überzeugend. Ich kassierte, nach der Vize-Meister-Prämie beim MSV, nun den Nichtabsteiger-Bonus – fast in der gleichen Höhe.
Trotzdem beginnt in der späten Hälfte des Jahres 1965 das Tauwetter meines Ruhms. Man fängt an, böse über mich zu reden. Plap-

pern ohne Sachverstand, nur um zu kränken. Eine bestimmte Reporterclique hat sich auf mich eingeschossen. Einen Vorfall haben sie mir nicht verziehen. Meine Mannschaft hatte gegen die Schalker 1:0 gewonnen. Zugegeben, ein schmuckloser Sieg, der nicht elegant erfochten wurde. Trotzdem war ich zufrieden und wollte meinen Jungs gratulieren. Als ich zu ihnen lief und einigen auf die Schulter klopfte, meinte das Publikum, ich wolle eine große Show abziehen. Ich wurde von denselben Leuten, von denen ich unter frenetischem Jubel zum König gekürt wurde, elendig ausgepfiffen. Nach dem Spiel warf ich im Presseraum eine volle Teetasse an die Decke. Ein schwachsinniger Helfer drückte sie mir im unpassendsten Moment in die Hand.

Den Journalisten ist das noch nicht passiert. Sie schreiben, ich sei verrückt geworden. Ich muß mir einfach Luft machen, wenn ich ein paar zu dumme Gesichter um mich herum sehe, sonst ersticke ich.

Ute kommt zum ersten Mal mit ihrer Schwester zu einem Fußballspiel:

> »Das Spiel beginnt unter Flutlicht. Wir verstehen kaum, um was es geht und sind zunächst belustigt über die Massen, ihr Aufstöhnen und ihr Mitgehen. ›Hau-ruck‹, schreien Tausende, wenn der Torwart einen Abschlag macht.
>
> Dann kommt das Verhängnis. Der Gegner geht in Führung.
>
> Das Feld ist scharf ausgeleuchtet, wie das Operationsgebiet eines Chirurgen. Einer der Tiefstrahler reflektiert den Goldrand von Rudis Brille, die den gleißenden Strahl seiner Empfindsamkeit hinauf in die Südränge schickt. Ich sehe sein Gesicht, es verletzbar und aufgewühlt. Ich höre die Schmähungen, die seinem Namen angehängt werden, ohne die gezischten Drohungen und die rüde gebrüllten Obszönitäten um mich herum. Ich verstehe, daß sie eine öffentliche Kreuzigung verlangen, seinen Abgang fordern. Ich spüre die unendliche Einsamkeit um ihn. Ich sehe sein Gesicht, das ich nachts streichle.
>
> Seine Einsamkeit, sein Erfolgswille und diese öffentliche Folterung, die er stehend im Flutlicht erträgt, machen ihn groß für mich. Von seinen Lieblingen und Fans verurteilt, steht er da unten, wehrt sich nicht. Nur einmal macht er eine abfällige Handbewegung hinauf zu den Tribünen. Da steht er, ganz allein

in der Katastrophe seiner Niederlage, steht als eine hell ausgeleuchtete Silhouette vor dem Schwarz der Massen, die alle gegen ihn sind und schäumend vor Wut ›Gutendorf raus‹ schreien.
Ich weiß nie mehr als jetzt, daß ich ihn liebe. Es ist das Gefühl eines winzigen, verzückten Augenblicks, der mich von nun ab – für ein Leben – an ihn bindet. Als wir nach dem Abendessen zu Fuß nach Hause gehen, halten uns zwei fremde Männer an, Kragen hoch aufgeschlagen.
›Moment, Herr Gutendorf. Man sagte uns, Sie fahren schon morgen, dürfen wir uns von Ihnen verabschieden?‹
›Nein, meine Herren, da hat man Ihnen etwas Falsches erzählt. Ich bleibe noch länger hier.‹
Sie treten eng an ihn heran, stellen weitere Fragen.
Dann springt Rudi zurück. Er blickt zunächst fassungslos an sich herunter.
›Das ist ein Abschiedsgeschenk für dich, du Schnallentreiber‹, schreit einer in schwäbischer Mundart.
Jetzt sehe ich, Rudi steht in einer Pfütze Urin, der sich gelblich über den Schneematsch verbreitet. Sein linkes Hosenbein ist dunkel vor Nässe. Die Schweine drehen sich ab, der eine, mit offener Hose, lacht wie verrückt. Rudi reißt sein Bein plötzlich nach vorn, drückt seinen Oberkörper nach. Der eine schlägt hart auf die Erde. Rudi ist schon über ihm, zieht den vom Matsch Durchnäßten hoch, gibt ihm zwei knallende Schläge mit der flachen Hand ins Gesicht und einen brutalen Tritt mit der Fußspitze in den Bauch. ›Dat is keine Kinderstube, komm Utelein.‹
Rudi dreht sich zu mir, nimmt meine Hand. Wir steuern zum Parkplatz. Klatschende Schritte hinter uns.
›Net umdrehen, der zweite‹, zischt Rudi, läßt meinen Arm los. Der Mann ist schon dicht bei uns. Rudi schnellt herum. Der Angreifer liegt wie vom Blitz getroffen am Boden. Wütend packt ihn Rudi. Der Kerl hat den Hosenschlitz immer noch offen. Er bekommt eine furchtbare Abreibung mit Fäusten und Tritten. Er bricht zusammen. Rudi tritt immer noch zu, auch in sein Gesicht. Ich hänge mich an ihn und schreie hysterisch. Ich glaube, Rudi hätte ihn umgebracht. Seine Hände sind blutig, die Haut an seinen Knöcheln hängt in Fetzen herab, in seinen Augen sehe ich

Mordlust. Zuhause verarzte ich seine aufgeschlagenen Hände. Sein Kopf liegt an meiner Schulter, ohne jeden Kuß, ohne jeden Übergang ist er wie tot eingeschlafen.
Was ist mein Rudi für ein Mensch?«

Bei den »Wilden« in St. Louis

Ich sitze im Flugzeug nach New York, um Shelton davon zu überzeugen, daß es für uns alle besser wäre, der FIFA beizutreten. Ich will meine Unterschrift unter den mir angebotenen Vertrag von seiner Entscheidung abhängig machen. New York kenne ich nicht, aber was habe ich nicht alles über diese Superstadt gehört! Ich freue mich, dieses von Vitalität strotzende Ungetüm kennenzulernen. Die Vorfreude auf das, was ich dort alles anstellen kann, verursacht mir das gleiche Gefühl im Magen, wie ich es empfinde, wenn ein Lift zu schnell nach unten saust.

Ich werde überall mitmischen können, wenn ich erst den dicken Vertrag unterschrieben habe.

Der Flug will nicht enden. Immer wieder schaue ich ins Wörterbuch, um mein Englisch zu verbessern. Würden wir, verdammt noch mal, doch endlich landen! Die Zeit will einfach nicht verfliegen. Ich bin schweißgebadet und kribbelig. Als wir endlich da sind, schlafe ich mich erst einmal richtig aus, bevor ich mich in die wichtige Verhandlung stürze und Entscheidungen treffe. Das ist zwar unamerikanisch, denn hier gilt: ›Time is money!‹ Aber da ich weiß, daß ich abgehetzt und müde eine schlechte Figur mache, leiste ich mir in New York erst einmal den Luxus, mich auszuschlafen, um dann – hoffentlich – um so kräftiger auf die Pauke hauen zu können.

Diese, meine erste Entscheidung in den USA, sollte sich als richtig erweisen, denn mein Gegenüber ist mehr als ausgeschlafen, er ist smart. Wie viele übermüdete europäische Verhandlungspartner hat er wohl schon aufs Kreuz gelegt?

›Outsmarted‹, sagt man in New York.

Shelton, der Allgewaltige bei Börsenmaklern, Reklamefirmen, Promotion-Companies, vor dem seine eigenen Manager zittern, ist

ungeduldig und jähzornig. Ohne lange zu fackeln, feuert er ständig Mitarbeiter. Er beherrscht das Klavierspielen, hat keine Skrupel, auch auf die schwarzen Tasten zu hauen. Er ist als eiskalter Businessman bekannt und wird von jedem gefürchtet. Er läßt niemanden ausreden, schneidet jedem das Wort ab, der ihm etwas zu erklären versucht. Es heißt: ›He is making his honest cent‹, was sich wiedergeben läßt als: ›Er rennt jedem Cent hinterher.‹
Shelton hat eine geradezu fleischliche Beziehung zum Geldverdienen – Geld betrachtet er als Rohstoff zur Macht. Er ist ein eindrucksvolles Symbol des amerikanischen Systems: Die Spitze hat er auf seinem Gebiet erreicht. Er weiß das und nutzt es rigoros, dadurch bleibt er an der Spitze.
Mich empfängt er väterlich jovial; er hat eine luxuriöse Suite im ›Waldorf-Astoria‹ für mich bestellt. Er läßt mich nicht warten. Ich finde ihn in der Pose eines römischen Imperators vor, halb liegt er in einem jener riesigen Ledersessel, mit denen die Lounge des weltberühmten Hotels ausgestattet ist. Die Beine hat er entspannt auf dem vor ihm stehenden kostbaren Couchtisch ausgestreckt: Schuhgröße 50, schätze ich, kleine Paddelboote – ›Geigenkästen‹, wie wir in Koblenz sagen.
Er hat eine gigantische Zigarre im Mund und schlägt, so hingelümmelt, den Takt zu einer imaginären Marschmusik, schlägt ihn mit dem Absatz des rechten ›Geigenkastens‹, den er rhythmisch auf die feinen Intarsien des Holztisches knallen läßt. Hin und wieder trompetet er in ein großes weißes Taschentuch.
Genauso habe ich mir als Kind amerikanische Bosse vorgestellt!
»Rudi, wo liegen bei deinem FIFA-Vorschlag deine Eigeninteressen?« Er hat mich sofort durchschaut und begriffen, daß mein Vorschlag für mich von Nutzen ist.
»Man entzieht mir in Deutschland die Trainerlizenz, Mr. Shelton, was für mich einer Ausbürgerung gleichkäme. Beruflich wäre ich tot. Ihr werdet als ›Wilde Liga‹ bezeichnet. Ihr wollt Spieler ködern, ohne Ablösesummen zu zahlen. Praktisch wollt ihr anderen Clubs Kapital ohne Gegenleistung wegnehmen. Sorry, Mr. Shelton, so sehen es die reichen Proficlubs der ganzen Welt.«
Als Antwort schaltet er in seinem Gesicht plötzlich – und für mich ganz unerwartet – ein Lächeln an, aber sofort wieder aus:

Ein Wackelkontakt seiner Gedanken.
Meine Beobachtung wird unterbrochen, denn seine Fäuste stoßen plötzlich vor, als wolle er boxen. Genauso plötzlich fallen sie wieder herunter, suchen Halt in seinen Hosentaschen und schnellen wieder heraus, als wären sie auf einen kleinen Igel gestoßen.
Ein Wurstfinger zeigt drohend auf mich. Ich halte sofort den Mund und lasse ihn toben; ich verstehe ohnehin nur die Hälfte, denn er schlittert in einen schwerverständlichen Slang. Ich verspüre im Moment keine Lust, jetzt schon mit diesem starken Mann in den Clinch zu gehen.
»Du«, hebt er erneut an, »spielst mir in diesem Jahr das Geld ein, das wir brauchen. Dann reden wir über deine damned Feifa oder wie diese fucking Organisation heißt.«
»Bloody Feifa«, grunzte er noch einmal böse vor sich hin. Dabei legt er mir den schon vorbereiteten Vertrag auf den Tisch, der finanziell phantastisch ist und alle von mir gewünschten Garantien enthält.
Ich unterschreibe hastig, ohne mit der Wimper zu zucken, sobald ich die garantierten Summen sehe. Dieser Vertrag macht mich ein Leben lang unabhängig.
Der Generaldirektor des ›Waldorf Astoria‹, ein intimer Freund von Shelton, wird gerufen, um als Zeuge unseren Fünf-Jahres-Kontrakt zu unterschreiben. Meine Trainerlizenz ist zum Teufel, darüber bin ich mir im klaren! Sollen die sich den Wisch in den Hintern stecken. Trainerlizenz Nummer 330 – wozu brauche ich sie hier? Ich bin erst einmal glücklich.
»Ich werde Ihnen Jakob vorstellen«, kündigt abends Mr. Aboney, der Chef des »Waldorf«, mit einem vielsagenden Lächeln an, als er mich allein an der Bar sitzen sieht.
»Jakob wird ihnen alles zeigen, was einen soccer-coach in New York interessiert.« Dabei lacht er dröhnend und ein wenig dreckig, wie ich finde.
Jakob, ein tschechoslowakischer Jude, der gebrochen deutsch spricht, lebt schon seit fünfundzwanzig Jahren in New York. Sein schmales Gesicht wirkt eingefallen. Er trägt einen grünlichgrauen Wollanzug mit Fischgrätmuster. Die Hose verengt sich keilförmig zu den Schuhen hin. So schneiderte man vor zwanzig Jahren, denke

ich. Die Weste mit der protzigen goldenen Uhrkette vor dem Bauch ist zu kurz. Auf seinem Kopf sitzt ein schwarzer steifer Hut, etwas in den Nacken geschoben. Die gesamte Erscheinung ist ein fischgrätengemusterter Anachronismus. Kommt er aus dem falschen Jahrhundert, dieser wandelnde Stilbruch? Seine Augen sind in Ordnung, sie scheinen sagen zu wollen: Ich war mal wer.
»Rudi, nehmen genug bucks mit, es kosten ein bißchen was heute nacht, aber du werden schon erleben interessantes Dings« , sagt er in scheußlichem Deutsch.
Jakob hat sich mit zwei Freunden verabredet, die wir in einem Straßencafé an der East Side ›uppicken‹. Bei beiden bemerke ich Ausbuchtungen an der Hüfte. Ob sie immer Revolver bei sich tragen? Wir steigen in ein yellow cab, in ein für New York typisches Taxi, ein und fahren ins Herz von Manhattan, wo es viel Spaß für Männer geben soll. Das behaupten meine Begleiter, wobei sie mit verklärtem Blick die Augenbrauen hochziehen.
Wir biegen in eine halbdunkle Seitenstraße und müssen noch ein Stück zu Fuß gehen.
Die feuchte Nacht hat sich über ein verkommenes Gebäude mit Kirchenfenstern gelegt. Das Innere ist eine Kombination von Restaurant und Privatclub mit vielen Nischen und einer etwas tiefer gelegenen Bühne im Nebensaal. Alles ist schummerig violett-rosa beleuchtet. Jakob und Jim sind hier wohlbekannt und werden vom Chef dieses Etablissements mit Handschlag begrüßt. Namen werden nicht genannt; man stellt mich als ›Old friend from Israel‹ vor.
»Absolute Weltklasse«, seufze ich beim Anblick der ausgesucht schönen Damen, die die Spitzen ihrer Busen aus raffiniert ausgeschnittenen schwarzen Kleidern herausschauen lassen. Als eine besonders attraktive Dame uns die Speisekarte bringt und ich ihre drallen Brüste wie das achte Weltwunder anstarre, sagt Jakob in seinem unmöglichen Deutsch: »Mit niemand machen's diese icecubs.« Eisbrocken? Was meint er?
Ich beobachte mit Erstaunen, daß alle Serviererinnen, so ausgesucht schön und attraktiv sie auch sind, keineswegs freundlich bedienen, sondern vielmehr abweisend sind. Ich spüre fast eine feindliche Stimmung, die zwischen den bedienenden Damen und den Gästen herrscht.

Eine große blonde Schönheit mit strahlend blauen Augen und herrlich geformten, stramm vorstehenden Brüsten, reicht uns Marihuana-Zigaretten, auf deren Spitze ein Hauch kristallenes Pulver gestreut ist. Als sie mir Feuer geben will, und ich ablehne, schaut sie mich an, als ekele sie sich vor mir.

Jim sagt zu mir: »Das ist May, die schönste Frau der USA. Die Gäste kommen ihretwegen. Sie ist die Attraktion der New Yorker Nacht.«

Ich muß zugeben, ein solch verlockendes Weib habe ich in meinem Leben noch nie gesehen.

»Aber verdammt noch mal, was soll denn das alles hier eigentlich?«

Das aufgetragene Dinner macht mich unruhig. Mein Appetit ist hin, meine Speiseröhre vor Erregung trocken. Unmöglich, sich Mays Ausstrahlung zu entziehen. Jim klärt mich mit ein paar deftigen Sätzen auf, mit denen ich etwas anfangen kann.

Ich bin in einem Club gelandet, in dem die Kunden an sich selber Hand anlegen. Als Vorspeise zur Selbstbefriedigung werden neben einer hervorragend italienisch-französischen Küche Drogen gereicht. Die abweisende Bedienung animiert die Herren, sich in ihr Séparée zurückzuziehen. Die Damen ihrer Wahl schauen bei dem Werk zu, ohne sie zu berühren.

May hat ein silberfarbenes Rolls-Royce-Cabriolet vor der Eingangstür stehen. »Bis heute hat sie noch kein Gast nackt gesehen«, klärt mich Jakob auf.

Sie sei glücklich verheiratet mit einem jungen Kubaner. Dann erzählt Jakob mir mit vertraulich flüsternder Stimme, sobald sein Freund Jim mit May in einer Nische verschwunden ist: »Rudi, du wirst es nicht glauben, dieser Idiot schleppt sein ganzes Geld zu dieser Blonden.«

Ich will gehen, aber sie zerren mich noch in einen Nebensaal.

Ich brauche eine Zeit, bis ich begreife. Zwei junge Mädchen mit Eskimo-Gesichtern sind an einem Holzgestell festgebunden und schauen ängstlich auf eine Tür. Als diese aufgeht und zwei Rüden rausstürzen, weiß ich, was hier ›gespielt‹ wird. Ich sage: »Diese Sauerei ist nichts für mich«, und gehe.

Das also bietet die Weltstadt New York. Ich kannte nun den Geschmack meiner Begleiter. Ich weiß jetzt, warum der ›Waldorf‹-

Direktor so schmierig gelacht hat. Meine Begleiter, inzwischen mehr Verfolger, gähnen. Sie halten den neuen Trainer für spießig, der genau in diese Gegend der ›Krauts‹ hineinpaßt. Sie sagen: »Good night, Rudi«, und verschwinden.
Mich kostet die Nacht, da ich immer für alle zahle, knapp zweihundert Dollar. Leisten konnte ich es mir jetzt. Schließlich habe ich den von Shelton unterschriebenen Vertrag in meinem schweinsledernen Koffer im Hotelzimmer.
Mein Bedarf in dieser Geschmacksrichtung ist gedeckt. Mit einem Taxi fahre ich in die 86th Street zu Bob Tonn's Kneipe. Sepp Herberger hatte mir aufgetragen, ihm Grüße zu bestellen. Ich sehe, wie Jakob und Jim ebenfalls ein Taxi nehmen und mir folgen.
Alle deutschen Mannschaften, die in New York spielen, verkehren bei Bob. Ein Stück Deutschland im Zentrum des »melting pot«, des Schmelztiegels.
Nicht nur er, die ganze Gegend ist typisch deutsch, so wie Koblenz vor dreißig Jahren. Tante-Emma-Läden, Straßenlaternen und ein Wiener Kaffeehaus mit Stehgeiger, der an die Tische kommt und den Gästen Schmalz ins Ohr fidelt. Ich esse einen ordentlichen Sauerbraten mit Semmelknödeln, trinke dazu eine deutschgezapfte Halbe aus dem Krug – das um vier Uhr morgens.
Es ist schon hell, als ich nach einem Taxi Ausschau halte und keins finde, obwohl es in New York achtzigtausend gibt.
Die Zeitungslieferwagen werfen schon ihre verschnürten newspapers auf die Trottoirs; die Müllwagen quietschen, rumpeln und krachen, als wäre gerade ein neuer Krieg ausgebrochen. Die Sonne fängt bereits wieder an, gegen die riesigen Fensterfronten zu knallen, als wolle sie ausgerechnet heute, wo ich in New York bin, das Glas zum Schmelzen bringen.
Als ich im ersten Bus den Times Square überquere, erblicke ich die große Neonreklame für das Musical ›Hello, Dolly‹. Wäre ich nicht besser dorthin gegangen? In Koblenz würde ich nie vor diese Frage gestellt werden, denn in der Löhrstraße und erst recht im Brenderweg, in dem mein Haus steht, gehen abends um elf alle Lichter aus. Da kannst du mit einer Maschinenpistole Dauerfeuer schießen, ohne jemanden zu treffen.
Ich schlafe bis zum tiefen Nachmittag. Dann lese ich zum ersten Mal

genüßlich meinen Vertrag Wort für Wort und unterstreiche die für mich phänomenalen Zahlen rot. Ich habe also zugepackt. Als Mann mit Verstand mußte ich zulangen, mußte zu diesem Wahnsinnsangebot Ja sagen, das zum Fundament meiner finanziellen Unabhängigkeit wird. Dieses Geld wird mich davor bewahren, mich in meinem Beruf prostituieren zu müssen. In diesem Beruf, der eigentlich gar keiner ist, ist Vorsicht geboten. Mit dem Geld wird er mich etwas weniger zum Nomaden unserer Gesellschaft machen.
Ich will nicht die ausgetretenen Wege gehen, nur Clubs im eigenen Land zu trainieren.
Meine Sprachkenntnisse sind mein Kapital, sie machen die ganze Welt zu meiner Werkstatt.
Der Weg, auf dem Fußballtrainer marschieren, ist gepflastert mit Zermürbten, die sich ducken, um ihren Job zu behalten. »Entweder du kuschst oder du fliegst«, sagen die Primitiven. Viele Bosse drücken das natürlich verblümter aus. Aber es kommt immer auf dasselbe raus.
Ich erhalte solche Kuschbefehle von verschiedenen Vereinsoberen, von geistig vergreisten Clubpräsidenten, die nach außen hin ein gütiges Gesicht zeigen, in Wirklichkeit aber verbissen-ehrgeizig sind und im Fußball eine Ersatzbefriedigung finden. ›Sex der Alten.‹
Auch von eitlen jungen Managern, die in ihrem Benehmen und Vorgehen unglaubliche Parallelen zur Verhaltensweise von Tieren erkennen lassen, bekomme ich Kusch-Anordnungen. Einer erinnert mich an einen geilen Hahn, der, bevor er loskräht, auf den höchsten Misthaufen klettert. Er läßt mich in sein Büro auf der Chefetage, dem obersten Stockwerk des höchsten Hochhauses, zitieren, um sich dort vor mir aufzuplustern.
Ein anderer, ein sehr Feiner, läßt mich vor ein ganzes Rudel Wölfe zerren, um mir dann als Oberwolf mit Imponiergehabe und Drohgebärden vor der versammelten Meute, bestehend aus Vorstand sowie einem sechzehnköpfigen Verwaltungs- und Ältestenrat, das Fell über die Ohren zu ziehen. Er versucht es so:
»Was wollen Sie als Abfindung haben? Sie sind entlassen! Wenn Sie unvernünftig sind, machen wir es fristlos, und Sie kriegen gar nichts.«

Bei diesen ungleichen Zweikämpfen, die meistens einer Reihe von verlorenen Spielen folgen, fließt natürlich kein Blut wie bei den Wölfen. Aber der kuschende Trainer verliert nach einigen beschämenden Ritualen – genau wie in der Natur – seine Rangordnung. Es gibt Kollegen, die sträuben zuerst das Fell und fletschen die Zähne, doch dann denken sie an ihre Familie, an ihre Kinder, die wieder die Schule wechseln müssen, an ihre Frau, die gerade im Tennisclub aufgenommen wurde – und werfen das Handtuch. Sie geben immer mehr von ihrer Entscheidungsfreiheit ab, behalten aber nach außen hin die volle Verantwortung. Schon bald führen sie nur noch Anweisungen aus, dann fliegen sie schließlich doch, wenn der Boß oder die Bosse den Zeitpunkt für gekommen halten.
Hier in den USA drückt man das so aus:
›The coach got fucked‹ – und es gehört zur Tagesordnung. Ich habe mir das bis heute nicht gefallen lassen. Mit meinem neuen Vertrag kann ich mir den Luxus leisten, mich auch weiterhin von niemandem unterkriegen zu lassen. Ich bin nun in der Lage, Durststrecken zu überwinden, werde von der Substanz leben können, trete jedem in den Hintern, der mich ducken will.
Als Trainer lernt man das Leben mit seinen Hintergründen und die Menschen in ihren Abgründen in wenigen Jahren genau kennen.
Die Yankees haben den Fußball bisher immer als eine Art Varieté betrachtet. Nun werde ich in der neugegründeten Profi-Liga Vorbereitungen treffen, daß mehr draus wird. Ich werde das Pflänzchen Profi-Soccer setzen helfen, es pflegen, so gut ich kann.
Daß ich mir das gut bezahlen lasse – wer sollte mir das übelnehmen? Es ist bekannt, daß die Amis, wenn sie etwas haben wollen, wovon sie nichts verstehen, und wenn sie »big business« wittern, jeden Preis zahlen. Ich habe den Preis für mein Know-how hoch angesetzt.

Auf Talentsuche in Jamaika

Der Vollmond steht wie auf eine kitschige Kulisse aufgemalt über dem Fünf-Sterne-Strandhotel ›Half Moon‹ in Montego Bay. Er taucht die Szenerie in ein unwirkliches Licht. Am Swimmingpool tummeln sich urlaubstrunkene, reiche, aber blaßgesichtige Amerikaner. Sie sind aus ihren verpesteten Smog-Städten geflohen, wie immer im Winter. Jets aus Pittsburgh oder Baltimore haben sie ausgespuckt. Links von mir funkelt das offene smaragdgrüne Meer, rechts schimmert das blaue Wasser des Pools. Terrasse und Schwimmbecken sind in Marmor gefaßt, von Palmen und Sand umsäumt. Alles wie aus dem Prospekt ausgeschnitten.

In der Mitte des Ganzen steht ein dreihundert Jahre altes, vor der Küste gehobenes Piratenschiff, als Bühne hergerichtet. Hier singt Harry Belafonte sehnsuchtsvolle Lieder vom Freiheitskampf, von Liebe und Tränen. Seine erotisch-heisere Stimme findet nicht die Beachtung, die sie verdient. Harry Belafonte ist noch nicht die große Attraktion, ebensowenig wie Herb Alpert, der zum Siegeszug seiner neuartigen Musik hier angetreten ist. Er spielt zum Frühstück schon Calypso- und Cha-Cha-Cha-Rhythmen, die mir gefallen und sich in meinem Ohr festsetzen.

Beim Abflug aus meiner Wahlheimat St. Louis war es feuchtkalt. Hier dagegen weht ein angenehmer Nachtwind, eine erfrischende Brise. Am liebsten würde ich mir mein Jackett ausziehen, doch in diesem vornehmen Hotel traue ich mich nicht, mit der Etikette zu brechen. Hin und wieder betaste ich meine Innentasche. Darin stecken fünftausend Dollar, gebündelt in großen Scheinen, und ein Scheckheft. Immer wieder beruhigt es mich, wenn ich es noch knistern höre. Nie im Leben hatte ich so viel Geld in Händen. Welcher Neuendorfer Jung schleppt schon fünftausend Dollar in der Jackentasche herum?

Vor mir steht das Nationalgetränk der Insel: Sink or Swim. Ertrinke oder schwimme! Es ist ein starkes alkoholisches Gemix aus Rum, Fruchtsaft und einem Schuß süßen Sirup. Darin schwimmen frische Früchte wie in einer Bowle.
Ertrinke oder schwimme – die typische Devise des verhärteten Erfolgsmenschen und Dollarjägers. Seit ich meinen Vertrag mit St. Louis gemacht habe, zähle ich zu denen. Natürlich will ich schwimmen, mitmischen, bloß nicht absaufen.
»Mr. Gutendorf, Sie müssen morgen nach Jamaika fliegen«, hatten meine Direktoren, die Inhaber meines neuen Fußballclubs gesagt.
»Wir brauchen unbedingt zwei dunkelhäutige Spieler für unsere Mannschaft, denn wir wollen die schwarze Bevölkerung von St. Louis, stattliche dreißig Prozent, ins Stadion locken.«
Eine clevere Idee, fand ich.
Für fast eine halbe Million Mark habe ich Europäer eingekauft. Nun soll ich zwei billige schwarze Spieler aus Jamaika erstehen, damit die ›Materialkosten‹ gesenkt werden. So ist Fußball in den USA: Spieler gelten als Ware, mit dem Geld verdient werden muß bei möglichst niedriger Investition.
Ich stieg in die nächste Maschine und sitze nun neben der großen Welt im ›Half Moon‹. Vorher habe ich mit jemandem telefoniert, den ich einmal in Jugoslawien kennengelernt habe und der in Jamaika wohnt. Sein Name: Papa Pablovic. Er kennt jeden Fußballer auf der Insel.
Er überrascht mich: »Ich haben einen tollen Torwart für dich! So etwas haben noch nie gesehen«, radebrecht er. »Aber ich warnen: Diesen Mann von hier weglocken ist lebensgefährlich. Er gehört zu den Rastafariens, einer fanatisch-religiösen Sekte. Mitglieder sich nicht die Haare schneiden, nie waschen, sie flechten Zöpfe. Sind gewalttätige Freiheitskämpfer. Kaiser Haile Selassie von Äthiopien verehren sie als Gott.«
Der Fußballplatz von Montego Bay ist eine hartgewalzte, graslose graue Fläche. Jeder Schritt wirbelt Staub, Steine und Sand auf, sogar Glasscherben. Dicke Bambusstangen markieren die beiden Tore. Keine aufmunternde Kulisse für einen Trainer, der von hier einen kommenden Star mitbringen soll.

»Da«, sagt Pablovic, »der lange Affentyp, der zweite von rechts mit den Jeans.«
Ich sehe ihn, staune, wie sein schwarzes Trikot seinen Oberkörper umspannt. Einen Oberkörper, der für einen Schwergewichtler würdig wäre. Seine riesigen Füße sind in viel zu enge Sandalen gezwängt. Am auffälligsten ist seine Haarpracht, eine furchterregende Mähne. Ein wildsprießender Bart vereint sich mit den Haaren, die zu Zöpfen geflochten sind.
Er schlurft heran, zögert, grinst. Ich drücke ihm die Hand und erstarre. Das ist keine Hand, das ist eine Kohlenschaufel, eine Pranke, die an überlangen Armen baumelt.
»Wie heißt du?« frage ich ihn.
»Rowe.«
»Wie alt bist du?«
Er runzelt den verschwindend kleinen Zwischenraum zwischen den Augenbrauen und seinem Haaransatz, wird verlegen und schüttelt den Kopf. »Come on, Rowe, stell dich zwischen die Pfosten! Ich will dich testen.«
Schon nach einigen Minuten erkenne ich, welch phantastisches Naturtalent, welch Rohdiamant dieser Rowe ist. Als Keeper übertrifft er all meine Erwartungen. Wohin ich auch schieße – Rowe ist schon da! Er fliegt, springt, faustet – kurzum, er hält fast jeden Ball. Seine Sprungkraft aus dem Stand verblüfft mich. Sofort steht mein Entschluß fest: Diese Katze nehme ich mit. Bei ihm sind meine Dollars gut angelegt, und schon greife ich automatisch nach meinem Jackett. Ich erstarre. Ich habe es beim Probetraining gedankenlos ausgezogen, hinters Tor gelegt und vergessen. Um Gottes willen! Das Geld! Ich erspähe das Fünftausend-Dollar-Jackett, renne hin und hechte drauf. Trotz meines völlig verschwitzten Hemds ziehe ich es an. Menschenskind, was bist du für ein Idiot, sage ich zu mir selbst. Ein flinker Jamaikaboy hätte sich für sein Leben gesund machen können. Ich hätte nicht mal die Möglichkeit gehabt, zurückzufliegen, mein Rückflugticket steckt auch im Jakkett. Ich hatte Angst, das Geld im Hotel zu deponieren, denn man hat mir gesagt, größere Summen seien auch dort nicht sicher. Man würde einfach behaupten, der Tresor sei aufgebrochen worden. Einmal wurde eine ganze Tresorwand mit hundertfünfzig Gästefä-

chern nachts rausgemeißelt und mit einem Lastwagen auf Nimmerwiedersehen abgefahren. Der Nachtportier war bestochen worden.
»Du kannst viel Geld verdienen, Rowe, wenn du mit mir nach Amerika kommst. Was hältst du davon?«
»How much – wieviel?«
»Viertausend Dollar«, sage ich, um niedrig anzufangen.
»How much?« fragt er ungläubig.
»Viertausend«, wiederhole ich. »Willst du?«
Ich sehe, wie er bei der Zahl viertausend zusammenzuckt. Jetzt strafft sich sein ganzer Körper. Nie in seinem Leben hatte Rowe einen großen Geldschein in Händen. Gearbeitet hat er nie. Er steht wie erstarrt vor mir und kämpft mit sich, verängstigt dreht er sich um, schielt hinter sich. Ich folge seinem Blick und sehe hinter ihm einige Dutzend langmähniger Gestalten, die noch verkommener aussehen als er. Diese Gruppe gestikuliert und schreit auf einmal wild durcheinander. Hastig sagt Rowe:
»Okay, Sir, ich komme mit. Ich will hier raus. I take the chance!«
Plötzlich kommt Bewegung in die Horde, die sich langsam auf uns zubewegt. Ein pechschwarzer Hüne stakst heran, und Rowe, der gerade noch neben mir stand, verdrückt sich. Zwei Meter trennen mich noch von dem Hünen. Papa Pablovic ist ebenfalls verschwunden. Schon ist der Riese heran, reißt die Fäuste hoch und schlägt zu. Ich will ausweichen, aber der Schlag trifft mich voll auf die kurzen Rippen. Im Fallen trete ich ihm noch in den Unterleib. Wir gehen beide zu Boden. Bei mir knackt es in der Rippengegend, und ein dumpfer Schmerz nimmt mir fast die Besinnung. Doch ich zwinge mich, wach zu bleiben, wittere Lebensgefahr. Der Mob wirft jetzt Steine nach mir. Alle brüllen:
»Ami, go home or you're dead!«
Beim Davonrennen trifft mich ein großer Brocken am Rücken. Ich sehe Sterne, taumle in meinen Leihwagen und rase in Todesangst weg.
Gott sei Dank habe ich das Jackett mit dem Geld vorher angezogen. Abends esse ich, gekrümmt wie der Glöckner von Notre Dame, im ›Half Moon‹. Ich kann nicht aufrecht gehen und spucke ein bißchen Blut. Der Dreckskerl hat mir bestimmt ein paar Rippen gebrochen, denke ich. Mit einer Klebebinde, die ich noch vom VFB Stuttgart

habe, umwickle ich mir die Rippengegend. Mir dröhnen immer noch die fanatischen Schreie in den Ohren: »Ami, go home or you're dead« und »You goddamn bloody bastard«. Der Ober bringt mir unaufgefordert mit einem strahlenden Lächeln ›Sink or Swim‹. Er hält mich für ebenso happy wie gestern abend. Doch ich bin es nicht. Mit jedem Schluck, den ich mürrisch herunterkippe, rückt diese ›Katze von Jamaika‹ mit dem unerhörten Torwartinstinkt und der phänomenalen Sprungkraft, weiter von mir weg. Ich glaube nicht mehr daran, daß er mit mir nach St. Louis kommt.
Dies ist also meine erste Pleite.
Das Klopfen an der Zimmertür ähnelt Granateneinschlägen. Als ich einen Spalt aufmache, steht Rowe vor mir. Aber wie sieht er aus! Sein rechtes Auge ist geschwollen und aufgeplatzt wie eine überreife Pflaume. Sein linkes Auge ist nur noch ein Schlitz. Seine Jochbeine sind dick und rot unterlaufen. Ich erkenne tiefe Kratzwunden am Hals und Striemen an den nackten Armen.
Stockend erzählt er mir, was sich nach unserem Testtraining ereignet hat. Seine Stimme ist rauh, sein primitives Pidgin-Englisch zudem überlaut. Er schluckt. Sie kamen mit einer ganzen Horde in seine Bude, die am Rande der Stadt liegt, zwischen Autowracks, stinkendem Müll und Ratten. Er sprach von den viertausend Dollars, die er verdienen könnte. Er versprach, einen Teil des Geldes seiner Sekte zur Verfügung zu stellen.
Sie hatten ihm schweigend zugehört und dann von ihm verlangt, in Jamaika zu bleiben. Ob er vergessen habe, wie ihre Vorväter halb verreckt hier in Ketten hierüber gepeitscht wurden, wie sie von weißen Sklavenjägern wie wilde Tiere gehetzt und gefangen wurden?
Er versuchte, sich zu rechtfertigen.
Da schlugen und traten sie ihn. Mit einem Hechtsprung hatte er sich durchs Fenster retten können.
»Ich hasse sie«, erklärt er mir.
Was soll ich tun? Mit leeren Händen nach St. Louis zurückzukehren, ist mir peinlich. Ich quartiere Rowe bei mir im ›Half Moon‹ ein. Aus dem Elend und Dreck in die Welt des Glamours. Zuerst verfrachte ich Rowe in den health-club mit Sauna. Danach gehe ich mit ihm in ein Kaufhaus, in dem es vom Hering bis zum Cadillac

alles gibt, und lasse ihn neu einkleiden. Die anschließende Prozedur im barber-shop wird zur Geduldsprobe für mich und den Friseur. Rowe zuckt beim Abschneiden seiner Zöpfchen gequält zusammen und jammert leise vor sich hin. Allein schon das Entfernen des Zahnstochers, den er im verfilzten Haaransatz über den Augenbrauen trägt, gleicht dem Ziehen eines Weisheitszahnes.
Danach sieht die Wildkatze mit den Riesenpranken einigermaßen zivilisiert aus. So werde ich Rowe in St. Louis präsentieren können.
Am nächsten Morgen beobachte ich ihn wieder beim Frühstück. Auch die anderen Hotelgäste, besonders die Frauen, sind auf meine Neuerwerbung aufmerksam geworden.
»Gut geschlafen?« frage ich Rowe.
»Prima, Boß«, antwortet er mit seinem zufriedenen Lächeln.
Er schaufelt Unmengen in sich hinein.
»Noch eine Portion eggs mit lamb-chops?«
»Okay, noch eine Portion eggs mit lamb-chops.«
Er kratzt sich mit der linken Hand an der rechten Schulter und grunzt vor Wohlbehagen.
Die ›Zivilisation‹ ist kein Schock für ihn, wie ich befürchtet habe. Ganz im Gegenteil: Er sonnt sich in der neuen Umgebung, wie das nur ein Naturbursche ohne jegliche Hemmungen zu tun vermag.
Ich muß unwillkürlich an unseren Hund denken, der, wenn er durchnäßt von einer Erkundungstour zurückkam, am warmen Ofen liegen durfte und mit Genuß ganz selbstverständlich an einem Fleischknochen herumnagte, den wir von unserem sonntäglichen Mittagessen für ihn aufgehoben hatten.
Dem Ober beginnt Rowes Appetit Spaß zu machen. Rowe kaut und schmatzt genießerisch, wie einer, dem es noch immer nicht dämmert, daß die schlechten Tage vorüber sind. Er ist noch der ausgehungerte Rowe, der die Slums, seine Bretterbude, die Fußtritte und Prügel noch nicht vergessen hat.
Er lächelt bei der ersten Portion ham and eggs. Er lächelt bei der zweiten Portion ham and eggs. Er lächelt, als er acht Löffel braunen Zucker in seiner Tasse Kaffee versinken sieht. Er lächelt das wohlige Lächeln eines Mannes, der ganz von unten gekommen ist, der es geschafft hat und der das alles jetzt verdient. Sobald er – während unseres Zwischenstopps in Miami – die zarten Lammkote-

letts mit dem knorpelartigen Knochen knirschend und knackend zwischen seinen starken Zähnen zermalmt, schauen die feinen Dämchen, fast ausschließlich jüngere Gefährtinnen schon angestaubter Herren, von den Nebentischen zu uns herüber. Hier wird ihnen live der Unterschied zwischen ihren überfütterten Männern, die lustlos in ihrem Chateaubriand herumstochern, und einem echten Naturburschen demonstriert, der gesunden Appetit hat. Einige weiter entfernt sitzende Ehefrauen werden von den Raubtierkaugeräuschen angezogen und starten zum Vorbeimarsch an unserem Tisch. Sie starren ungeniert Rowe an. Der lächelt freundlich, zermalmt einen Knochen tief hinten mit den Backenzähnen und schiebt unbefangen nach. Ihm beim Essen zuzuschauen ist auch für mich ein Naturereignis, ich genieße es zum letzten Mal, bevor wir abfliegen.
»Some more eggs with some porkchops or beef?«
»Okay, some more eggs with porkchops *and* beef.«
Rowe wird dem vornehmen Ober nie einen Korb geben, daß er *oder* mit *und* verwechselt ist reiner Zufall. Ich gratuliere ihm.
»Another orange juice, Sir?«
»Okay, another orange juice.«
Ich stehe auf und warte im Garten auf ihn.

Mit Rowe ist meine Fußballmannschaft komplett, deren Internationalität sich sehen läßt. Ein Spanier, den ich durch Vermittlung blind gekauft habe, weil von Real Madrid, ist noch unterwegs; die drei deutschen Profis, Rudi Kölbl aus München, Fuhrmann von TUS Neuendorf sowie der Kaiserslautener Willi Wrenger, kommen in den nächsten Tagen an.
Rowe macht sich anfangs gut. Seine äußere Erscheinung wandelt sich extrem. Bunt wie ein Papagei gekleidet, eitel wie ein Pfau – so stolziert er durch St. Louis. Er trägt nur Farben, die sich kräftig beißen.
Genüßlich erzählt er jedem, daß er ein »beautiful girl« gefunden habe. Einmal sehe ich ihn mit seinem Girl. Was hat er sich da angelacht? Eine überreife, fette Amerikanerin mit Hängebusen hat ihn eingefangen und fest in ihren rotlackierten Krallen.
Mir schwant Böses. Zu Recht. Rowe beginnt, im Training lustlos zu

arbeiten. Seine Leistungen als Torwart lassen zusehends nach. Eines Morgens erscheint er nicht zum Sondertraining. Ich verdonnere ihn zu einer Geldstrafe. Als er erst nach Tagen wiederkommt, lacht er mich aus und knufft mir in die Rippen: »Go to hell!«
Ich konnte mich nicht mehr beherrschen und schrie ihn an: »Du verdammter Nigger, hast uns ein Vermögen gekostet, und jetzt kommst du bei einer abgetakelten Oma nicht mehr aus dem Bett raus.«
Meine Beschimpfungen halfen nichts mehr. Ich vermute, daß Rowe als ›Auflage‹ für die Ehe den Fußball aufgeben muß. Er geht weg von uns und läßt sich aushalten. Sie überschreibt eines ihrer Geschäfte auf seinen Namen, wie ich später erfahre. Seine strotzende Potenz brachte ihm mehr ein als ein Viertausend-Dollar-Vertrag bei mir.
Fortan hat er sich als Kater zu verdingen. Und er ist ein stattlicher Kater, was unter der Dusche unübersehbar ist. Ohne ihn starten wir zu einer Mittelamerika Gastspielreise. – Wir haben Spielverträge mit den Landesmeistern in Honduras, Costa Rica, Guatemala und El Salvador abgeschlossen.

»Zwangsgesellschaft« in Guatemala

Die Uniformierten lachen vulgär.
»Kotz dich nur aus, amigo, besser halt dann dein großes Gringo-Maul!«
Eine Katastrophe bahnt sich in Guatemala City an. Ich hatte mit meinen St.-Louis-Stars eine Einladung des guatemaltekischen Fußballverbandes angenommen. Die Garantiesumme ist hinterlegt. Alles hat bestens begonnen. Mit melodischer Marimba-Musik werden wir schon am Airport empfangen. Danach haben wir einen 5:2 Sieg über die Stadtauswahl gefeiert und viel zuviel ›Pisco sour‹ getrunken.
Welcher Trottel hat vergessen, mich davon zu unterrichten, daß in dieser Stadt wieder einmal Kriegsrecht herrscht und nachts strengste Sperrstunde verhängt ist?
Als ich an diesem Abend, nachdem alle Spieler endlich in ihren Zimmern sind, noch einen kleinen Stadtbummel unternehme, wundere ich mich freilich schon nach ein paar hundert Metern, kaum einem Menschen zu begegnen. ›Es wird mir schwerfallen, heute nacht noch etwas Nettes zu erleben‹, denke ich angesichts dieser Leere. Als ich um die Ecke biege, stehen wie aus dem Boden gewachsen vier Polizisten vor mir.
»Sie sind wohl verrückt! Was wollen Sie von mir?« schrie ich die Kerle an, als mich einer am Handgelenk packt und meinen Arm nach hinten auf den Rücken biegt.
Der Streifenführer bellt zurück:
»Sie werden jetzt schweigen und mitkommen.«
Ich mache mir schwere Selbstvorwürfe.
Ich habe nur mit halbem Ohr hingehört, als man mir im Hotel sagte, daß schon seit einem Vierteljahrhundert die Generäle die Politik allein bestimmen. Mir wurde erzählt, daß in den letzten Jahren

mehr Menschen ermordet wurden, als bei dem verheerenden Erdbeben vor vier Jahren umgekommen sind. Brutale Gewalt ist das Instrument des Militärregimes. Todesschwadrone und Mordkommandos, die sich ›Die weiße Hand‹ oder ›Neue antikommunistische Organisation‹ nennen, terrorisieren die Bevölkerung – mit Billigung der herrschenden Militärs. Es ist an der Tagesordnung, daß Soldaten und Polizisten nach Feierabend blutige Jagd auf Regimegegner machen.
Regimegegner – das ist das Volk, Oppositionspolitiker, Studentenführer, Gewerkschaftler, Journalisten und Kleinbauern und die Millionen halbverhungerter Indios, die sich weigern, ihr Land den Großgrundbesitzern zu lächerlichen Preisen zu verkaufen. Jeden Tag verschwinden Menschen in Guatemala. Die meisten werden erst wesentlich später mit grausamen Folterspuren gefunden, umgebracht durch das Mordwerkzeug der Todesschwadrone, dem sogenannten ›Henkerchen‹, einer spitz zugeschliffenen Metallsäge, die sich wie ein Bajonett in den Körper bohrt.
Ich sitze tief in der Tinte. Meine Mannschaft ist ahnungslos im Hotel, und mich steckt man ins Gefängnis – und in was für eins! In Mittelamerika sind Kerker unbeschreibliche Elendsquartiere. Mich sperrt man zu sechs anderen. »Gringo de mierda – Scheißgringo«, begrüßt mich zuerst mal einer der sechs und lacht mich herausfordernd-feindlich an. Vorsichtshalber gebe ich mich mal erst jovial.
»Hallo, Freunde, auch Pech gehabt?« sage ich in meinem besten Sonntags-Spanisch und lächle sie freundlich an.
Dröhnendes Gelächter.
»Pech gehabt, sagt das Arschloch!«
Ich schaue mir meine Zwangsgesellschaft an. Erblicke zwei ausgemergelte Gesichter, die aus schmutzigen Decken hervorlugen. Mischlinge, wie viele hierzulande, Zwillinge, glaube ich, so ähnlich sehen sie sich. Ihr Delikt erfahre ich später: Sie haben am hellichten Nachmittag in einem öffentlichen Park einen Schweizer erschlagen. Sie nahmen alles. Seine Kleider zogen sie an. Der eine, Hose und Hemd, der andere, Schuhe und Jackett. In diesen Kleidungsstükken wurden sie verhaftet. Sie waren auf seine elegante Aufmachung erpicht. Sie wollten ihn nicht töten, nur betäuben.
»Du bist auch nicht übel angezogen, Gringo«, röhrt ein bärtiger

Jamaikaner aus einer Ecke. »Na, ihr zwei, könnte euch das nicht reizen?« Er schlägt sich vor Freude klatschend auf die nackte Brust und lacht wie irre über seinen Witz.
»Hast du keine Angst, Gringo?«
Die Situation ist gefährlich. Natürlich habe ich Angst.
»Ach, weißt du«, sage ich beiläufig, »ich habe nur vor einem Angst: nämlich, daß ich Angst überhaupt nicht kenne!« Ich strecke mich gespielt lässig auf einer leeren Pritsche aus und tue, als wären mir Gefängniszellen etwas Alltägliches. Ich sehe mir die restlichen drei Sträflinge an: Einbrecher, Totschläger, Sittlichkeitsverbrecher, Messerstecher, alles zusammen, diagnostiziere ich. Damit komme ich der Wahrheit nahe, wie sich rausstellt.
»He, Gringo, willst du nicht wissen, was ich auf dem Kerbholz habe?« nimmt der Bärtige den Gesprächsfaden auf.
»Eigentlich siehst du aus, als könntest du keiner Fliege etwas zuleide tun«, lache ich ihn an. Ich animiere ihn damit, anzugeben.
»Ich will dir was Schönes erzählen.«
Ich soll ihn also bewundern, tue interessiert. Besser, den Koloß auf meiner Seite zu wissen.
»Ich habe in einer Wurstfabrik gearbeitet und da einen Chef gehabt, der gar nicht so übel war. Wir beide hatten jedoch ein Problem: seine geile Frau. Weißt du, jene Sorte mit der Seele einer Jungfrau und dem Körper einer Hure. Sie ist wochenlang immer um mich herumgestrichen. Als ihr Mann im absolut falschen Moment auftauchte, habe ich mich natürlich entschuldigt: ›Ich mag Sie, Boß, aber Ihre Frau ist mir lieber. Ihr Körper ist für Sie allein zuviel, Boß. Allein schaffen Sie das nicht.‹
Alle Arbeiter sahen, daß ihm meine schöne Rede nicht gefiel. Er schlug mir ins Gesicht und trat mich unten rein. Ich mußte mich wehren. Auf einmal fiel er tot um.«
Ich sehe in seinen Augen, daß er sich durch seine Erzählung hochschaukeln will.
»Hast du Geld, Gringo?« brummt er mich an.
»No, die Hunde haben mir alles weggenommen, auch die Uhr.«
Dabei kehre ich meine Hosentaschen um. So mache ich ihnen unmißverständlich klar, daß ich nichts habe, denn diese Kerle würden nicht zögern, mich kaputtzuschlagen, um an mein Geld zu

kommen. Alle würden leugnen, mich auch nur berührt zu haben. Vielleicht gefiele den Polizisten sogar die Erklärung recht gut, daß der Gringo vor Aufregung und Angst ohnmächtig wurde und unglücklich hingefallen sei, natürlich auf den Kopf!
Das ist der Augenblick, in dem ich durchdrehe und verzweifelt losschreie:
»Ich will hier raus, ihr Idioten!«
Ein Uniformierter erscheint und brüllt mich wie ein Tier an. Ich schaue mich um. Einer der drei, den ich noch nicht genauer beobachtet habe, ein schleimiger Kerl, läßt mich seit meinem Betreten der Zelle nicht aus den Augen. Er streicht ständig um mich herum, ohne bisher ein einziges Wort gesagt zu haben. Ein öliger, schmächtiger Typ mit weiblichem Getue. Er scheint mir am wenigsten gefährlich zu sein, ekelt mich aber am meisten an.
»Hörst du, Gringo«, läßt der Jamaikaner nicht locker. »Du bist reich, das sieht man dir an. Du hast heute abend gut gegessen, bist nicht auf diesen Kotzfraß hier angewiesen. Du bist satt und hast draußen deine Moneten auf der Bank wie alle Gringos. Du wirst bald rauskommen. Ich wünschte, ich wäre an deiner Stelle, so wahr ich Robson heiße. Du weißt nicht, was dich ins Gefängnis gebracht hat? Ich will es dir sagen: Hier herrscht Kriegsrecht. Ab zehn Uhr abends besteht absolutes Ausgangsverbot. Das hast du nicht gewußt?«
»Nicht die Spur. Wir haben hier Fußball gespielt und fliegen morgen zurück nach St. Louis.«
»Hombre, ein Fußballer bist du?«
Die Zwillinge richten sich auf, und ihre Kumpel schauen mich interessiert an. Die Feindseligkeit weicht auf. Der Fußball verändert manchmal die Welt. Der schmächtige Schleimer ist freudig erregt und möchte unbedingt meine Oberschenkelmuskeln betasten.
»Ein Sportler – wunderbar«, schmachtet er.
»Hau ab«, schnauze ich ihn an und stoße ihn zurück. Da platscht es plötzlich neben mir. Ich wende mich um.
»Au!« brüllt der Schleimer und winselt zusammengekauert in einer Ecke vor sich hin. Robson, der Koloß, mit einem Körper, wie man ihn nur noch auf Denkmälern findet, springt von seiner Pritsche.

»Hat dir der Tritt in deinen schwulen Arsch gutgetan? Faß den Gringo nicht mehr an!«
»Si, Señor, ich tue alles für Sie.«
»Das will ich dir auch geraten haben. Los, in die Ecke!« brummt Robson und lacht dann laut. Ich mustere respektvoll seine Pranken.
»Du bist der Boß hier, Robson, das habe ich gleich gemerkt. So, wie ich es bin bei meiner Mannschaft.«
Damit mache ich den Versuch, unser Gespräch auf eine höhere Ebene, die Boß-Etage, zu verlegen. Er geht sofort darauf ein. »Ich will dir sagen, was hier zur Zeit gespielt wird. Seit die Tupamaros den Erzbischof und den Polizeiminister entführt und den deutschen Botschafter Spreti umgebracht haben, ist der Teufel los. Jeder ist verdächtig. Nur ich nicht. Ich saß schon vor dem ganzen Mist hier im Gefängnis.«
»Wann wird dein Prozeß sein?« frage ich.
»Da habe ich gar keine Hoffnung. Wenn ich Geld hätte, könnte man vielleicht einen Dreh finden, aber ohne monedas geht in Guatemala nichts. Die Schweine da oben unternehmen nur etwas, wenn sie bestochen werden. Wenn man – wie ich – kein Geld hat, um sie zu bestechen, kannst du hier verfaulen, keiner interessiert sich für dich. Gringo, du weißt nicht, was es bedeutet, arm zu sein. Ich verrecke hier in diesem Loch.«
»Robson, wußtest du das denn nicht vorher? Auf der ganzen Welt kann man nicht ungestraft einen Mann totschlagen.«
»Ich weiß, aber dieses Wahnsinns-Weib hat mich völlig verrückt gemacht. Ich war so auf Touren, daß ich durchgedreht habe.«
»Okay, Robson, aber du hast ihrem Mann den Schädel eingeschlagen.«
»Du redest genauso estúpido wie diese Schweine da oben. Du kennst Lyssa eben nicht. Auf ihrem Hintern konnte man Wanzen knacken, aber beim Gehen wackelte er wie ein Pudding.«
Diese Begründung gibt mir den letzten Aufschluß über seine Art, zu denken und zu handeln.
»Hast du eine Zigarette, Gringo?«
Er wechselt abrupt das Thema.
»Bin Nichtraucher.«
»Ich werde irrsinnig, wenn ich jahrelang mit diesen Scheißkerlen

hier drin bleibe. Wie ich dieses Geschmeiß hasse! Mit dir kann man wenigstens reden.«
Ich merke, daß ihm die Unterhaltung mit mir guttut.
Das Interesse der anderen Zellengenossen an uns scheint erloschen zu sein. Sie haben sich in ihre dreckigen Lumpen eingehüllt, bis auf einen, der gerade donnernd den Kübel benutzt. Das Zellenklo besteht aus einem Holzbottich mit Bretterdeckel. Die Geräusche, der Scheißegeruch, die lähmende Hitze in diesem Raum, der stinkende Atem der Schnarcher – wer kann das aushalten? Robson, dieser gesunde Koloß, den seine Begierde zum Totschlag trieb, hat keine Chance, dieser Hölle zu entrinnen. Ich bedauere ihn, obwohl er ein primitiver Schläger ohne Hemmung ist, wenn es um Weiber mit fetten Ärschen geht.
Mein Hemd klebt wie Leim an meinem Körper. Bin ich in diese Niederungen elendster Kreaturen geraten, um neue Wertsetzungen für mein weiteres Leben zu erhalten? Robson läßt mir keine Zeit, tiefgründige Überlegungen anzustellen. Er hängt an meinen Lippen. Er beobachtet jede Regung.
»Ich bin kein Mörder, verstehst du?« schreit er mich plötzlich an. »Ich habe ihn nicht umbringen wollen. Ich habe mir nur den Weg zur Tür erkämpfen wollen. Daß er umgefallen und nicht mehr aufgestanden ist, habe ich gar nicht mitbekommen.«
Robson verstummt. Erst Minuten später fährt er fort:
»Ich habe geglaubt, der Alte erholt sich von meinem Schlag und Lyssa steht auf meiner Seite. Jeder wußte doch, daß sie ihren Alten satt hatte und ihn loswerden wollte!«
»Wie alt bist du, Robson?«
»Neunundzwanzig. Wenn ich wenigstens Geld hätte. Mit monedas kriegst du alles, auch hier: besseres Essen, eine erträgliche Zelle ohne solche Dreckskerle. Auch eine Frau kann man bekommen. Alles ist nur eine Frage des Geldes – plata.«
»Eine Frau, hier im Gefängnis, das gibt es doch nicht, hombre?«
»Du kennst eben Mittelamerika nicht. Man kann einen Menschen schlagen, aushungern, foltern – aber niemals zumuten, ohne Frau zu sein. Aber, und das ist der Haken bei mir, man braucht Geld. Für Pesos gibt es alles. Ich brauche eine Frau, Gringo, hörst du, mehr als die Freiheit brauche ich eine Frau. Kannst du mir eine bezahlen,

wenn du rauskommst? Für dich ist es nicht viel. Ich habe keinen einzigen Peso. Ich träume Tag und Nacht von Weiberärschen die sich von außen gegen diese Gitter drücken. Glaub mir, es ist schlimmer als Hunger und Durst.«
Der Bärtige sieht mich flehend an, dann dreht er sich um und legt sich mit dem Gesicht nach unten auf seine Pritsche. Er stöhnt noch einpaarmal gottserbärmlich in seine Jacke, die ihm als Kopfkissen dient.
»Robson, ich werde dir Geld geben, wenn ich rauskomme. Du sollst eine Frau haben, und ich werde dir auch einen Rechtsanwalt bezahlen.«
Er tut mir leid, und außerdem bin ich auch auf meinen Vorteil bedacht. Ein Robson auf meiner Seite ist eine Versicherung gegen die anderen Galgenvögel in der Zelle. Wer weiß, wie lange ich noch hier drinn sein werde.
Ein Lichtschein huscht durch den Raum. Kontrollampe eines Aufsehers. Routinesache. Weg ist er. Zwanzig, dreißig Sekunden verrinnen. Robson liegt regungslos, atmet schwer. Nach Minuten, oder sind schon Stunden vergangen, höre ich seine heisere Stimme wieder:
»Gringo, was du eben gesagt hast, widerrufe es sofort, wenn du es nicht halten wirst. Sag auf der Stelle, daß es nicht wahr ist, sonst verfluche ich dich, laß mich nicht in falscher Hoffnung verrecken!«
Er hat sich kerzengerade aufgerichtet.
»Wenn du dein Wort hältst, werde ich für dich beten, mein Leben lang, die Madonna Santa ist mein Zeuge.«
Robson mit Gemüt? Wie reimt sich das, Totschläger und Beten? Verzweiflung neben Sehnsucht, Verbrechen neben ein bißchen Hoffnung? Ich gebe ihm mein Wort.
Es ist lange nach Mitternacht. Müdigkeit und Trostlosigkeit übermannt mich. Ich schlafe ein. Doch diese Nacht hat noch nicht alle Widrigkeiten für mich aufgebraucht. Jäh werde ich wach. Es macht sich einer an meiner Decke zu schaffen, faßt mir zwischen die Beine. Ich fahre herum, greife den Schmierigen und schlage zu. Ein irrer Schrei, der Schwule liegt am Boden. Türen schlagen, Taschenlampen leuchten in die Zelle. Fluchen, Schreie, Toben – in den Nachbarzellen beginnen sie zu brüllen:

»Ruhe – Ruhe – Ruhe!«
Drei Beamte stürzen mit gezogenen Pistolen herein in unsere Zelle. Sie ist jetzt taghell ausgeleuchtet. Der Schleimer liegt verkrümmt und absolut leblos neben meinem Bett. Am Kopf hat er eine tiefe Platzwunde, Blut sickert in Richtung Kübel. Robson stellt sich schützend vor mich und brüllt:
»Ich kann bezeugen, daß der Gringo unschuldig ist, ich habe beobachtet, wie sich das Schwein an ihn herangemacht hat.«
Er wird brutal mit dem Revolverknauf auf den Kopf geschlagen, er liegt auf dem Boden, sein Blut läuft in die zementierte Pissrinne, die quer durch die Zelle läuft. Zwei Polizisten zerren mich hinaus, der dritte schreit mir nach: »Das wird Sie teuer zu stehen kommen. Sie brechen die Gesetze unseres Landes und schlagen dazu noch einen unserer Bürger tot.« Man stößt und tritt mich durch einen langen Gang in eine Zelle mit abgepolsterten Wänden, die bestialisch nach saurem Erbrochenen und Urin stinkt. Mir stockt der Atem. Will man mir einen Strick drehen?
»Nun hören Sie doch«, beschwöre ich den Uniformierten mit Sternen auf den Achselklappen morgens.
»Sie liefern mich solchen Typen aus, ich wehre mich, was sollte ich sonst tun? Ich verlange einen Rechtsanwalt.«
Er schweigt, wie alle Polizisten in solchen Fällen schweigen. Sie bringen mich Stunden später in einem Gefängniswagen in ein kleineres Gefängnis, das im Vergleich zum anderen ein Sanatorium ist. Schon nach Minuten bekomme ich mein Geld und meine Uhr zurück. Ich werde überraschend und ohne jedes Getue entlassen.
»Wir wünschen Ihnen und Ihrer Fußballelf weiterhin guten Erfolg«, sagt mir der Polizeioffizier lächelnd, der mich am Abend zuvor verhaftet hat. Mein Lächeln gerät zur Grimasse.
»Sie haben eine vortreffliche Art, Gästen Ihres Landes den Aufenthalt durch entzückende Kurzweil ein bißchen abenteuerlich zu gestalten.« Das konnte ich mir nicht verbeißen, ihm zum Abschied zu sagen.
Es ist ein Klacks für mich, Robson zu helfen, ich löse mein Wort ein. Ich spiele nicht den Wohltäter, den Engel der geknechteten Kreatur. Ich bin wie jeder, der mit der einen Hand öfter zuschlägt als mit der anderen streichelt. Einhundertfünzig Dollar und später noch

einmal fünfundsiebzig für Robsons Verteidigung. Und hundert Dollar noch mal ein Jahr später als Zuschuß für besondere Vergünstigungen im Gefängnis. Das ist meine Rechnung für ein gegebenes Wort. Sieben Monate später erhalte ich einen Brief von Robsons Anwalt: Robson hat wegen Schlägerei mit Todesfolge drei Jahre und sieben Monate erhalten, von denen vierundzwanzig Monate verbüßt sind.
Als ich Jahre später in Kingston gegen Jamaika mit meiner chilenischen Nationalelf spiele, steht Robson nach dem Spiel am Spielerausgang hinter den Umkleidekabinen. Er hat mein Foto in der Spielvorschau gesehen. Ein saubergekleidetes Töchterchen auf dem Arm und eine vollsaftige Frau mit einem gigantischen Hinterteil an seiner Seite. Er schenkt mir vier Flaschen hellen Jamaica-Rum.
»Zwanzig Jahre alter Rum, Sir«, sagt er und drückt mich so fest an seine Brust, daß meine Rippen verdächtig knacken.

»Ihr macht euer Spiel selbst kaputt. Immer wenn es spannend wird vor dem Tor, dann pfeift der Strolch in Schwarz Abseits. Ihr raubt euch damit selbst die highlights eures Spiels. Warum ändert ihr nicht diesen Quatsch?«
Was soll ich dazu sagen? Recht haben die Leute.
Diese Klagen kommen auch Mr. Shelton zu Ohren, den ich über ein Jahr nicht mehr gesehen habe. Er bellt mich eines Tages an: »Rudi, laß dir mal etwas einfallen. Da ist doch kein Drama drin in dem Spiel. Die Tore sind zu klein. Immer wird drüber oder vorbeigekickt, oder das Rindvieh von Torwart hält den Ball. Amerikaner wollen Tore, sehen. Denkst du, sie zahlen, um den schwarzen Totenvogel pfeifen zu hören, der alle action kaputtmacht?«
Ich überlege und halte wieder einmal innere Einkehr in USA. Das Resultat meiner Meditation sieht dann so aus: Ich lasse die Torpfosten und die Torlatte einen Meter dick machen.
Unter solchen Umständen ist noch nie Fußball gespielt worden. Mir und den Amis gefällt es. Da klatschen die Bälle vom Holz zurück, daß es eine wahre Pracht ist. Wie Kinder reagieren die Zuschauer. Sie schreien vor Freude. Spiele gehen jetzt nicht mehr 0:0 oder 1:1, sondern öfter mal 5:5, 8:4 oder 7:6 aus.

Einmal spielen wir mit St. Louis gegen Toronto, und da lautet das Schlußresultat: 7:9! Die Menge jault vor Vergnügen. Die Medien machen positiven Wirbel.
Es kommen mehr Zuschauer. Ich treffe Mr. Shelton auf der Herrentoilette. Er gratuliert mir und gibt mir einen Scheck auf dem Pissoir. »For you, Rudi, you did a good job!«
Ich traue meinen Augen nicht, als ich später genau hinsehe: Fünftausend Dollar. Der Dollar steht 4,28 zur Deutschen Mark. Amerikaner bezahlen Ideen!
Neu stimuliert mache ich nun aus unserem Fußballspiel eine Art Zirkusvorstellung: Menschen anlocken um jeden Preis! Die Schiedsrichter werden mit Colts ausgerüstet, mit denen sie die Begegnung an- und abschießen – nicht wie überall in der Welt seit hundert Jahren mit der Trillerpfeife. Auch zur Halbzeit wird geballert. Vor den Spielen lasse ich Damenkapellen in ›heißen Höschen‹ auf den Rasen marschieren und musizieren. Ich suche sie selbst aus: Lange schlanke Beine und schwere Busen, die bei jedem Schritt wogen. Ich engagiere Künstler und solche, die es werden wollen, zu Show-Einlagen. In der Halbzeit werden exklusivste Pelzmodelle vor der Haupttribüne vorgeführt. Von da an kommen auch mehr Frauen zu den Spielen.
Ich bin im Aufwind, bin unverfroren genug, für Interviews Geld zu verlangen, und erhalte es auch. Es ist ein Novum für die amerikanische Sportpresse. Nie hat sich ein Coach erdreistet, sich Interviews bezahlen zu lassen. Im Gegenteil, alle waren glücklich, wenn sie der Öffentlichkeit durch die Reporter etwas mitteilen durften.
Ausgerechnet mein Goalgetter Pat McBride fällt vor dem ganz wichtigen Punktespiel gegen Dallas aus.
»Coach, ich kann nicht spielen«, stottert er.
»Was ist mit dir los, silly boy?« frage ich.
»Ich sehe nichts mehr.«
»Aber du siehst doch sonst gut.«
»Dann habe ich ja auch meine Kontaktlinsen an.«
Und das ein paar Minuten vor dem Spiel, beim warm-up! Wir kriechen alle auf dem Fußboden der Kabine herum. Wer uns sieht, der mußte denken, der crazy Gutendorf wartet wieder mal mit einem ganz tollen Gag auf, um seine Boys besonders zu motivieren.

Ich bin immer auf alles vorbereitet. Aber diesmal habe ich keinen Ersatzspieler mehr, da der Rest Grippe hat oder verletzt ist. Die Spieler schauen mich an.
»Keine Panik«, lache ich sie an, »ich spiele.«
Keiner traut sich zu lachen.
Gut, daß ich im Training nicht nur mit der Pfeife im Mund herumstehe. Als Trainer hat man fit zu sein. Ich verlange nichts im Training, was ich nicht selbst vormache. Jetzt muß ich halt noch einmal ran. Da ist es wieder – das längst verloren geglaubte Gefühl des Lampenfiebers ist wieder da. Dazu kommt ein Glücksgefühl, das nur der Spieler hat, wenn er spürt, daß er gebraucht wird! Wenn wir heute verlieren, wäre das ein erheblicher Gesichtsverlust für mich. 6:2 gewinnen wir. Ich verwandle einen Elfmeter. Spielschluß. Ich bekomme eine standing ovation! Das Publikum steht auf und klatscht. Die höchste Anerkennung für einen Sportler in den USA.
»Rudi – du mußt immer mitspielen!« lautet die Schlagzeile der ›St. Louis Post‹ am nächsten Morgen.
In vielen Zeitungen erscheinen enthusiastische Leserbriefe. Besonders freue ich mich über R. Emmeneggens Zuschrift aus St. Louis, Gravois Rd. 11327:

> »Herr Gutendorf leistete Hervorragendes für das Ansehen des deutschen Sports sowie für uns deutsche Emigranten. Er erreichte viel Positives bisher. Er rückte durch sein angenehmbescheidenes Auftreten in der Öffentlichkeit das Bild vom ›kriegerischen Deutschen‹ und dem ›häßlichen Nazi‹, wie es hier seit Jahren in Filmen dargestellt wird, in ein gutes Licht. Herr Gutendorf ist der beste Botschafter für Deutschland in den USA.«

Diesen Brief schickt er auch an den ›Kicker‹, der ihn unter ›Leserbriefe‹ veröffentlicht.
Die Firma Brut-Kosmetik offeriert mir einen bombigen Vertrag. Der Segen der Popularität zahlt sich in den USA mehr aus als anderswo.
Die Tageszeitung ›New York Star‹ schreibt:

> »Gutendorf ist nach Wernher von Braun der zweite Deutsche, der Amerika etwas wirklich Neues brachte: Modernen attraktiven Fußball.«

Natürlich gibt es auch andere, negativ-neidische Töne.
»Heil Hitler, Herr Gutendorf!« oder »Du Nazi-Sau!« rufen die Zuschauer auswärts, wenn die Heim-Mannschaft auf eigenem Platz von uns wie ein Fisch ›geputzt‹ wird.
Jahre zuvor haben die Zuschauer »SS-Schwein« geschrien, als ich beim FC Luzern in einem auswärtigen Punktespiel einen Gegner foulte. Nationale Ressentiments befinden sich immer im Publikum, selten beim Spieler auf dem Platz, für den ein Foul ein Foul ist – nicht mehr.
Ganz schlimm erging es mir in Tunesien . . .
Ich ahnte lange nicht, warum so viele Araber bei Auswärtsspielen sich geradezu irre gebärdeten, wenn ich als Trainer – was ich damals wie heute nicht lassen kann – auf das Spielfeld lief, um mich mit Schiedsrichter oder Linienrichter anzulegen.
Des Rätsels Lösung bekam ich erst später: Die Araber sahen mein Profil, meine lange Nase und kombinierten – so sieht er aus, und Gutendorf heißt er, also ist er ein Jude!
Sie schrien sich die Kehlen wund. Fußtritte kassierte ich in der Oasenstadt Gabes.
Aber der Teufelskreis geht noch weiter. In Honduras, wo ich mit meinem St. Louis Team spiele, werde ich vom Publikum zum Amerikaner gemacht, als ich wieder einmal reklamiere und auf den Platz renne, um einen Verletzten zu verarzten. Die Leute schrien erbost:
»Gringo!« und »Ami, go home!«
So ist das also: Nazi – Jude – Gringo.
Schön ist das beileibe nicht für den Jung von der Mosel. Ich buche diese Dinge als Berufsrisiko ab. Ich bin Profi und werde gut bezahlt dafür – so und nicht anders muß man das sehen.
Nach zwei Jahren des Auf und Ab trifft unsere Liga ein Verhängnis. Liga-Präsident Dick Walsh sagt von heute auf morgen »good bye« – er wechselt ins Baseball-Lager.
Der Rücktritt dieses Mannes läßt bei mir die Alarmglocken schrillen. »Die Ratten verlassen das sinkende Schiff«, sage ich zu Ute.
Kurz darauf kommt aus Detroit die Nachricht, daß die »Cougars«, deren Chairman der Autokönig Henry Ford IV ist, nach zwei Jahren Spielzeit zwei Millionen Dollar Verlust gemacht haben. Der

Rückzug dieses Klubs ist der Anfang vom Ende, denn der Fernsehriese CBS kündigt daraufhin seinen Vertrag mit der Liga. Wenn das TV nicht mehr mitspielt, gehen alle Lichter aus. Ich lasse mir vorsichtshalber die restliche Gage auszahlen... Selbst die besten Namen – Pele und Beckenbauer–, können Jahre später den US-Soccer nicht retten. Alle Bemühungen und Millionen-Investitionen zerschellen an der Übermacht von Baseball und American Football.
Der Amerikaner kann riskieren, aber er kann auch Schluß machen. Die Telefone werden sofort abgestellt, man weiß, daß jeder weitere Cent, der jetzt noch ausgegeben wird, verloren ist.
»Auf zu neuen Ufern«, rufe ich abends Ute theatralisch zu. Plötzlich merke ich, wie zäh und klebrig die Luft hier in St. Louis zwischen dem Mississippi und dem Missouri ist. Ich sehne mich nach einer frischen Brise.

Trotz des schnittigen Motorbootes und des weißen Jaguar-Cabriolets, trotz der riesigen Popularität, die ich in St. Louis genieße, habe ich Sehnsucht auf die Bundesliga mit vollen Stadien. Heimweh nach Fußball im Nieselregen, mit exakten Doppelpässen, vor fachmännischem Publikum und lauernden Presseleuten.
Mein Abschied von den USA ist schmerzlos. Ich habe ein Vermögen verdient. Wir verpacken alles sorgfältig, was uns lieb geworden war, in sogenannte Lifts, um sie irgendwohin an eine neue Adresse zu schicken. Wohin, weiß ich noch nicht. Das macht mich weder ängstlich noch ratlos. Ute und ich, wir können aus dem Koffer leben.

Glanz und Elend bei Schalke

Die Nachricht ist einem deutschen Journalisten einen Anruf auf die Fidschi-Insel wert. »Weißt du es schon, Rudi? Der Oskar ist wieder da«, brummt und knackt es in der Leitung.

Ich sitze in der Suite des ›Pacific Harbor‹, einem Luxushotel, in dem traditionell Fidschis Nationaltrainer einquartiert wird.

»Die Schalker haben ihn zum dritten Mal gewählt als Präsident«, brüllt der Journalist ins Telefon.

Ich muß lachen: »Er hat's ja auch verdient. Keiner singt ›Blau und Weiß, wie lieb' ich dich‹ so schön wie er.«

»Noch was«, krächzt es aus Deutschland, »den Rolf Rüßmann hat er als Manager eingestellt.«

»Das ist kein Schlechter«, schreie ich in den längsten Telefon-Draht der Welt.

Den Spieler Rolf Rüßmann habe ich aus Schwelm für zwanzigtausend Mark »gekauft«. Als ich zu Schalke kam, war er 18 Jahre alt und stolperte recht unbeholfen über den Platz. »Du hast Füße wie Bügeleisen«, lästerte ich. Rüßmann kicherte verlegen. Aber er ließ sich nicht beirren, ackerte unermüdlich, wollte ständig lernen. Ein Mann, der niemals müde wurde, zu trainieren. Im Vergleich zu Franz Beckenbauer, dem Leonardo da Vinci des Fußballs, wirkte »Rolli« mehr wie Kumpel Anton von Sohle sieben, der brav und solide die Kohle abräumt. Rüßmann machte seinen Weg bis in die Nationalmannschaft, brachte es auf 453 Bundesligaspiele. Seine Kopfball-Tore, meist von Ecken, waren berühmt.

Und er hat es nicht allein in seinen »Bügeleisen«, sondern besitzt auch eine gewisse Ruhrpott-Pfiffigkeit. Hinter seiner inzwischen ziemlich kahl gewordenen Stirn arbeiten die »kleinen grauen Zellen«. Der lange Blonde ist bestimmt kein Reißer. Keiner, der die

Jüngster Trainer der 1. Bundesliga (2. von links)

Deutscher Vizemeister mit dem Meidericher SV

Mit Ute nach der Siegesfeier (Schalke gegen Manchester City)

Die HSV-Niederlage gegen Duisburg zeichnet sich ab

Mit H. Höher, dem heutigen Trainer des 1. FCN, M. Rahn und M. Manglitz beim MSV (v. l.)

links Mitte: Immer wieder Ärger mit dem Schiedsrichter

Verkaufe meinen 450 SL für Tennis Borussia Berlin

Mit Kickers Offenbach-Präsident Horst Grigorio Canellas auf der Bank

Die Einsamkeit des Trainers (HSV – St. Pauli 0 : 2) ▼

rechts Mitte: Mit Millioneneinkauf Kevin Keagan in Hamburg

Ständig »Feuer« von der HSV-Bank (l. Krohn)

Unser Landhäuschen im Westerwald

Meine 3 Schalke-Torhüter: Nigbur, Burdenski und Elting (v. l.)

5 Uhr früh: Schalke-Training an der Ruhr

Gewonnen!

Verloren!

Gewinn der Ozeanien-Meisterschaft

Als Samurai nach der japanischen Meisterschaft

Mit Willy Brandt, regierender Bürgermeister von Berlin, in Tunis

Silvester mit Ehefrau Ute in Lima

Auf Wasserskiern in Trinidad

links Mitte: Am Fallschirm über Acapulco

Mit dem Rennkamel täglich zum Training in Monastir

Im Amazonasgebiet
bei Filmaufnahmen
mit Klaus Kinski

Sieg über Beckenbauers
Kosmos New York in Sidney ▼

rechts Mitte:
Mit Urwaldschönen
in Paraguay

Koblenz: Erringung des
»schwarzen Gürtels« im Karate

In Australien: Trainer des Jahres 1980

Im »Trainerkäfig« bei »Sporting Cristall«, Lima

Gewinn der japanischen Meisterschaft, des Tenno- und Liga-Pokals mit Yomiuri Tokio

Besuch beim König von Tonga

Mit meiner Marika durch die Welt: Bondi Beach, Sidney

Bundesliga mit sensationellen Ideen auf den Kopf stellt. Kein Geschliffener vom Schlage eines Uli Hoeneß. Rüßmann halte ich für einen verläßlichen und fleißigen Mann, der auch als Manager lernfähig ist. Wenn ich Präsident eines Bundesligaclubs wäre (was ich zum Glück nie werde), würde ich ohne Zögern und Zaudern ihn in die Geschäftsstelle holen.

Aber ich kenne Siebert wie kaum ein anderer, diese eifersüchtige Diva. Wenn Siebert in seiner pathetisch-weinerlichen Art von Schalke predigt, meint er nur einen – sich selber.

Als ich den Hörer auflege, muß ich über meinen früheren Boß nachdenken. Was ihn mit mir verbindet, ist der brennende Wunsch, immer wieder zu versuchen, aus einem Bratapfel eine Frikadelle zu machen, Kuckucke soweit zu bringen, daß sie trällern wie Nachtigallen. Aber was uns unterscheidet: Selbst wenn ich nach schweren Niederlagen in den Spiegel schaue, ist es Eitelkeit, bei Siebert Tapferkeit!

Was ich ihm nie verübele und nicht verzeihen kann: Ich bin drauf und dran, als wir im Europa-Cup unter den letzten vier sind, Schalkes Mannschaft eine psychische Frischzellenkur mit Langzeitwirkung zu verpassen. Ich will sie in die europäische Fußballachse Mailand–München–Hamburg einbauen. Ich will, daß der Superexpreß in Gelsenkirchen anhält. Das verhindert Siebert, indem er mich rausschmeißt, weil er keine fremden Götter neben sich duldet und weil meine Intentionen den Durchlauferhitzer seines Gehirns nicht passieren kann.

Dabei hat Siebert eine Menge Vorzüge als Präsident. Trotzdem, wenn ich ihn mit anderen, z. B. den DFB-Chef, Hermann Neuberger, vergleiche, dann sind das zwei Welten.

Beide wollen Erfolg. Aber der Unterschied ist größer als der zwischen einem Urologen und einer Toilettenfrau.

Neuberger wird nie von der Muffe gepufft. Deshalb ging er auch nicht dem Kölner Torwart Toni Schumacher auf den Leim wie Siebert. Er blieb unbeeinflußt von der schmatzenden Verunglimpfung und dem Speichel-sprühenden Genuß, mit dem da einer seine Kollegen in die Pfanne haute. Ich finde es sehr wichtig für den deutschen Fußball, daß der DFB-Präsident die Klasse besitzt, sich nicht durch das billige Lob in Toni Schumachers Buch korrumpie-

ren läßt. Gut, daß Neuberger Kameradschaft und Prinzip an erste Stelle setzt, als er auf die ätzende Kritik des Kölners an bewährten Freunden, die mitgeholfen haben, Deutschlands Fußball in die Elite der Fußball-Welt zu bringen, richtig reagiert: Nämlich, raus aus der Nationalmannschaft! Ein Kapitän der deutschen Nationalmannschaft darf kein Nestbeschmutzer sein. Auf allen fünf Kontinenten konnte ich bisher die deutsche Nationalmannschaft und besonders ihre Kapitäne als Vorbilder vorweisen.
Nach dem Erscheinen des Buches des unwürdigsten aller Nationalmannschaftskapitäne, das selbst im fernen Fidschi negativ besprochen wurde, lächelten meine dortigen Nationalspieler über mich.
Man hielt mir die Buchbesprechungen, besonders die Dopingvorwürfe unter die Nase. Tonis Vorgänger, Persönlichkeiten wie Fritz Walter, Uwe Seeler und Franz Beckenbauer, hätten so was nie getan. Gut, daß wir Leute haben wie Hermann Neuberger, Dettmar Cramer und viele andere, die großes Ansehen in der Welt genießen, die den schlechten Eindruck mit der Zeit revidieren können.
Sieberts Hilferuf erreicht mich im Urlaub auf den Bermudas. Er ist verzweifelt. Trotz teurer Einkäufe wie Heinz van Haaren und den Österreicher Franz Hasil steht Schalke nach sieben Spielen mit 1:13 Punkten an letzter Stelle. Schalke-Trainer Günter Brocker hatte man rausgeschmissen! In den letzten sieben Spielen hatte er mit der Mannschaft 1:13 Punkte gemacht. Ein Witz, sagen die einen – eine Tragödie, die anderen. Die Masse sagt nichts, sie schreit im Chor: »Brocker raus!«
Schatzmeister Aldenhofen pfiff dauernd die gleiche Melodie: »Es geht alles vorüber, es geht alles vorbei . . .«
Unter Tage kann es nicht düsterer sein als die Stimmung rund um die Glückauf-Kampfbahn.
Nachdem ich meinen Vertrag unterzeichnet habe, geht der Präsident erst einmal für vier Wochen zur Kur. Das ist gut so, ich kann in Ruhe beginnen. Franzl Hasil, Klaus Fichtel, Reinhard Libuda, Klaus Fischer und Norbert Nigbur sind überdurchschnittliche Spieler, aber mit den Nerven herunter. Abgefahren, kein Profil mehr auf den Reifen.

Mitten in der Saison kann man nicht mehr die Reifen wechseln. Ich muß sie also »runderneuern« mit einem harten Programm.
Braungebrannt von den Bermudas und ausgeruht vom nicht so nervenzerfetzenden USA-Fußball rausche ich mit übervollem Akku an, in der Stimmung zum Heldenzeugen. Ich will den Job und bekomme ihn. Siebert, der von Presse und Publikum zerrissen wird, muß handeln. Der Präsident verabschiedet sich nach meiner Vertragsunterzeichnung. »Machen Sie, was Sie wollen, ich gebe Ihnen freie Hand.« Dann verdünnisiert er sich aus Gesundheitsgründen für einige Wochen zur Kur. Nötig hat er es.
Die Mannschaft ist ein verkümmerter Haufen. Gute Profis vom Namen her, die durch die Serie von Niederlagen zu leistungsverschüchterten Nervöslingen geworden sind – so stehen sie beim ersten Training vor mir. Die Spieler sind vom Publikum abgerissen, deshalb reagiert es böse. Die Königsblauen werden verhohnepiepelt. Man kann hassen in Schalke.
Trainingsstunden gibt es ab sofort nicht mehr, ich trainiere den ganzen Tag. Ich lasse mir in meinem Umkleideraum ein Feldbett stellen, auf das ich mich mal 'ne Stunde draufhaue. Ich treibe das Konditionsbolzen zum äußersten, gehe an die Leistungs- und Schmerzgrenze. Wenn sich einer auf der Laufbahn erbricht, sage ich kalt: Du hast keine Kondition. Ich will wissen, ob ich mit meinen Spielern Berge versetzen kann, will Gewißheit haben, wie opferbereit sie sind. Ich will auch wissen, wie weit meine Ausstrahlung und mein Mut zur ›Ochsentour‹ reicht. Kann ich so weit gehen, so weit wie noch kein Trainer?
Das Experiment ist gefährlich, es kann mich der Lächerlichkeit preisgeben, wenn ich überziehe. Fichtel, van Haaren & Co. sind Persönlichkeiten, die man nicht wie Vieh scheuchen kann. Aber ich treibe sie weiter.
»Männer«, sage ich nach einem schweren Nachmittagstraining im Schneematsch, »wir müssen unser Stadion wieder voll bekommen. Ihr, nicht ich, seid schuldig, daß die Zuschauer nicht kommen! Wir werden den Tausenden, die jetzt in den Rängen fehlen – es sind ja meist einfache Arbeiter – zeigen, daß wir genau wie sie malochen und genau wie sie in den kommenden naßkalten Winterwochen unsere Ärsche frühmorgens aus dem warmen Bett hieven.«

Franzl Hasil, der Österreicher, lacht verlegen: »Trainer, was sollen wir denn machen?«
»Etwas, was du in Wien bestimmt noch nicht gemacht hast«, sage ich scharf. »Morgen früh um 5 Uhr ist Training. Wir laufen zwischen 5.30 Uhr und 7.00 Uhr an allen Zecheneingängen, wo die Kumpels um diese Zeit unter Tage einfahren, vorbei! Man wird uns sehen. Es wird wie ein Lauffeuer in Gelsenkirchen von Mund zu Mund rumgehen. Es wird goodwill bei den Arbeitern erzeugen. Ich verlange dieses Opfer von euch. Ich weiß, daß es dann noch stockdunkel ist, aber das ist mir alles egal, wir machen es!«
Jupp Elting, unser Ersatztorwart, der in Bocholt an der holländischen Grenze wohnt, sagt mit rauher Stimme:
»Trainer, dann muß ich vor vier Uhr nachts aufstehen, ich habe eine Stunde Anfahrt.«
»Na und? Geh um sieben Uhr schlafen!«
Libuda hilft mir, er sagt: »Jupp, du kannst bei mir schlafen.«
Klaus Fichtel klagt: »Große Scheiße.«
Das überhöre ich und belle schneidend: »Ich wiederhole, damit keine Mißverständnisse entstehen: Morgen früh, pünktlich um fünf Uhr, treffen wir uns hier in der Glückaufkampfbahn – alle!« Und so ganz nebenbei: »Ich habe schon das Fernsehen und die Presse verständigt, und es gibt morgen früh neue Trainingsanzüge mit ›Schalke 04‹ in leuchtender Phosphorschrift auf Brust und Rücken, und um acht Uhr gibt es ein Bombenfrühstück beim Tibulski.«
Ich habe eine verdammt unruhige Nacht. Was, wenn ich morgen früh allein in dunkler Nacht in der eiskalten Glückaufkampfbahn stehen würde mit den Fernsehleuten?
Wenn die Spieler mir diese Lektion erteilen würden, könnte ich packen. Man würde mich in den Medien lächerlich machen. Das wäre das Ende für mich bei Schalke.
Als ich viertel vor fünf mit Herzklopfen vorfahre, sind alle schon da. Ein Geruch von verrostetem nassen Eisen steht in der Luft des Umziehraumes. Kalwitzki schenkt mit einem Schöpflöffel heißen Tee in Blechtassen.
Ich lache erlöst den ›Haufen‹ strahlend an und sage: »Was wollt ihr denn schon hier?«

»Es ist Winter, die Straßen in Gelsenkirchen grau und frosterstarrt. In den eisverzapften Giebeln hängt das kalte Licht der verdreckten Neonlampen. Noch hält die Nacht ihre Krallen über die glutspuckenden Essen der Hütten und Stahlwerke. An den Toren zu den Stechuhren stehen die Leute von der ersten Schicht. Dickvermummt, die Mützen tief im Gesicht. Schals, Wärmeschützer, Ohrenklappen, dampfende Henkelmänner. Mürrisch warten sie, daß man ihnen das schwere Eisentor zur Stahlhütte öffnet. Hart trommeln die kalten Füße auf das schneeverharschte Kopfsteinpflaster. Dagegen ist das leichte lockere Klappern und Geschabe der Nockenschuhe der Schalker Jungens nichts. Sie traben in blauen Trainingsanzügen mit leuchtender Schalke-04-Aufschrift auf der Brust an den frierenden Arbeitern vorbei. Ihr neuer Trainer vorneweg, in ausholenden Schritten, als müßte er dringend wohin ...« So schreibt eine Lokalzeitung.

Die winterlichen Morgenläufe wirken Wunder, Schalke ist wieder in aller Munde. Die rußgeschwärzte Tribüne im Schatten der Zechentürme füllt sich schnell wieder. Auf den ausgetretenen Stehplatzrängen drängen sich bald Tausende Fans, die ihr Herz neu entdecken für den FC Schalke 04.
Die Schalke-Romantik hat durch die neue, zugige Allerwelts-Arena, das Parkstadion, viel eingebüßt.
Der Liebling ist Reinhard Libuda, der nach dem englischen Dribbelkönig Stanley Matthews nur »Stan« gerufen wurde. An der Litfaßsäule hängt noch das Plakat einer religiösen Gemeinschaft: »An unserm Herrgott kommt keiner vorbei.« Darunter hat ein Fan gekrakelt: »Außer unserem Stan, der umdribbelt auch den Inri.« Mitten auf der Straße lache ich wie verrückt. Wir verabschieden uns aus der Abstiegszone, wir siegen. Zu Beginn der Rückrunde schlagen wir Hennes Weißweilers Gladbacher, die Meisterfavoriten.
Aber Schalke wäre nicht Schalke, gäbe es dort nicht sogar bei Erfolgen Krach. Mein Verteidiger Friedel Rausch, jetzt Trainer in Luzern, warnt mich: »Trauen Sie keinem hier. Unter der Oberfläche ist immer Zoff. Mit der linken Hand reicht dir einer ein Bier, mit der rechten haut er dir einen Schlagring unter den Wanst.«
Der Mann mit dem Schlagring ist Siebert. Ich habe Schalke vor dem

Abstieg bewahrt und bin geradezu sensationell ins Deutsche Pokalfinale eingezogen.
Am 14. Juni 1969 sitzen Siebert und ich im Frankfurter Waldstadion zusammen auf der Bank. Der FC Bayern geht 1:0 in Führung, Mani Pohlschmidt gleicht noch vor der Pause aus. Plötzlich hinkt Heinz van Haaren, mein wichtigster Spieler, vom Rasen. »Es geht nicht mehr«, stöhnt Heinz und faßt sich an den gezerrten Oberschenkel. Ich wechsele ihn natürlich aus. Da zischt Siebert von links: »Was soll denn das? Den hätten Sie weiter auf dem Platz lassen müssen.« Mit Mühe beherrsche ich mich, um nicht vor den Augen von 65000 Zuschauern ein Wortgefecht vom Zaun zu brechen.
Gerd Müller schießt Bayern (mit Trainer Zebec) zum 2:1-Sieg. Wir sehen den goldenen DFB-Pokal zwar nur aus der Entfernung, aber es ist für uns dennoch ein Riesenerfolg. Weil die Münchner auch Deutscher Meister werden und im Europacup der Landesmeister spielen, wird für uns ein Platz im Cup der Pokalsieger frei.
Eigentlich ist Zagreb der Höhepunkt meiner Trainerlaufbahn. Ich habe mit Schalke das Viertelfinale im Europapokal erreicht. Dynamo Zagreb ist nicht irgendwer – die Mannschaft hat gerade mit brillantem Erfolg ungeschlagen eine Südamerika-Reise bestritten, stellt einen großen Teil der jugoslawischen Nationalelf. Sie ist seit langer Zeit zu Hause unbesiegt, in den letzten Jahren hat der Stolz der Kroaten noch nie ein Europapokalspiel zu Hause verloren. Dynamo ist gegen uns klarer Favorit. Meine Mannschaft dagegen ist durch Verletzungen erheblich geschwächt.
»Ein verlorener Haufen fliegt nach Zagreb«, lautet die Schlagzeile einer großen westdeutschen Zeitung. Fünfzehn Spieler sind übriggeblieben, höchstens dreizehn davon kann ich einsetzen. Aber das Verletzungsmalheur ist ja nicht das allein Ausschlaggebende für unsere fatale Ausgangsbasis: Im Gebälk des Vereins knistert es auf einmal, die Lunte für den großen Brand ist gelegt. Siebert und ich – das kann nicht mehr gutgehen.
Unsere Zusammenarbeit gleicht einem permanenten Feuerwerk: Alle Augenblicke knallt es. Gewinnen wir, dann strahlt mein Präsident wie der Küchenchef des ›Waldorf Astoria‹-Hotels nach der Erfindung des Karamelpuddings: Er hat gewonnen! Verlieren wir, wirkt sein Gesicht wie das einer verdrießlichen polnischen

Mastgans: Natürlich ist der Trainer schuld! Er kann mir einfach nicht verzeihen, daß ich durch steigende Popularität seine Platzhirschfunktion am Schalker Markt gefährde.
Unsere wenigen Schlachtenbummler rasen vor Begeisterung, als Hans Pirkner die Gegner wie Slalomstangen stehen läßt und eine Granate abzieht, die eigentlich einen Silberschweif hätte nach sich ziehen müssen, und die Unterkante der Torplatte rasiert. Da wäre auch für einen Torhüter mit zehn Armen nichts zu halten gewesen.
In den Schlußminuten, als sich die Schalker Anhänger schon wonnetrunken in den Armen liegen, stehen Siebert und ich uns vor der Bank in Boxerstellung gegenüber. Ich brülle: »Lütke – bommert zurück, verstärk die Deckung.« Da schreit Siebert: »Geh nach vorn!«
Obwohl mir längst klargeworden ist, daß Siebert in einer in diesem Augenblick geradezu psychopathisch wirkenden Eifersucht nach dem Alibi trachtet, der Vater des Sieges genannt zu werden, bin ich nicht kühl genug, über der Sache zu stehen.
Ich hätte fast zugeschlagen. Beim Fußball reagiere ich impulsiv – es gibt Leute, die sagen: verrückt.
Sekunden später gibt Siebert wieder Anweisungen ins Spielfeld. Er tut so, als ob ich gar nicht mehr da sei. Ich koche über und schreie Siebert an: »Sie haben hier auf der Trainerbank nichts zu suchen, hauen Sie, um Gottes willen, ab, sonst passiert was.«
Wir gewinnen das Europapokal-Viertelfinale, wir sind unter den letzten Vier, welche Sensation!
Später behauptet mein Präsident, ich hätte ihn ein »Schwein« genannt.
Als ich mich nach dem Festbankett mit einem Journalisten zu einem kleinen Plausch in eine Ecke des Saales zurückziehe, macht Siebert auf Gentleman – will einlenken, merkt, daß er zu weit gegangen war.
»Herr Gutendorf, würden Sie den Spielern gestatten, noch ein Stündchen länger zu feiern?« fragt er ganz devot.
Ich gebe keine Antwort. In der Bar ist Siebert dann wieder ganz der alte. Er erzählt jedem, was für ein seltsamer Vogel sein Trainer sei – der hätte doch tatsächlich noch einen dritten Spieler

auswechseln wollen. »Ein Glück, daß ich auf der Bank saß«, sagt er und wirft sich in die Brust.
Den Journalisten beantworte ich die Frage nach dem angeblichen Auswechseln eines dritten Spielers so: »Ich wollte wirklich einen dritten auswechseln. Den Präsidenten von der Trainerbank . . .«
Unser 1:0-Erfolg im Rückspiel ist nur noch eine Pflichtaufgabe.
Der nicht gerade für Lobhudelei bekannte STERN schreibt:

> »Seitdem er die schon halbtoten Schalker vorm Abstieg rettete und unter die letzten Vier im Europacup brachte, schlagen die Herzen der Ruhrkumpel, die eine Niederlage ihrer ›Schalker Knappen‹ tragischer nehmen als eine Zechenschließung, für Rudi. Sie bewundern nicht nur den langmähnigen Trainer, sondern auch den Erfolgsmenschen Gutendorf, der mit seiner jungen schönen Frau Ute und seinem schillernden Lebensstil zu ihnen paßt wie ein Schmetterling zum Kohlenkeller. Merkwürdig, er hält's dort aus.«

Nicht mehr lange, denn Siebert vergiftet immer bösartiger die Atmosphäre. Der vor Neid überlaufende Präsident stichelt in einer Zeitung:

> »Gutendorf benutzt Verein und Mannschaft als Folie, auf deren blauem Grund er sich selber spiegeln will.«

Der endgültige Bruch mit dem Präsidenten zeichnet sich im Halbfinale um den Europapokal ab. Zuerst gewinnen wir gegen Manchester-City das Heimspiel in Gelsenkirchen mit 1:0. Das ist zu wenig. Ich weiß, was beim Rückspiel in England auf uns zukommt. Da nützt es auch nichts, daß sich unser Mannschaftsbetreuer weltmännisch vorstellt, was er in meinem Englischunterricht gelernt hatte: »I am Ede!«
Unsere total überforderte Mannschaft hat bisher mehr gegeben, als sie besessen hat. Noch am Abend vor dem Spiel brüte ich darüber, ob ich es wagen könnte, den achtzehnjährigen Rolf Rüßmann in diese Feuerprobe zu schicken. Was, wenn er gleich zu Beginn die Nerven verliert und mit seinen ungelenken, riesigen Füßen wie ein Berserker dazwischen fährt und ein Elfmeter alles frühzeitig kaputtmacht? Ich stelle ihn auf, er ist noch einer der Besten.
Manchester City, die zwei Wochen später den Europacup gewinnen, glückt an diesem Abend alles. Nach jedem Tor, das Manche-

ster schießt, beißt der Polizeihund, der direkt neben mir an der Trainerbank postiert ist, genießerisch in die Luft. Er ist offensichtlich ein City-Fan, denn bei unserem einzigen Gegentreffer läßt er die Ohren hängen.
Nachts in der Hotel-Bar in Manchester erfolgt – lange nach Mitternacht – die nächste Attacke des Schalker Präsidenten, als ich schon schlafe. Siebert, nicht mehr nüchtern, sich mit beiden Händen auf den Tisch stützend, lallt: »Gutendorf ist entlassen.« Journalisten geben diese interessante Meldung sofort an ihre Redaktionen weiter. Mir wird morgens alles genau berichtet.
Als Siebert zum Frühstück erscheint, hat er vergessen, daß er mich nachts entlassen hatte.
Ich stehe in der Flughafenhalle den Journalisten Rede und Antwort. Ich erkläre ihnen, daß ich mich nicht so einfach rausschmeißen lasse. Siebert steht am anderen Ende der Flughafenhalle und wartet darauf, daß die Journalisten mit wehenden Rockschößen zu seiner schnell improvisierten Gegendarstellungs-Pressekonferenz kommen. Ein Bild des Jammers. Eine in sich zerstrittene Führungsspitze auf englischem Boden.
Mit dem Plan meiner fristlosen Entlassung fällt Siebert zu Hause auf die Nase. Der Vorstand und der gesamte Verwaltungsrat tadeln den Präsidenten und empfehlen ihm, sich besser zu kontrollieren. Er klopft daraufhin flapsige Sprüche und macht mich madig.
Ich kann mich leicht verteidigen: Vor Journalisten halte ich mich an Tatsachen, was Siebert verrückt macht.
Ich führe das Interview in Frageform: »Trainierte ich den Tabellen-Letzten bei meinem Vertragsbeginn nicht aus der Abstiegszone heraus? Ist es nicht ein Wunder, daß ich aus diesem verlorenen Haufen die erfolgreichste Mannschaft der Rückrunde machte? Darf ich nicht als Trainer stolz darauf sein, daß meine Spieler, seit ich hier bin, mehr Punkte einfuhren als der Meister Bayern München? Erreichten wir nicht obendrein noch das deutsche Pokalendspiel? Drangen wir im Europapokal nicht unter die letzten vier der europäischen Pokalgewinner vor? Hatten wir nicht immer unser Stadion voll, seit ich verpflichtet wurde? Hatte je ein Trainer mehr Erfolg in so kurzer Zeitspanne?« Die Journalisten nicken und schreiben es. Diese Fakten tun Siebert weh.

Die kommenden Monate sind schwer für mich. Siebert als Präsident sitzt am längeren Hebel. Ich höre, wie er in Braunschweig zu einem verärgerten Ersatzspieler, den ich nicht aufstellte, sagt: »Hans, beiß auf die Zähne, wir schießen die Flasche bald ab.«
So werde ich nur noch zum Abfangjäger für Niederlagen für den Präsidenten.
Gefühllos, wie er nun seinen führenden Angestellten, nämlich mich, behandelt, so läßt er mich dann auch fallen. Das sieht so aus:

»Gutendorf fristlos entlassen.
Gelsenkirchen, 8. September 70 dpa – Nicht ganz unerwartet ist der 44jährige Rudi Gutendorf der erste vorzeitig entlassene Bundesligatrainer dieser Saison. Der siebenmalige deutsche Fußballmeister FC Schalke 04 hat seinem Starttrainer, nach einem Beschluß des Vorstandes mit Billigung des Verwaltungsrates, am Dienstag fristlos gekündigt. Seit Bestehen der Bundesliga ist der früher bei TUS Neuendorf aktive Gutendorf der 39. vorzeitig entlassene Bundesligatrainer. Vor ihm wurden Gawliczek (1964), Fritz Langer (1967), Heinz Marotzke (1967) und Günter Brocker (1968) entlassen.«

Kein anderer Abschied aus einem Club ging mir so zu Herzen wie der aus der Gelsenkirchener Glückaufkampfbahn, wo ich mich über zwei Jahre vor Ehrgeiz zerriß.
Ich war zuletzt in der Situation eines Rennläufers, der mit beträchtlichem Vorsprung in die letzte Runde eingebogen war, aber von Siebert wie durch ein Wunder überholt wurde. Ich hab' nicht bemerkt, daß er an mir vorbeizog. Ich hätte Schalke in die europäische »Fußballachse« Madrid – Liverpool – München einbezogen, hätte ich weiterarbeiten können. Bei diesem Rausschmiß blieb so etwas zurück, was Romantiker Herzblut nennen.
So abgebrüht, wie es Außenstehenden zuweilen erscheinen mag, ist kein Trainer. Wir haben unsere Wünsche und Träume wie jedermann. In Schalke konnte ich eine Zeitlang meine Träume verwirklichen.
Trotz aller Machtkämpfe mit dem Präsidenten war Schalke der Höhepunkt meiner Laufbahn: Paradies und Hölle, eben »typisch Schalke«.

Trainermelancholie im Westerwald

Immer wenn ich kaputt bin, zieht es mich in den Westerwald. Dort habe ich mit meinen eigenen Händen ein Landhäuschen gezimmert aus vierhundert Jahre alten Eichenbalken. An ihnen hängen ein paar meiner Bilder. Ich male, ohne großes Talent, spiele so ein bißchen mit Farben und Formen. Wenn mal ein Fan ein Bild kaufen will, lehne ich ab. Ich will alle behalten, was ich gern hab', geb ich nicht weg.

Mein Häuschen liegt mitten im Wald. Was läge also näher, als Naturlandschaften und Tiermotive zu malen? Ich beschränke mich aber auf Gesichter. Ich habe viele Clowns gemalt. Über die Tragik eines Clowngesichts braucht man nicht lange zu sprechen. Ich kann nicht Buffet Konkurrenz machen – aber ich frage mich: warum gerade Clowns? Ich vermute, daß ich über Jahre hinweg eine bestimmte Form eines Selbstbildnisses schaffen möchte. Nicht daß ich meine, wir Trainer seien Clowns, aber das Schicksal dieser Menschen ist dem unseren sehr ähnlich.

Als Siebert mich rausschmiß, habe ich mich in meinem Häuschen regelrecht vergraben. Im Gegensatz zum turbulenten Trainer-Dasein lebe ich hier einsam, mit einem Hauch Romantik. In die Stille unserer Morgeneinsamkeit trapsen wilde Fasane, die jeden Morgen kommen, um ihr Futter zu holen. Ich habe eine Lockstraße aus Hühnerfutter bis an unser aus groben Eichenbalken gezimmertes Himmelbett gezogen und da pieken sie nun – etwas tapsig – die Nahrung vom Eichenholzbohlenboden. Bis eines Tages das schrille Klingeln meines Telefons sie verscheucht. Ein Idiot hat sich verwählt, morgens um fünf! Schreiend vor Schreck suchen die Fasane den schnellsten Weg ins Freie und fegen mit ihren Flügeln alle Kristallgläser aus der offenen Stellage. Nie mehr gelingt es uns danach, sie in unsere Behausung zu locken.

Ich bin ein Eichenholzfanatiker, es an mich zu nehmen ist für mich keine Sünde. Ich ziehe in die umliegenden Dörfer, um bei Haus- und Scheunenabbrüchen und Modernisierungen der Bauernhöfe die jahrhundertealten Eichenbalken zu retten, mit denen sich die Menschen damals gegen die rauhen und schweren Stürme wehrten, die über den Westerwald fegen. Manchmal muß ich mit den Bauern sehr lange verhandeln, ihnen geheime Tips für ihren lokalen Fußballverein geben oder ihnen ausführlich eine Episode aus meinem Fußballerleben erzählen.

Die Stämme ziehe ich mit einem Handlanger ins Dach ein. Ich kann mich begeistern an der Vorstellung ihrer langjährigen Geschichte. Die meisten haben den Dreißigjährigen Krieg überlebt. Sie sind unglaublich hart und schwer. Sie zersplittern wie Glas, wenn sie aus einigen Metern Höhe auf Beton fallen.

Den Sonnenaufgang verpasse ich selten. Ganz früh stolpere ich – noch halb schlafend – in den vom Frost klirrenden Westerwaldmorgen und gehe auf dem feuchten Gras barfuß hin und her. Jeder Halm trägt noch seine Last von Reif, der nur allmählich unter der Wärme der Morgensonne zu Tau wird.

Die Luft ist schwer vom Tannenduft, von den Tännchen, die ich vor vielen Jahren eigenhändig eingepflanzt habe. In der Nachbarschaft verbrennt jemand Bohnenstroh und Reisig, ein untrügliches Zeichen des späten Herbstes im Westerwald.

Lange Spaziergänge werden mir zur Religion. Wie habe ich mich nach diesen Wanderungen gesehnt, als ich mich in die Tretmühle Schalke einspannte.

Wie schrecklich das bei mir doch schwankt, zwischen dem Drang nach Aktion, um des Erfolges willen, und dem Wunsch, mich treiben zu lassen. In diesem Moment fehlt mir zum ersten Mal im Leben, jede Bereitschaft zu Anstrengungen.

Aber schon nach zwei Wochen bin ich niedergeschlagen vom Schweigen des Westerwaldes, dann packt mich die Angst, wenn ich über den Verlauf der Fußballsaison lese. Kein Buchstabe in all diesen Zeitungen erwähnt mehr meinen Namen. Ich denke, die Zeit bleibt stehen.

Was schlimmer ist, ich beginne zu begreifen, daß ich gestorben bin als Trainer. Ich bin für die Massen nicht mehr existent. Eiskalt läuft

es mir über den Rücken, und ich spüre, das Leben wie ich es gerne lebe, geht zu Ende.
Ich bin Trainer. Zu lange ohne diesen faszinierenden Beruf wäre gefährlich. Ich bin wie der Eichelhäher, der jeden Morgen vor meinem großen Beobachtungsfenster sitzt und wütend auf sein Spiegelbild mit dem Schnabel einschlägt. Er sieht in sich den Rivalen. Gutendorf würde Gutendorf vernichten, mit der Mechanik der monotonen Eichelhäher-Schnabelschläge würde ich auf mich selbst einhacken, wenn ich mich diesem herrlich undankbaren Beruf entziehe. Ich war mein Lebtag diesem Spiel verbunden und kann nicht lange an etwas anderes denken.
Im Wald finde ich ein Rehkitz, nicht allein lebensfähig. Die Mutter scheint angeschossen das Weite gesucht zu haben. So trage ich es sehr behutsam zu Ute, die ihr Kreuz mit dem Stellungslosen mit Fassung trägt. Das Tierchen bringt Leben ins Haus. Noch nach Mitternacht fahre ich nach Neuwied in eine notdiensttuende Apotheke und kaufe eine Babymilchflasche mit Schnuller und Trockenmilch. Als das nur Stunden alte Bambi gierig suckelt, sind wir beide glücklich, und ich vergesse die Bundesliga.
Morgens fahre ich runter ins Dorf zur Autolackiererei, die wenigstens meinem Wagen neuen Glanz verleihen soll – das tiefe Schalker Königsblau macht meine Augen krank. Ich bleibe eine Zeitlang neben einem blassen Lehrling stehen, der mit einer handtellergroßen Schleifplatte abertausend kreisrunde Ornamente auf eine Spachtelfläche zaubert. In diese Fläche schaue ich geistesabwesend. Der Lehrling sitzt auf einem Hocker, poliert unsichtbare Unebenheiten, geduldig, Minute um Minute, Stunde um Stunde, Woche für Woche. Wird er auch noch mit Sechzig polieren?
In mir steigt wieder jene einschnürende Angst hoch: Wirst du hier im Westerwald sitzenbleiben und dein Leben vertun, Tag für Tag, Jahr für Jahr – sitzt du hier auch noch mit Sechzig?
Der Junge blickt mir vertraulich ins Gesicht. »Wer wird denn gewinnen morgen, Herr Gutendorf? Schafft es der FC?« fragt er mich. »Ich habe gehört, daß Sie auch mal Trainer waren . . .«
Der Bursche hat mir weh getan. Gehen die Lampen wirklich so schnell aus? Ist die Bühne meines Lebens schon staubig, sind die Kulissen abgeräumt: Ende?

Als ich ins Landhäuschen zurückkomme, düster, verloren, deprimiert, hat Ute schon unsere Taschen gepackt und das Haus verschlossen. »Canellas hat angerufen. Sie brauchen dich sofort.« Ich lasse mir nicht anmerken, wie ich diesen Anruf gebraucht habe.

»Triebwerk« für Offenbach

Der Mond hatte das Sechstausend-Seelen-Dorf Hausen längst erreicht, als ich in der Nacht zum 27. September in der Rosenstraße vor der vornehmen Villa des Präsidenten der Offenbacher »Kikkers« parke. Es ist schon nach Mitternacht. Der Früchtegroßhändler Horst Gregorio Canellas verhandelt mit mir nicht über Südfrüchte, sondern über einen konkreten Zweijahresvertrag. Die hellerleuchteten Fenster im Salon des Hauses sind das einzige Licht weit und breit in dem bereits schlummernden Vorort von Offenbach. Erst am frühen Morgen nickt Canellas mir zufrieden zu, atmet erleichtert auf und sagt: »Herr Gutendorf, das hätten wir also!«

Er reicht mir die Hand über den Tisch, und ich antworte ihm: »Ich hoffe, daß ein guter Stern über unserm Abkommen steht. Ich bedanke mich, Herr Canellas.«

Einige Stunden später kommt der Arzt zu meinem neuen Präsidenten, er wird von einem schweren Asthma-Anfall durchgerüttelt. Seine Gesundheit ist nicht die beste.

Ich fahre in den anbrechenden Morgen hinein, westwärts Richtung Belgien nach Charleroi. Dort stellt mich der Vizepräsident Waldemar Klein den Spielern des Deutschen Pokalmeisters vor. Bis gestern war noch Aki Schmidt ihr Trainer, er hatte mit ihnen vor einigen Wochen das Pokalendspiel gegen den FC Köln sensationell gewonnen.

Während ich meine neue Mannschaft auf das schwere Europapokalspiel gegen den Belgischen Pokalmeister FC Brügge vorbereite und erst mal dabei bin, mich mit den neuen Gesichtern vertraut zu machen, hält Präsident Canellas in Hausen eine Pressekonferenz. Er gibt den erstaunten Journalisten bekannt, daß Rudi Gutendorf ab sofort der neue Trainer ist. Auf die Frage, was mit Aki Schmidt

sei, antwortet mein neuer Präsident: »Herr Schmidt kann sich in die Sonne legen! Wir mußten sofort handeln. Es war notwendig, die abgebrannte Rakete wieder mit Treibstoff aufzufüllen. Herr Gutendorf erscheint uns der geeignete Mann, er soll der Treibstoff für die neue Kickers-Rakete sein.«
Ein Journalist wirft ein:
»Dieser Wechsel ist für mich schwer zu verstehen, denn noch vor einigen Wochen, nach dem großartigen Triumph im Pokalendspiel, lobten Sie Ihren Trainer über den grünen Klee.«
Canellas erwidert ruhig, ohne auf den Einwurf des Journalisten direkt einzugehen: »Herr Schmidt war zu weich. Glauben Sie mir, wir mußten für die weitere Entwicklung dringendst und sofort ein neues Triebwerk finden.«
Das neue Triebwerk hat keinen fulminanten Raketenstart. Seine Motoren laufen noch nicht rund. Auch kommt es sich auf der belgischen Abschußrampe, wo es gerade mit dem alten Triebwerk ausgetauscht worden war, etwas verloren vor und ist nervös. In solchen Situationen aber dürfen menschliche Triebwerke nicht stottern und fluppern, sie müssen mit hoher Tourenzahl hoch und voll drehen. Ich jedoch bin noch weit von meiner Hochform entfernt, mein eigenes Triebwerk ist noch kalt und nicht proper aufgewärmt, wie wir im Fußballjargon sagen.
Und so handle ich mir erst einmal ein betretenes Schweigen ein, als ich meinen neuen Mannschaftsführer Egon Schmitt versehentlich ›Aki Schmidt‹ nenne. Das ist in diesem Moment mehr als ein Versprecher! Und kurz danach sichere ich mir auch den ersten Lacherfolg bei meiner neuen Truppe, der zu diesem Zeitpunkt in keinster Weise beabsichtigt ist. Ich gehe zu einem der Kremer-Zwillinge, lege ihm jovial eine Hand auf die Schulter und beschwöre ihn, auf der Außenlinie zu bleiben, nicht zu oft in die Mitte einzurücken.
»Trainer, ich bin der Helmut, wenn Sie wollen, kann ich auch vorne spielen, aber der Erwin ist als Verteidiger nicht so toll!« Aus dem Hintergrund wiehert der dicke Konrad und überspielt etwas die peinliche Situation: »Rudi, mach dir nichts draus, die zwei mit ihren Fastnachtsgesichtern verwechsle ich schon seit zwei Jahren.«
Pille Gecks ist der einzige Spieler, dessen Gesicht mir vertraut ist, er

saß vor einigen Jahren, als ich den MSV trainierte, bei meinen Nachwuchsspielern auf der Ersatzbank.
Das Spiel wird zum verbissenen Kampf. Von Schlachtenglück für meine neue Truppe kann unser ärgster Feind nicht sprechen. Wir laufen vergebens einem 0:1 Rückstand nach. Weil ein Bombenschuß von Gecks kurz vor Schluß des Spiels von der Innenkante des Torpfostens nicht nach innen ins Netz prallt, sondern schräg wieder ins Spielfeld zurückspringt, verlieren wir das Spiel. Ein 1:1 hätte genügt.
Es ist viel mehr als nur ein verlorenes Spiel – es ist zuerst mal das Ausscheiden aus dem Europapokal. Psychologisch ist das sehr schlecht. Wenn ein neuer Trainer sein erstes Spiel verliert – das auch noch solche Bedeutung hat –, kommt massive Kritik auf. Ich kalkuliere, rechne mit einem Weiterkommen im Europapokal. Wer ist schon Brügge, denke ich?
Mein Pech ist, daß gerade zu diesem Zeitpunkt diese Mannschaft eine europäische Fußballmacht wird. In der Art der aufkommenden Kritik spüre ich bereits einen leichten Todesgeruch, der frühzeitigen Entlassungen vorausgeht.
Ich bin erst drei Tage bei meinem neuen Verein, bin aber, da auch sensationelle Erfolge in den folgenden Bundesligaspielen ausbleiben, schon zum Sündenbock abgestempelt.
Der Kampf in Offenbach gegen den Abstieg und mit dem enttäuschten Canellas ist wie eine Brücke, die sich nicht langsam biegt, sondern durchbricht. Es gibt einen Krach, und unser Verhältnis ist im Eimer. Wir kommen zu einer Einigung! Ich stehe buchstäblich wieder auf der Straße.
Danach übernimmt Canellas das Training selbst, um den Fans zu zeigen, wie er sich die Arbeit mit der Mannschaft vorstellt. Die Anhänger haben seine dauernd wechselnden Launen satt, die sich in dauernd wechselnden Trainern allzu offensichtlich bemerkbar machen. Er verliert sein erstes Spiel 1:5 auf eigenem Platz gegen Braunschweig. Da hockt er nun auf ›meinem‹ Platz auf der Trainerbank mit seinem Jägerhut. Unter Polizeischutz bringt man ihn aus dem Stadion. Er scheint nicht unzufrieden, als die Offenbacher ihn öffentlich an den Pranger stellen, ihn bespucken und auslachen. Er hat eine eigentümliche Leidenschaft für seine Märtyrer-Rolle ent-

wickelt. Der Mensch Canellas ist für mich wie eine Artischocke. Ich arbeite mich, um an seine Seele zu kommen, Blatt für Blatt vor. Meine Zeit in Offenbach ist nicht lange genug, um alle Blätter zu entfernen.

Er ist von der Fußballszene verschwunden. Ich habe ihn nur noch einmal im Fernsehen gesehen, als er von Terroristen in der Lufthansa-Maschine ›Landshut‹ gekidnappt und in Mogadishu befreit wurde. Er hatte auf dem Bildschirm das gleiche melancholische Märtyrerlächeln im Gesicht, das er immer anknipste, wenn wir ein Spiel verloren hatten und er der felsenfesten Überzeugung war, daß der Schiedsrichter ihn persönlich verschaukelt hatte.

Ball- und Lebenskünstler in Lima

Ich lache schon den ganzen Morgen.
Der Grund: man sucht einen international erfahrenen Trainer mit spanischen Sprachkenntnissen.
Es gibt nur einen im Moment, der frei ist: ich.
»Den Inca-muchachos kann geholfen werden!«
So mag mich Ute, sie strahlt mich an.
Dann packen wir wieder.
»Wo ist denn der verdammte Übersee-Schrankkoffer? Wo ist das ungeheure Monstrum?« schreie ich aus dem Keller.
Wir bringen Wolkenmeere zwischen uns und Canellas, den Bananenhändler.
Ich steige in Lima aus dem Flugzeug, in denselben Klamotten, in denen ich bei den »Kickers« meine letzte Pressekonferenz abhielt.
Mein neues Zuhause ist nun Peru.
Die Anfangszeit vergeht im Rausch des Neuen – wie immer.
Wir taumeln von einer Einladung zur anderen. Die Müdigkeit nach dem zwanzigstündigen Flug hängt wie Blei in meinen Beinen. Uns bleibt kaum Zeit, die Koffer auszupacken. Noch wohnen wir im besten Hotel der Stadt, vom Club gemietet und bezahlt.
Eine Woche später – Routine . . . wie immer!
Umzug in ein nettes Häuschen! Möbelkauf auf Kosten des Clubs, vertraglich vereinbart. Ansatz von Wärme und Hoffnung.
Die ersten Tage bei einem neuen Verein sind für einen Trainer ungeheuer wichtig. Manche Kollegen spielen den »starken Max«, lassen auf Teufel komm raus Kondition bolzen. Sie lächeln erst zufrieden, wenn die Spieler keuchend und röchelnd am Boden liegen. Jupp Heynckes, bestimmt kein Schleifer, hat bei seinem Antritt in München im Juni '87 den verwöhnten Bayern-Stars ihren obligatorischen freien Tag gestrichen.

Das hat nichts mit Sadismus zu tun. Dahinter verbirgt sich vielmehr die Angst des Dompteurs vor der ersten Raubtier-Nummer: »Ich muß den Viechern sofort zeigen, wer der Chef in der Manege ist. Sonst läuft mir die ganze Vorstellung aus dem Ruder.«
Läßt man sich gleich das Heft aus der Hand nehmen, bekommt man es nie wieder. Andererseits sind die Profifußballer heutzutage fast alle Jung-Unternehmer, die mit Bauherren-Modellen jonglieren und die Aktienkurse genauso im Kopf haben wie Tabellenplätze. Da wirkt ein Feldwebel-Typ wie eine Karikatur von anno dazumal. Ich lehne sturen Drill und Kasernenhofmanieren ab – im Prinzip. Aber was hilft das edelste Prinzip, wenn man nach Peru kommt und dort nur einen Haufen lustloser Ball- und Lebenskünstler antrifft?
Mein Klub heißt »Cristal« Lima, der von einer gleichnamigen Brauerei finanziert wird. Leider mögen auch meine Spieler das Bier lieber als Stürmen und Verteidigen. Trotzdem gilt »Cristal« als der Krösus der Liga – der FC Bayern von Peru sozusagen.
Mein Vorgänger als Trainer war der frühere Weltklassespieler Didi. Der Brasilianer, beinahe so berühmt wie Pele, hat um läppische zwei Punkte die Meisterschaft verpaßt. Sehr bald weiß ich, warum die Brauerei-Direktoren einen Mann aus Deutschland geholt haben. Uns geht der Ruf als Zuchtmeister voraus, und eine Knute haben meine alternden Stars schmerzhaft nötig.
Die Moral in der Mannschaft ist verkommen. Die Spieler lassen sich von ihren Fans vergöttern, treiben sich nachts in Spelunken, Bordellen, aber auch in feinen Restaurants herum. Die gesamte Vergnügungs-Industrie bewirtet sie gratis und gewährt ihnen »Freistöße« so oft sie wollen. Einen Alberto Gallardo oder Ramon Mifflin zu bedienen, ist eine Ehre und gute Reklame.
Gallardo hält man seit der WM 1970 in Mexiko für den besten Linksaußen Südamerikas, obendrein auch für einen der schönsten, denn Gallardo ist ein Frauenheld.
Nach der WM hat er kaum noch trainiert und begnügt sich damit, zwei-, dreimal im Spiel seine Show abzuziehen. Den Gegner ins Leere rutschen, ihn tanzen zu lassen – da johlt das Volk, und Senor Gallardo hat seine Pflicht getan. Ebenso wie Mifflin bleibt er in achtzig von neunzig Minuten unsichtbar. Die Kunst des Sichversteckens beherrschen beide exzellent. Sie haben es nötig, denn sie

haben den Antritt von Kühlschränken und die Beweglichkeit von Bierfässern (so gesehen passen sie zu dem Brauerei-Verein).

Ich serviere ihnen vom ersten Tag an Bundesliga-Training: Kopfballpendel, Sprungseile, Bleijacken.

Die Söhne der Inkas sträuben sich gegen die ihnen völlig fremde Schinderei. Wenn ich ihnen die Stoppuhr unter die Nase halte und ihre Zeiten in meine Liste übertrage, schütteln sie ungläubig die Köpfe.

Beim morgendlichen Dauerlauftraining trabe ich vornweg, während die Truppe hinter mir herbröckelt wie Streusel vom Kuchen.

Gallardo ist der Sprecher, und er spricht viel. Mit der Presse, dem Vorstand, dem Präsidenten, der Minister in der Militärregierung ist. Gallardo dürfte dabei kaum Nettigkeiten über mich verbreiten.

Nach einem klaren Sieg lobt die Zeitung »Ultima Hora«, der deutsche Trainer »El Rocco« (der Felsen) hätte aus Cristal einen »deutschen Panzer« geschmiedet. Nun erwarten auch meine Spieler Komplimente beim Montags-Training. Ich doziere statt dessen über Fehler im taktischen Verhalten. Da tritt der Anführer dieses »Stehgeiger«-Ensembles vor und beschwert sich im Namen der Mannschaft. Gallardo inszeniert praktisch einen Warnstreik: »Wie können wir nach so einem anstrengenden Sonntags-Spiel am Montag wieder trainieren? Außerdem haben wir gewonnen.« Ob mir das nicht aufgefallen sei? Neugierig umringen uns die Spieler. Was wird der Deutsche machen? Gallardo ist der Liebling von Lima, der Star mit dem guten Herzen.

Ich schicke ihn nach Hause.

»Geh heim zu Mama, schlafe, so lange du willst. Am nächsten Sonntag kannst du auch im Bett bleiben. Ich stelle dich nicht auf.«

Ungläubig starrt er mich an, geht ein paar Meter über den Platz, steht hier und da herum, bevor er in der Umkleidekabine verschwindet.

Wahrscheinlich hofft er auf das Geheule der Presse, die in der Regel auf seiner Seite steht. Im Moment jedoch hat sie zu meinem Glück eine »Rudi-Phase«.

Journalisten, Fans und die Vorstandsherren erwarten von mir das Auftreten eines preußischen Offiziers. Sie sollen es bekommen. Ich beginne, die Mannschaft morgens mit einem Marschlied einmar-

schieren zu lassen. »Oh, du schöner Westerwald«, müssen sie schmettern. Erstaunlicherweise macht ihnen das Spaß. Peruaner sind sehr musikalisch. Die deutschen Texte bringe ich ihnen im Trainingslager bei. Zackig, zackig, Señores!
Meine bald halbwegs disziplinierte Elf steht an der Tabellenspitze! Preußens Gloria in Peru ... Dann kommt das Spitzenspiel gegen den Punktgleichen Lokalrivalen ›Alianza‹ in Lima. Die Mentalität der südamerikanischen Spieler und Zuschauer, das Ambiente im riesigen Stadion, hat ein mir befreundeter Künstler, der mich in Lima besucht, in einer Story festgehalten, die er mir zum Geburtstag schenkt:

»Schon seit einiger Zeit versucht der Schiedsrichter, der die Unverschämtheit besitzt, sich »Unparteiischer« zu nennen, ziemlich glücklos, die beiden Mannschaften aufs Feld zu locken. Einsam, nur von den beiden Linienrichtern begleitet, wartet er geduldig am Anstoßkreis und pfeift ab und zu auf seiner Trillerpfeife, wobei er seine Wangen zum Bersten aufbläst. Das Stadion ist bis auf den letzten Platz voll. Nur unten warten noch die beiden Drahtkäfige am Spielfeldrand, leer, auf Rudi Gutendorf, den Deutschen, und den anderen Trainer, den Brasilianer, der Alianza trainiert.
Für die Zuschauer ist es heute nicht nur ein Vereinsspiel – es ist auch ein Kampf zwischen Europa und Südamerika. Für die Trainer aber ist es die berufliche Existenz, die jeden Sonntag aufs neue auf dem Spiel steht.
Daß ein Spiel zu spät beginnt, ist hier üblich und steigert die Spannung. Man hat Zeit in Peru!
Mit trägem Flügelschlag ziehen Pelikane durch die Südkurve des Stadions, und stumm wenden Sechzigtausend den Kopf – wie ein Mann. Vor wenigen Jahren hat es in diesem Stadion mehr als dreihundert Tote gegeben. Kurz vor Spielende, nach einem umstrittenen Tor, waren Tausende über den spitzenbewehrten Palisadenzaun auf das Spielfeld vorgedrungen. Die Stadiontore waren idiotischerweise von außen blockiert. Es entstand eine Panik. Die Polizei wurde nervös und schoß Tränengasbomben ins Gewühl. Sechzigtausend Leute kämpften, um rauszukommen. Dreihundert, meist Kinder, wurden totgetrampelt oder an den verschlossenen Eisentoren erdrückt. Bei diesem Spiel heute wird es nur

Ohnmächtige geben und ein paar gebrochene Knochen – das ist immer so.
In der Kabine hat Gutendorf die Spieler in einen Taumel der Begeisterung versetzt.
In die Hand hinein versprechen sie sich, daß sie Alianza zerreißen werden. Ramon Mifflin schwört wilde Eide. Aber draußen auf dem Feld werden sie heute schlechter spielen als je zuvor. Dabei war Cristal nach dem erbarmungslosen Training zu Beginn der Saison bald unangefochten an die Spitze der Tabelle gerückt. Die Spieler, denen bei der harten Gangart des deutschen Trainers Hören und Sehen verging, rebellierten.
Aber Gutendorf hatte die Kraftprobe gewonnen. Vorerst!
Eines Nachmittags kam eine Schar Frauen zu seinem Training – die Ehefrauen seiner Spieler. Sie wollten sich offiziell beschweren, innerlich verfluchten sie den Deutschen.
Seitdem Rudi ihre Männer trainiere, sei mit diesen nichts mehr los – nämlich im Bett!
Eine schrie ihn an, er hätte ihren Mann impotent gemacht. Früher wäre ihr Jesus im Bett ganz toll gewesen und das die ganze Nacht lang. Sie verdrehte ihre Augen genießerisch.
Rudi sprach galant und sehr charmant mit ihnen und versprach, das Training zu drosseln und daß er froh sei, daß sie so offen zu ihm gewesen seien. In Wahrheit legte er noch einen Zahn zu im Konditionstraining, denn er wußte, daß alle Spieler Freundinnen nebenbei hatten. Auch in Bordellen luden sie ab.
Kein Wunder, daß ihre Ehefrauen zu kurz kamen. Zu Hause gebrauchten sie dann sein hartes Training als Vorwand, wenn sie floppten. Die Spieler begannen, ihn zu hassen. Aber das drückte ihn nicht. Spieler, die ihn, Gutendorf, mögen, sind ihm sowieso verdächtig, sagte er mir einmal. Aber die Situation hatte sich verschlechtert. ›Alianza‹ hatte aufgeholt. Zuletzt hatte es eine Reihe von mageren Unentschieden gegeben, die sich wie Niederlagen anfühlten, weil das Publikum jetzt Siege verlangt, an die er die Fans gewöhnt hat.
Cristal ist in Peru unbeliebt, weil es die Mannschaft der Reichen ist. Gegen Alianza, die Mannschaft der Armen – die Beliebten also –, gilt es heute zu gewinnen, gilt es zu zeigen, wer man ist.

›Hombres, raus jetzt mit euch, vamos muchachos‹, sagt Gutendorf. Aber Campos, der Schweigsame, sagt: ›Nein.‹ Erst wird er noch die Kerze vor dem improvisierten Altärchen, das er sich in der Kabinenecke, die nach Urin stinkt, aufgebaut hat, anzünden, wird das Heiligenbildchen der Muttergottes küssen – dann wird er gehen. Campos ist ein finsterer, in sich versunkener, riesiger Neger. Sein Laufstil ist wuchtig und auf dem Spielfeld wirkt er so, daß man meinen möchte, er habe das Messer in der Tasche. ›Chirurg‹ nennen ihn denn auch die Leute, weil er seine Gegner mit furchtbaren Hieben mäht und die Ernte ins Krankenhaus einfahren läßt. – La Bestia wird er auch genannt. Campos zieht sich immer in seiner Ecke im Stehen um. Seine Familie lebt in tiefer Armut am Rande der Stadt, zwischen Abfall, Gestank und rostigen Autowracks, in denen Ratten nisten.

›Cristal‹ ist als erste Mannschaft auf dem Feld. Man läuft sich warm. Bei ›Alianza‹ ist die Disziplin nicht so gut; der letzte verspätete Spieler ist gerade erst in die Kabine gekommen und beginnt, sich umzuziehen.

Jeden einzelnen Spieler von ›Cristal‹ empfangen gellende Pfiffe. ›Jedes Spiel hier zu Hause‹, sagt Rudi Gutendorf, ›ist für uns schwerer als ein Spiel auswärts. Wir sind als die Reichen abgestempelt. Die Zuschauer lieben die Armen, weil sie selbst arm sind.‹

Die meisten der Spieler betasten beim Einlaufen den Rasen des Feldes mit der Rechten und bekreuzigen sich, so ist es Brauch. Hinter Gutendorf schließt sich die Tür seines Drahtkäfigs, die beiden Soldaten mit ihren Maschinenpistolen und ihren Stahlhelmen werden ihn erst wieder zur Pause und dann zum Spielende aufschließen und Gutendorf herauslassen.

Die große Frage ist, wie kann ›Cristal‹ Cubillas unter Kontrolle bekommen?

Darüber hat der Trainer lange gebrütet. ›Alianza‹, der Gegner, besitzt in Teofilo Cubillas einen Mann von absoluter Weltklasse. Wenn man sich vor Cubillas retten kann, ist das Spiel zumindest nicht verloren.

›Klasse eliminiert man mit Klasse‹, sagt Gutendorf, und im Hinspiel, das gewonnen wurde, hatte er Mifflin, seinen großartigen

Mittelfeldregisseur, gegen Cubillas gestellt. Cubillas waren die Füße pelzig geworden.
Aber Mifflin ist schon seit Wochen außer Form. Er hat sich in eine Nightclubtänzerin verliebt.
›Der Kerl vögelt jede Nacht bis morgens seine blonde Gringa‹, sagt Gutendorf. ›Er knickt bei jedem Training in den Knien ein.‹ Trotzdem kommt sich Mifflin, einer der peruanischen Helden der Weltmeisterschaft, vierundzwanzig Jahre alt, vor, als sei er der Größte in Südamerika. Also, Mifflin geht diesmal nicht gegen Cubillas. Rudi, der Eiserne, hat heute einmal nachgegeben. Die Vereinsleitung hatte gedrängt und die Spieler auch, heute mit Raumdeckung zu spielen. Offensichtlich will keiner persönlich für Cubillas haftbar sein. Gutendorf gab nach, weil er sowieso niemanden hat, der Cubillas decken könnte. Er versucht es heute mit einer elastischen Auffangtechnik, mit einer Netztaktik, in der sich Cubillas verstricken soll. Aber wird der Fuchs sich so einfangen lassen?
Dann kommt ›Alianza‹ auf den Platz. Sofort stürzen sich Fotografenrudel und Rundfunkreporter mit umgehängten Recordern und vielem wichtig aussehenden Zubehör auf Cubillas. Der hat jetzt schon seine Stutzen nach unten gekrempelt, ein athletischer Mann, der Cassius Clay ähnelt.
Die Zuschauer toben jetzt schon, und in der Südkurve, die viel zu steil gebaut ist, stürzen lebende Menschenblocks ab. Im billigen, stinkenden ›Sector Popular‹ haben die Leute unter der Jacke in Plastiktüten Urin gesammelt. Das ist die Spezialität dieses Sektors. Mit diesen Wurfbomben gibt es wilde Gefechte. Wer peruanische Flüche lernen will, muß in die Südkurve, in den ›Sector Popular‹ gehen. Hier kann er aber auch den brühwarmen Urin im Gesicht spüren, wenn ihn ein platzender Plastikbeutel am Kopf trifft. Der billige ›Sector Popular‹ ist immer voll, er faßt siebentausend Fanatiker.
Vom Anstoß weg hat ›Alanaza‹ das Heft in der Hand, nach drei Minuten der erste Paukenschlag. Freistoß dicht am Strafraum. Die Mauer ist konfus, weil Cubillas schießt, er läuft an, die Keule kommt, wie der Blitz zuckt der Ball links im Tor. ›Gool‹ heult das Stadion auf – aber da ist noch Rubiños, der Torwart. In Mexiko bei

der WM war er das Kaninchen. Alle waren – aus Mexiko zurückkommend – umjubelt worden. Nur Rubiños war in Mexiko schlecht, die Gazetten schrieben: blind. Seither hat er wie ein Wahnsinniger trainiert, will beweisen, daß er noch der Beste im Lande ist. Rubiños dreht den Ball – parallel unter der Querlatte liegend – mit phantastischer Reaktion um den Pfosten. Sanitäter tragen den ersten ohnmächtigen Zuschauer fort, für ihn waren die Anfangsminuten schon zuviel.

Nach dieser Freistoß-Ouvertüre rollen die Angriffe, wie automatisch von Cubillas elegant vorgetragen, Rubiños entgegen. Cubillas ist schnell und von einer unerhörten Gerissenheit.

Jetzt lockt er zwei Gegner auf sich, dann auch noch den Torwart. Kaum daß man ahnt, was er im Schilde führt, ist er auch schon an allen dreien, die sich gegenseitig auch noch wie die Deppen behindern, vorbei. Er jagt unkontrolliert den Ball aus unmöglichem Winkel aufs lange Eck – und daran vorbei. Nur Momente später, zwanzig Meter vor dem Tor, stürzt Campos in blinder Wut Cubillas entgegen, der läßt ihn mit einer eleganten Drehung des Körpers ins Leere laufen. Der zu wilde Campos driftet wie ein Eisberg in Richtung leeres Mittelfeld. Ehe er sich fängt, hat Cubillas abgezogen. Aber was da kommt, ist gar kein Ball, das ist ein schrecklicher Hieb – nein, ein Projektil, das rechts unten auf den Pfosten donnert und zwanzig Meter weit ins Feld zurückprallt. Das gerüttelte Torgebälk steht wieder still, und Rubiños, der Brave, hat sich an dem brandheißen Geschoß die Finger verbrüht. Er kühlt seine Hände verkrampft zwischen den Knien.

Das Stadion gleicht jetzt einem Hexenkessel – das Gebrüll der Massen wird in den Anden zu hören sein.

Nach knapp zwanzig Minuten ist der kleine Quiles von ›Cristal‹ schon am Ende. Gutendorf holt ihn vom Feld. Quiles ist ein kleiner Achtzehnjähriger, ungemein agil und fleißig. Der Trainer hat ihn vor kurzem in die Mannschaft geholt, die seit vier Jahren ohne Umbesetzung spielt und deshalb langsam Rinde ansetzt. Wenn der junge Quiles spielt, umweht ihn ein Hauch von tiefer Traurigkeit. Der Junge ist noch zu schwach, zerreißt sich aber schier, und seine Traurigkeit ist die des kleinsten und dümmsten der drei Söhne, die der König ausschickt, um das Glück zu suchen.

»Eigentlich«, sagt Gutendorf, »hätte Gallardo schon vor der Halbzeit raus müssen.« Gallardo, der gazellenhafte schlanke Neger, der heute unbeholfen wie ein Weberknecht mit knotigen Knien über das Feld stakt, hat in vielen Spielen meistens noch im letzten Moment irgendein Masseltor hineingewürgt. Darauf hofft Gutendorf heute vergebens. Es ist ein Sonntag, an dem eigentlich – außer dem Torwart – die ganze Mannschaft ausgetauscht gehört.
Auf der Tribüne hofft Gutendorfs Frau, daß alles bald ein Ende nimmt. Als Cubillas sein Tor geschossen hat, kramt sie verlegen in ihrem Täschchen. Verstohlen wird sie von Hunderten beobachtet, die hinter ihr sitzen.
Vor dem Spiel haben die Reporter zum hundertsten Mal an sie die Frage gerichtet, ob ihr Mann, ›El Panzer‹, denn auch so streng und grausam zu ihr sei wie zu den Spielern, und sie hat, hinreißend hübsch, zum hundertsten Mal artig Antwort gegeben: ›Nein, Rudi ist...‹ Die Leute fragen ja immer nur, was sie schon wissen. Dabei möchten sie furchtbar gern einmal hören, ihr Mann peitsche sie nach jedem Abendessen durch, sie halte dieses Leben einfach nicht mehr aus. Man soll sie doch endlich von diesem ›Monster im Trainingsanzug‹ befreien.
Ute Gutendorf kommt höchstens zu jedem dritten Spiel, es kostet sie zuviel Nerven. Tore gegen Rudis Mannschaft tun ihr weh, weil sie weiß, wie verheerend sie ihren Mann treffen – sie leidet mit ihm. Es tut ihr leid, wenn sie ihn geknickt im Käfig hocken sieht. Sie weiß, wie es in ihm aussieht.
Nachdem das zweite Tor drin ist, fällt ein drittes. ›Um Himmels willen, kein Tor mehr!‹ heulen die ›Alianza‹-Fans. ›Baile, baile‹, tanzen lassen; wir wollen die Reichen von ›Cristal‹ jetzt tanzen sehen. Prompt fangen die Spieler von ›Alianza‹, den sicheren Sieg in der Tasche, an zu zaubern. ›Cristal‹ wird zum tapsigen Tanzbären gemacht. Der kleine Wicht mit den O-Beinen aus ihren Reihen dribbelt sich in einen Rausch, umspielt sich sogar selbst. Der Platz ist trocken, Staub wirbelt auf; er spielt nicht ab und kurvt und kurvt. Da brennt bei Campos die Sicherung durch. Sekunden später reckt sich aus einer dichten Staubwolke am Mittelkreis die Hand des Schiedsrichters. Sie hält die rote Karte. Als die Staubwolke sich langsam setzt, liegt der O-beinige Kurver am Boden

und tut so, als sei er ohne Bewußtsein. Neben ihm steht Campos mit verzücktem Gesicht. Viel Weiß ist in seinen Augen. Nur sehr langsam macht er sich auf den Weg in die Kabine. Das ganze Stadion brodelt vor Empörung. Der Unhold hat also wieder zugeschlagen! Campos wird mit allem Greifbaren beworfen. Die Zuschauer haben den Gesang von der Bestie angestimmt. Er steigt die Treppe hinunter in den dunklen Tunnel, der zu den Kabinen führt und zu seiner stinkenden Ecke. Die Muttergottes hat ihm heute nicht geholfen!
Sporting Cristal – Alianza 0:2.

Unter dem Rädelsführer Gallardo benehmen sich einige Spieler immer widerspenstiger, darunter ein älterer Stürmer, den ich wegen seines schneckenartigen Tempos gar nicht mehr einsetze.
Er eröffnet in der Innenstadt von Lima ein ziemlich zweitklassiges Speiselokal und lädt die komplette Mannschaft samt Trainer ein.
Seltsamerweise tischt man meiner Frau und mir eine andere Speise auf. Eine Spezialität für Señor und Señora Gutendorf. Ute pickt nur wie ein Spatz auf dem Teller herum. Mir schmeckt es wegen seiner exotischen Gewürze ausgezeichnet.
Schon eine Stunde später muß ich erbrechen, bekomme fürchterlichen Durchfall und krampfartige Magenschmerzen.
Nachts bringt man mich ins Krankenhaus, wo mir der Magen ausgepumpt wird. Spuren eines undefinierbaren Giftes findet man im Labor.
Ich melde den Vorfall meinem Präsidenten, der eine Untersuchung anstellen läßt, das Ergebnis jedoch unter den Teppich kehrt. Ich bin sicher, daß mich der von mir kaltgestellte Spieler vergiften wollte!

Mit Kinski im Urwald

Ich traf auf meinen Stationen rund um die Erde interessante Figuren, großartige Persönlichkeiten und Hampelmänner, die sich für groß hielten.
Im Welt-Dorf St. Moritz stellt mich Gunther Sachs hier und da als Freund vor. Herbert von Karajan, den ich als Künstler seit Jahrzehnten bewundere, enttäuscht mich im persönlichen Gespräch. Halbgroggy vor Müdigkeit taumelt er von einer Billigfloskel zur anderen, schaut ständig auf die Uhr.
Eric Gairy regiert auf seiner Karibikinsel Grenada mehr wie ein Playboy-Präsident. Nächtelang ziehe ich mit ihm durch Nachtclubs, was für mich ein preiswertes Vergnügen ist. Dem Staatsoberhaupt gehören nämlich die Etablissements. Beim König von Tonga geht es auch recht familiär zu. Der gewichtige Monarch aus dem Südpazifik empfängt mich mit meiner Freundin Marika ohne Umschweife und zieht stolz einen Vertrag hervor, den sein Großvater mit unserem »ollen« Bismarck abgeschlossen hatte.
So habe ich viele Leute kennengelernt. Sympathische, Millionenschwere, Blender, Betrüger und – den leibhaftigen Wahnsinn! Klaus Kinski. In den Edgar-Wallace-Klamotten der sechziger Jahre spielte er schon überzeugend den Irren vom Dienst. Ich »erlebe« ihn hautnah im Urwald. Bei einem belanglosen Empfang in der deutschen Botschaft von Lima stoße ich zum ersten Male auf Werner Herzog. Wer Herzog nicht kennt, könnte ihn für einen Schwärmer halten. Die Haartracht des Filmemachers, seine zarte Stimme geben ihm etwas Weiches. Doch in seinen klaren Augen sehe ich schnell die ungeheure Willenskraft, die nie versiegende Energie.
Herzog erzählt mir von seinem neuesten Plan: »Aguirre, der Zorn Gottes.« Ein spanischer Eroberer schippert im 16. Jahrhundert den

Amazonas herunter, um die Stadt Eldorado und ihre sagenhaften Goldschätze zu entdecken. Der besessene Konquistador wird um seine Träume betrogen und siecht auf den Stromschnellen dem Tode entgegen.

Herzog: »Ich kenne nur einen Schauspieler, der den Aguirre darstellen kann: Kinski.«

Kinski nimmt an, und Herzog lädt meine Frau Ute und mich zu den Dreharbeiten ein.

Kinski erscheint mit unendlich viel Gepäck und einer Kiste Selterswasser. Allerdings nicht zum Trinken, sondern weil seine bildhübsche Vietnamesin Genevieve sich damit die Füße waschen läßt. Alles Geschmackssache.

In Iquitos, dem letzten Stopp vor dem Eindringen in den Urwald, fragt unser Tropenarzt: »Bekommen Sie Anfälle, Herr Kinski?«

»Ja, täglich, du Arsch! Du auch?« antwortet Kinski. Er läßt sich gegen alles mögliche impfen. Gegen Krankheiten, die es am Amazonas gar nicht gibt. Cholera zum Beispiel. Nur eine Gelbfieberimpfung lehnt er ab, obwohl gerade diese wichtig ist. Denn die Gefahr von Gelbfieber lauert in der »grünen Hölle« von Peru.

Das Beste an Kinski ist seine reizende Frau Genevieve. Sie erträgt ihn. Sie hat ihn schon erduldet, als er mit ihr und zwei weiteren Gespielinnen eine Villa an der Via Appia in Rom behauste.

Die grazile Vietnamesin erzählt es Ute. Die beiden tuscheln und giggeln wie Kinder. Aguirre, der Eroberer, muß mit seiner kleinen Armada den Strom herunterfahren. Hitze, Moskitos, blutiger Durchfall und Wassermangel dezimieren seine Mannschaft. Mit Giftpfeilen bringen Indios seine Männer um.

Der einzig Überlebende ist Aguirre. Hungrige Affen sitzen auf seinen Schultern, tanzen auf seinem Kopf und beschmieren die Rüstung des einst so starken Mannes über und über mit Kot. Diese Rolle ist Klaus Kinski auf den Leib geschrieben.

Bei der Arbeit kann man ihn nur bewundern. Er hat Ausstrahlung und Routine zugleich. Sonst ist er unerträglich, ständig aggressiv, beleidigend. Herzog behandelt ihn wie eine Mimose und teilt dem Erhabenen natürlich auch die beste Hütte zu. Die Be-

hausung hat einen üblen Fehler: Sie liegt unglücklicherweise auf dem Weg zur Latrine. Jeder, der mal muß, muß an Kinski vorbei. Bald umflort den Weltstar ein dampfend schwüler Gestank.
Eines Abends, als der aufkommende Wind ihm so richtig den Duft der kleinen Welt um die Nase weht, läuft Kinski Amok: »Ihr Scheißer! Warum scheißt ihr nicht in eure eigenen Hosen?!«
Seine Wut ist nicht zu stoppen, er verbeißt sich mehr und mehr in seinen Auftritt.
»Wer jetzt noch einmal aufs Scheißhaus geht, dem spalte ich den Schädel.« Mit verzückten Augen greift er nach einer Axt, schleift die Schnittfläche mit einem Fahrtenmesser. Wir reagieren betroffen. Er fuchtelt mit seiner Axt auf einen Beleuchter ein, der nichtsahnend auf das »Örtchen« zusteuert.
Die Schauspieler sind eingeschüchtert, zittern vor ihm.
Wir alle machen aus der Not eine Tugend, ehe die Tugend in Not gerät. Und so wird der Urwaldboden rings um unser Lager kräftig gedüngt.
Am nächsten Morgen wecken mich lautes Gebrüll und dröhnende Schläge aus der Richtung des Wahnsinnigen. Ich jage durch das Dickicht, um den Weg abzukürzen.
Hat er seine Drohung wahrgemacht und spaltet jemandem den Schädel?
Nach fünfzig Metern bleibe ich stehen und sehe ihn: Kinski haut die Latrine wie ein Berserker in tausend Stücke, Geifer läuft über sein maskenhaftes Totenkopfgesicht. Er gackert irre und schaut triumphierend in die Runde, wobei er sich übertrieben in die Brust wirft.
Ute, inzwischen neben mir, verteidigt ihn: »Er steigert sich in die Rolle des Aguirre, um sich mit ihm zu identifizieren.«
»Nein«, sage ich. »Umgekehrt ist es. Der Mann kann den Bekloppten so toll spielen, weil er bekloppt ist.«
»Ich will vollkommen frei und zügellos sein«, schreit er zu uns. »Nur deshalb bin ich hier im Urwald in eurer bekotzten Laienschar. Der einzige, vor dem ich bescheiden sein kann, bin ich selber. Ihr Totenvögel, ihr seid ja schon verwest. Riecht ihr denn nicht, wie ihr stinkt?«
Unter vier Augen gesteht er mir einmal: »Alle diese Scheißfilme, die ich bisher gedreht habe, haben mir nicht geschadet. Weil es

mein Gesicht ist, das unabhängig macht. Ist es auch bei dir als Trainer so, oder ist dein Gesicht auch schon ein Breigesicht geworden?«
Als Frau unter zehn Männern schläft Ute in einem der festen Floßhäuser, schaukelt in einer Hängematte. Unser Verhältnis hat sich vor der Reise abgekühlt. Ute hat ein Kind verloren. Sie hat, um ihr Leben mit einem ewig flatternden Paradiesvogel zu teilen, auf das Kind verzichtet. Sie verlangt nach einem festen Pol.
In dieser wilden und primitiven Abgeschiedenheit des Urwalds scheinen wir uns jedoch wiederzufinden. Wir lauschen nachts den Klängen der unberührten Natur, wir lieben uns wieder.
Diese Nacht ist anders. Eine faulige Schwüle lastet über unserem Lager. Die Moskitos surren noch durchdringender als sonst.
Unterhalb des Drehortes in der Nähe des »Igapo«, eines im Wasser versunkenen Waldes, wo unsere Flöße ankern, höre ich Lärm. Schwere Schritte, Schreie, ein Schuß. Eine gefährliche Stille, und wieder hallen fünf Schüsse.
Das Geballer geht weiter. »Kinski«, weiß ich sofort. Keiner wagt sich mehr in seine Nähe.
Am nächsten Morgen knurrt er nur: »Ich wurde angegriffen, man wollte mein Floß zerstören.«
Ich raune Ute grinsend zu: »Jetzt ist er ganz übergeschnappt.« Ute lacht hell auf, was Kinski mit einem Blick à la Würger von Blackwood Castle quittiert.
Herzog will einlenken, was Kinski noch mehr aufbringt. Er wendet sich an mich: »Was tust du Kerl überhaupt bei uns?« spuckt er aus und bellt mich an. »Du solltest froh sein, Balljunge, daß du hier geduldet bist. Ein Fußballer im Film, geh und spiel den Ausputzer!«
Dann sagt er barsch zu seiner Frau: »Pack die Sachen zusammen. Herzog, du kannst mit deinem Ausputzer Kopfbälle trainieren. Klingt bestimmt schön hohl.« Werner Herzog, kalkweiß im Gesicht, verschwindet kurz in seiner Hütte und kommt mit einem Gewehr zurück. Klick! Er lädt durch, hält den Lauf auf Kinskis Brust. Seine Stimme vibriert vor Erregung: »Ich habe das ganze Vermögen meiner Familie in diesen Film gesteckt. Wir werden bettelarm sein, wenn wir ohne Film zurückkehren. Wenn du uns

verläßt, verläßt du auch die Bühne. Für immer. Drei Kugeln sind für dich, die letzte für mich.«

Atemlose Stille. Alle spüren: Herzog meint es ernst, todernst. Kinski wirft ihm noch einen erstaunten Blick zu, zuckt mit den Schultern, als wollte er sagen: »Na gut, du hast gewonnen.«

Die Schlußszene: Aguirre treibt umringt von dreihundert Affen den Amazonas hinunter. Genie und Wahnsinn liegen eng zusammen, heißt es. Bei Kinski sind diese Grenzen längst verwischt.

Unser letzter Abend in Iquitos, dem Ausgangs- und Endpunkt unserer Expedition, endet in einem wahren Gelage. Deshalb nehme ich Werner Herzog auch nicht für voll, als er mir sagt: »Ich werde hier wieder einen Film machen. Er wird ›Fitzcarraldo‹ heißen. Tausende Indios werden ein Schiff, so groß wie ein Fußballplatz, durch den Urwald tragen.«

Ich frage: »Und wer spielt die Hauptrolle.« Herzog ohne Zögern: »Das kann nur einer – Kinski.«

Potenzprobe in den Anden

»Wer kann das glauben? Das ist mir zu phantastisch«, sage ich zu Gileaume, der sich seit Jahren in den Hoch-Anden herumtreibt.
»Geologische Studien sind mein Hobby. Dabei erlebe ich mehr als du auf dem Fußballplatz.«
Welch ein Sonderling. Er ist kein Geologe – da bin ich ganz sicher. Der ganze Mann ist für mich ein Rätsel.
Diese teuflische Tierquälerei bei einem Indiofest, mit sadistischem Beigeschmack, erscheint mir unglaublich. Kampf zwischen einem Stier und einem Kondor!
»Ich kann dir das nicht glauben, so was gibt es nicht«, sagte ich zu ihm, als wir uns vor Monaten kennenlernten und ein paar ›pisco sour‹ zuviel getrunken hatten. Er war beleidigt, fluchte auf Spanisch. Komischerweise kann ich aber diese ungewöhnliche Geschichte nicht vergessen.
Plötzlich habe ich Zeit, meine Neugier zu befriedigen, will der Sache auf den Grund gehen. Natürlich könnte ich anderes auch tun, zum Beispiel einen Fortbildungslehrgang für coachs in London besuchen. Walter Winterbottom hat mich dazu eingeladen. Für meinen Beruf wäre es nicht schlecht. Ich tue aber wie immer, was mich reizt. Dazu treibt es mich.
Ich fliege nach Sucre, einer in den Anden gelegenen kleinen Stadt. Auf dem winzigen Flugfeld mit holpriger Graspiste holt mich Gileaume, wie versprochen, ab. Er ist besoffen, und zwar total. Wie ich ihn so herumtorkeln sehe, bin ich fast sicher, daß seine irre Geschichte zusammengesponnen ist – sie wird im kranken Hirn seiner Alkoholdünste entstanden sein.
Er lallt nur: »Du wirst sehen, tu verás, amigo mio!« Aber zuerst bin ich mal froh, daß er da ist – besoffen oder nicht. Was würde ich sonst in diesem weltabgelegenen Nest tun?

Ernesto Gileaume wird so um die Vierzig sein. Er trägt eine zerschlissene Zimmermannshose mit mächtigem Schlag, dazu ein kragenloses, schmuddeliges Hemd. Unter der tristgrauen Hose schauen mexikanische Reitstiefel mit riesigen Radsporen heraus. Seine fast zwei Meter hohe ›Wo-steht-das-Klavier‹-Statur wird noch durch eine füllige blonde Afrolook-Mähne aufgestockt. Er wäre ›ein Bild von einem Mann‹, denke ich, wenn er nicht so verkommen wäre. Wer oder was hat diesen Mann auf dem Gewissen? Wer oder was hat ihn so kaputt gemacht? Er, der sich auf dem Höhepunkt seiner Schaffenskraft befinden sollte, ist so verbraucht, daß sein Gesicht schon wehmütige Patina trägt.

Zwei Pferde sind schnell aufzutreiben. Ich kaufe mir einen Hengst für dreißigtausend Soles, mit Sattel- und Zaumzeug. Dazu erstehe ich noch zwei weiche hellederne Satteltaschen. Mit dem Pferd und den Utensilien sehe ich wie ein Hollywood-Cowboy aus. Der Hengst macht einen munteren Eindruck – und wie munter er wirklich ist, sollte ich bald erleben. Bis zum Moment unseres Aufbruchs denke ich nämlich, ich sei ein guter Reiter. Meine beiden ersten Versuche, ihn zu satteln, enden mit fliegenden Hufen, die mir um die Ohren zucken. Beim dritten Mal steht er lange genug still, daß ich Vorder- und Hintergurt unter seinem Bauch zu packen bekomme. Ich lege ihm dann behutsam den Zaum an und springe mit einem mächtigen Satz – wie ein Torhüter, der einen Ball erhechtet – in den Sattel. Zu mächtig. Das Tier erschrickt und explodiert. Schnaubend springt es, den Kopf zwischen den Beinen, hoch in die Luft und landet steif auf allen Vieren. Meine Zähne klicken laut hörbar, als mein Kinn an die Brust donnert. Die Erschütterung raubt mir fast das Bewußtsein, aber ich lasse nicht los. Dann schnellt der Hengst in einer Reihe kurzer Sprünge los, schießt so schnell davon, als ob der Teufel persönlich ihn hetzen würde. Ein dichter Hain Eukalyptusbäume fliegt vorbei. Nichts vermag die wilde Jagd aufzuhalten. Mein Reißen und Stemmen an den Zügeln ignoriert der Hengst total. Über ein Stück offenen Geländes rasen wir direkt auf einen Zaun zu. Jetzt dreht sich mir der Magen um vor Angst. Er senkt den Kopf und im gestreckten Galopp springt der Wahnsinnsgaul mit mir voll in den Zaun. Der oberste Draht spannt sich dem Pferd quer über die Brust. Ich fliege wie ein Projektil über seinen Kopf. Er macht hinter mir – genau wie ich – viele perfekte Purzelbäume. Aber das ist noch nicht alles. Mit verheerender Wucht überrollt er mich. Sein beträchtliches Lebendgewicht preßt mir die Luft aus der Lunge. Mir wird rot vor Augen – dann sehe ich viele Sterne.

Erst nach langer Zeit höre ich Gileaumes besorgte Stimme und rieche eine ungeheure Alkoholfahne über mir. Taumelnd auf die Füße kommend, schleppe ich mich mit keuchendem Atem zur Seite. Ich spüre einen stechenden Schmerz in der Rippengegend, den ich vom Fußballplatz her kenne. Die Behandlung ist einfach und die gleiche in Schalke wie hier in den Anden. Ich wickle mir mehrere »Runden« Klebebinde um den Brustkorb, damit sich beim Ausatmen das Rippenfell nicht dehnt. Die Pein wird erträglicher.

Am folgenden Tag geht es los. Bei jedem Schritt des Pferdes spüre ich einen dumpfen Schmerz in der Brust. Auch mein Hengst humpelt und keucht. Der Sturz hat ihn zahm gemacht. Es gibt keine großen Probleme mehr mit ihm, wenn ich davon absehe, daß der nervöse Bock vor Kaninchenlöchern scheut – unglücklicherweise gibt es viele.

Zuerst reiten wir einen Tag lang durch saftiges Gras, dann durch weglosen dichten Urwald. In Tümpel- und Teichnähe ist es kaum auszuhalten; Stechmücken machen regelrecht Jagd auf uns. Wenn es unerträglich wird, opfert Ernesto ein Paket Tabak. Wir weichen ihn in unserem Teekessel ein und schmieren uns den braunen Nikotinsaft ins Gesicht und auf die bloßen Arme. Wir sehen aus wie gegerbt – aber es hilft, die Moskitos drehen verärgert ab.

Wild verhofft, wenn wir vorbeireiten. Manchmal steht hoch über uns ein Raubvogel, der darauf wartet, daß unsere Pferde im Gras kleines Getier aufscheuchen. Es ist interessant, durch diese Gegend zu reiten. Das große Gebiet, das wir durchreiten, umfaßt nicht nur Grasland und Ebene, sondern auch steile und felsige Bergriesen, reißende Flüsse, Sümpfe und undurchdringliche Buschinseln, die wir weit umreiten müssen. Wir durchqueren das Gebiet, wo die Coca-Pflanze so gut wächst, wie nirgends sonst auf der Welt. Die Indios nennen das Gebiet ›Wiege der schönen Träume‹.

Die Pflanze, aus der das Kokain gewonnen wird, gedeiht besonders gut auf den östlichen Hügeln der Anden, wo es nie zu warm ist. Die

Landschaft wechselt öfter. Durch staubige Sandstreifen trotten unsere Pferde trotzig und widerwillig, Sand und Dreck verstopft ihre Nüstern. Durchs Gras wollen sie galoppieren. Unser Tagespensum liegt so um die vierzig Kilometer. Am gefährlichsten sind die Abstiege von den zerklüfteten Anden-Bergen, denn die sehr schmalen Pfade sind eigentlich nur für Bergesel gangbar. Diese Berge sind in peruanischen Landkarten nicht vermerkt. Wer soll sich auch dafür interessieren?
Abends wird es in den Hochanden ziemlich kalt. Wir entzünden bei Sonnenuntergang in einer Felsnische ein Lagerfeuer und brauen Tee, den wir so heiß wie möglich hinunterschlürfen. Dazu leeren wir eine ganze Literflasche Rum. Mein Anteil daran ist nur minimal, Ernesto trinkt den Schnaps hastig, in großen Schlucken.
»Ich bin frei hier«, sagt Ernesto. »Hier in den Anden gibt es keine Probleme für mich, ich habe, was ich brauche. Man muß überleben – das schaffe ich hier einfacher als anderswo. In Europa habe ich es nicht gebracht. Drüben bin ich immer neurotischer geworden. Ich konnte meine Konflikte nicht mehr bewältigen, konnte sie nicht mehr lösen. Mein Leben bestand nur noch aus Müdigkeit und Niedergeschlagenheit. Ich wurde depressiv und krank. Jede Entscheidung war mir eine Qual. Vorher war mein Leben fröhlich und interessant, alle Probleme löste ich mit der linken Hand.
Als die Sache mit Maria passierte, war alles aus. Nie konnte ich Ersatz für sie finden. Ich starb ab, vegetierte nur noch dahin.«
»Warum bist du nicht zu deiner Frau zurückgegangen?« frage ich ihn, ohne zu wissen, ob er verheiratet war.
»Das war der zweite Schlag, der mich traf und mir den Rest gab. Sie stürzte sich von einer Brücke, wollte sich das Leben nehmen, als sie von meinem Verhältnis mit Maria hörte. Querschnittsgelähmt, sie sitzt im Rollstuhl. Ich konnte ihren Blick nicht mehr ertragen. Ihre haßerfüllten Augen und meine grenzenlose Schuld trieben mich hier in die Anden. Ich mußte vergessen, um weiterleben zu können.«
Am sechsten Tag müssen wir wieder in den Urwald einreiten. Ernesto ist sicher, daß wir auf dem richtigen Weg sind. »Ich kenne mich hier aus, wir müssen morgen noch einen breiten Fluß überqueren.«

In der Nacht regnet es zu unserem Unglück – die reinste Sintflut. Stundenlang prasselt das Wasser wie aus Eimern geschüttet. Es löscht unser Feuer und durchnäßt unseren Proviant. Als wir anderntags übermüdet, ohne ein Auge zugemacht zu haben, den Fluß erreichen, hat dieser sein Bett beiderseits um viele Meter baumbestandenes Gelände erweitert. Unmengen von entwurzelten Bäumen und Treibholz tanzen in der starken Strömung. Das Wasser steht viel höher als normal. Der Übergang, ein aus Stämmen mit Lianen zusammengebundener Steg, ist überschwemmt.
Ernesto ist es gelungen, auf seinem Pferd über den überfluteten Steg die andere Seite des Flusses zu erreichen. Nun besteige ich mein Pferd und reite zögernd in die Flut. Angst habe ich nicht. Mein Pferd ertastet den Boden, bis zum Bauch im Wasser stehend. Das Tier setzt vorsichtig Fuß vor Fuß. Plötzlich bin ich unter Wasser. Ich weiß nicht, wie es geschah. Mein Pferd muß sich in einer Liane verfangen haben. Verzweifelt versucht es, sich über Wasser zu halten. Seine Augen, ganz dicht vor mir, flackern in Panik. Wir treiben weit ab, bald sehe ich mein Pferd nicht mehr, da ich unter Wasser gedrückt werde. In einer Biegung werde ich glücklicherweise auf Sand geschwemmt. Nach einer Stunde findet mich hier Ernesto. Wir suchen gemeinsam mein Pferd – ich sehe es zuerst. Sein Kopf hat sich in einer Astgabel verfangen. Es ist tot.
Nach sieben Tagen mühsamen Reitens sind wir auf einmal völlig überraschend am Ziel. Nach einer Woche Strapazen kann Ernesto mir nun beweisen, daß er kein Spinner ist. Als wir auf eine freigeschlagene Lichtung kommen, zu zweit auf einem Pferd, treten plötzlich eine Menge nackter Indios aus dem Wald. Sie kreisen uns ein.
Es sind stämmige Männer mittlerer Größe, mit muskulösen Armen und kräftigem Oberkörper. Hals, Oberarme und Beine sind mit bunten Steinperlenketten geschmückt, ihre Gesichter rot und gelb bemalt. Jeder Mann trägt einen meterlangen Bogen und einen Köcher mit dünnen Pfeilen. Einer kommt auf mich zu, befühlt meine Oberarmmuskulatur und macht eine abfällige Geste zu seinen Leuten. Ich könnte schwören, daß er sagte:
»Der hat nicht viel drauf, keine Angst, Leute.«

Als er mit seinem Mund auch noch ein Furzgeräusch macht, werde ich wütend.
Die Vorbereitungen zum Kondor-Fest laufen auf vollen Touren, der ganze Stamm ist in Feststimmung, alles in Erwartung des großen Ereignisses. Wir kommen den Indios offensichtlich ungelegen – das ist mein erster Eindruck. Sie schauen uns mißtrauisch und abschätzend an. Ihre Blicke wirken feindlich, ihre Gesten werden bedrohlich. Ernesto spricht lange auf sie ein, verhandelt, gestikuliert, deutet immer wieder auf mich. Ich verstehe nichts. Die Indios sprechen Quechua, von dem sich Ernesto Gott sei Dank einige Brocken angeeignet hat. Er redet jetzt immer heftiger auf die Indios ein, die plötzlich temperamentvoll und aggressiv reagieren. Mir wird es mulmig, als Ernesto mir sagt, warum alle nervös sind. Die Indios haben ihren Köder bereits ausgelegt, um den Kondor für das Duell mit dem Stier zu fangen. Der Stamm veranstaltet diesmal das Fest der Fruchtbarkeit der Alten. Ernesto kann sich auch nichts darunter vorstellen. Wir sind eingeladen zu diesem Fest.
Ernesto kann sich keinen Reim machen – er sagt etwas von »aktiv eingeladen«. Er hat die Bedingungen akzeptiert, ohne diese richtig verstanden zu haben.
»Du wirst das ungewöhnlichste Schauspiel sehen, das dir je begegnet ist.« Ernestos Augen blitzen, er hat schon wieder eine grausige Alkoholfahne.
»Sage ihnen, ich sei dein Freund und würde um ihre Freundschaft bitten.«
Ich schenke ihnen zur Bestätigung meiner Freundschaft meine letzten vier Schachteln Zigaretten und fünf Zigarren, die noch feucht sind. Als weiteren Beweis meiner Freundschaft gebe ich dem Häuptling, dem, der so aussieht, als ob er einer wäre, ein Vereinsabzeichen meines letzten Clubs in Deutschland – das von den »Kickers« aus Offenbach. Wenn das der Canellas wüßte! Die Mienen der Indios hellen sich erst ein bißchen auf, als sie anfangen, meine nassen Zigaretten zu paffen.
Nach zwei Tagen führen sie uns – um viele Felsvorsprünge herum – höher und höher in die Berge. Hunderte Meter tief reicht der Abgrund zu unserer Rechten; links taste ich mich am Fels entlang. Ein Gefühl des Unbehagens beschleicht mich, es wird zur Angst, als

wir noch einmal einen steilen Grat überqueren müssen. Das ist lebensgefährlich. Doch ich bin zu neugierig, um jetzt zurückzukehren, obwohl mir mein Herz im Hals schlägt. Die Gratwanderung wird noch gefährlicher, und ich nehme einen langen Schluck aus Ernestos Flasche. Der Fusel ist suppenwarm, schmeckt wie Gummilösung, pfui Teufel. Endlich sehe ich das Plateau. Ein penetranter Gestank steigt mir in die Nase, als wir endlich anhalten. Ich halte mir die Nase zu, es stinkt zu bestialisch nach Verwesung. Ernesto braucht mich nicht mehr vorzubereiten, alles stimmt mit dem überein, was er mir erzählt hat. Ich selbst sehe genug, um mir ein Bild von dem zu machen, was sich hier abspielen wird. Die Indios haben vor Tagen ein klappriges Maultier getötet und einen Futterplatz für den Kondor angelegt. Dicht am Kadaver befindet sich eine Vertiefung im Fels, in die sich nun ein Indio hineinzwängt. Wir ziehen uns mit den anderen etwas zurück, leider nicht weit genug, um dem Pestilenzgestank des verwesten Esels zu entkommen. Der Wind steht ungünstig für uns.
Ich saufe mit dem besoffenen Ernesto den warmen Sprit, bis die Flasche leer ist. Wir verbringen den ganzen Nachmittag in einer kleinen Felshöhle. Ich bin froh, einen acht Wochen alten »Kikker« zufällig bei mir zu haben, so vergeht die Zeit.
In dieser unbequemen Lage studiere ich alle Berichte und Ergebnisse, die ich schon kenne, noch einmal. Ich lese die Sportzeitung von vorn und von hinten. Nie zuvor ist wahrscheinlich ein »Kikker« so gründlich »vereinnahmt« worden.
Die Zeit schleicht, und ich lese zum zehnten Mal, was da der Udo Lattek und der Hennes Weißweiler an Weisheiten nach den Spielen von sich gegeben haben. Ich sehe den Hennes vor mir: »Overath decke!«
Es ist kurz nach sechs, da stößt mich ein Indio in die Seite: »El Rey – Der König.«
Der Kondor kreist etwa zweihundert Meter über uns. Da ist er, der König der Anden. Er hat den Kadaver entdeckt, aber er ist vorsichtig und prüft mit scharfem Auge die Umgebung. Er scheint etwas bemerkt zu haben. Weitere Stunden – oder kommt es mir nur so lange vor? – vergehen. Mir tut der arme Indio in seinem Felsloch, dicht neben dem halbverfaulten Maultier leid.

Er kann nur inständig hoffen, daß der Kondor nicht noch weitere Stunden wartet.
Die Zeit vergeht langsam. Der mächtige Vogel kommt gemächlich herunter, stößt dann aber plötzlich herab und fällt wie ein Stein auf die Beute, aus der er – mit den herrlich weiten Schwingen schlagend – Fleischfetzen herausreißt. Die Gier hat bei ihm die Vorsicht geschlagen. Sekunden später stoßen die Hände des Indios blitzschnell zu, umfassen die Beine des riesigen Vogels, der einen Augenblick völlig erstarrt scheint. Diesen Moment nutzt der Mann, um die Beine des Tieres zu fesseln. Jetzt hat er den großen Vogel in seiner Gewalt und kann ihm auch den gefährlichen Schnabel zubinden. Da liegt er nun, der König der Anden – ein schweres Bündel geballter Kraft, hilflos. Der Indio, der den Kondor gefangen hat, wird umarmt und gefeiert.
Wir begleiten die Indios zurück, die sofort mit ihrer Beute aufbrechen. Alle singen und sind jetzt äußerst freundlich zu uns.
Wieder im Indiolager angekommen, habe ich Gelegenheit, den größten Greifvogel zu beobachten. Seine Beute hier in den Anden sind hauptsächlich Affen und Faultiere. Mit blitzschneller Bewegung werden die Tiere vom Baum gerissen. Die Geschwindigkeit des herabstoßenden Vogels beträgt bis zu achtzig Stundenkilometer. Auch Junghirsche und Lamas werden vom Kondor geschlagen. Durch die Wucht des Aufpralls wird dem Beutetier das Rückgrat gebrochen. Der grausame Räuber läßt dabei einen durchdringenden Siegespfiff ertönen, bevor er mit den messerscharfen Krallen Fetzen Fleisch aus der Beute reißt oder sogar das ganze Tier in seinen Horst schleppt. Kleine Indiobabies sind schon von diesen starken Vögeln getötet worden.
Unser Kondor, vor dem ich am folgenden Tag ganz dicht im Gras liege, ist mehr als einen Meter hoch, schätzungsweise wiegt er fünfzehn Kilo. Seine Flügelspanne ist weiter, als ich groß bin. Die Beine sind dick wie die Handgelenke eines Kindes, seine Krallen sind so lang wie meine Finger. Er hat dunkelgraue Flügel und ist an der Brust schmutzigweiß. Sein »Gesicht« hat etwas Unheimliches. Die Augen wirken kalt, berechnend, fast hypnotisch.
Ich setze mir in den Kopf, das Tier für mich zu gewinnen, versuche, mich mit ihm anzufreunden. Ich lege ihm – mit Hilfe von zwei Indios

– Beinriemen an und binde ihn an einer Stange fest. Zwei Tage lehnt er das Fleisch ab, das ich ihm an einem Stock hinreiche. Dann siegt der Hunger. Nun verkürze ich den Stock jeden Tag ein bißchen, bis er zuletzt gierig ein Stück blutiges Fleisch aus meinen Fingern reißt.

Als nächstes wickle ich mir ein schweres Lederstück über die rechte Hand und ziehe einen Ärmel aus mehreren Lagen dünnerem Leder darüber. Ich lege das Fleisch auf diesen Panzer und halte es ihm in dreißig Zentimeter Entfernung hin. Er beugt sich vor und nimmt es an. Das zweite Mal biete ich das Fleisch achtzig Zentimeter vor der Stange an.

Ein für mich peinlicher Zwischenfall ereignet sich, als ein Indio zu mir rennt, während der Kondor auf meiner Faust sitzt. Der Kondor erschrickt. Um sich zu schützen, verstärkt er seinen Griff, und eine seiner Krallen dringt durch alle Lederlagen, bohrt sich so tief in den Handrücken, daß sich die Krallenspitze unter der Haut des Handtellers abzeichnet. Das geht so schnell, daß ich im ersten Moment nur einen schwachen Schmerz wahrnehme.

Einige Tage später erlebe ich das erregendste und gefährlichste Schauspiel meines Lebens.

Ein ausgewachsener Stier ist für diesen Tag abgerichtet und scharfgemacht worden. Die letzten Tage bekommt er nichts zu trinken, der Durst macht das Tier halb wahnsinnig. In absoluter Dunkelheit ist der Stier kurz angebunden. Es wird sich herausstellen, ob ihm die Wut und der quälende Durst den Instinkt genommen haben, den Kondor zu besiegen. Zwanzig junge, kräftige Indios stürzen sich auf das verzweifelte Tier und klammern sich an ihm fest, so daß es sich nicht mehr bewegen kann. Andere, erfahrene Männer ziehen geschickt eine Schnur durch die vorbereiteten Löcher in seinen Ohren. Mit dieser Schnur binden sie einen Balken auf den Rücken des Stieres – an diesem Balken befestigen sie den Kondor mit einem dünnen Strick.

Am Rande des Dorfes befindet sich ein kleines natürliches Amphitheater: ein tiefgelegener Platz mit einer Naturtribüne. Dorthin wird der Stier von den Dorfbewohnern getrieben. Hier kann er nicht ausbrechen.

Wir laufen hinter der erwartungsfohen Meute der Indios her. Ich

traue meinen Augen nicht – auch Gileaume kann es nicht fassen, was wir erblicken. Ich wische mir mit dem Handrücken über die Augen.
Da ist nichts wegzuwischen – die gespenstische Szenerie bleibt. Vor dem Publikum, den Zuschauern, sitzen mehrere nackte Greise und fummeln an ihren Geschlechtsteilen. Es sind die ältesten Männer, die man sich vorstellen kann. Sie sehen aus wie halb verhungerte Wilde. Vor ihnen tanzen nackte junge Indiomädchen. Sie tragen Blumen in den Haaren, herrlich anzusehen – welch ein Kontrast!
Wir werden zu den Alten gedrängt, die auf gefällten Baumstämmen hocken. Das einzige, was an ihnen lebendig erscheint, sind ihre Augen. Ich sehe Todesangst und flackernde Verzweiflung in ihnen.
Ernesto spricht ständig im Verhandlungston mit einem Indio. Dann redet er auf mehrere andere ein. Ich merke, daß man sich nicht einig wird. Was wollen die von uns?
Plötzlich erhalte ich völlig unerwartet von hinten einen schmerzhaften Stoß in den Rücken. Ich falle nach vorn. Ehe ich weiß, was los ist, reißt man mir Hose und Hemd samt meiner ärmellosen Lederweste runter und schubst mich nackt auf den Baumstamm zwischen zwei Alte. Der Greis rechts neben mir ähnelt einem lebenden Skelett mit Haut. In seinem eingefallenen Gesicht mit durchsichtiger Haut treten die Wangenknochen grotesk hervor. Durch die dunklen Ringe unter den Augen sieht er wie ein irrer Künstler aus. Seine Oberschenkel haben den Umfang meiner Arme. Sein Hintern ist so geschrumpft, daß sich mehrere Hautfalten übereinanderschieben.
Ernesto ergeht es ebenso wie mir, auch er wird zu Boden gestoßen und ausgezogen. Er sitzt auf dem anderen Ende des Baumstammes, ebenfalls zwischen zwei Alten und kann mir nicht erklären, was das alles soll.
Wir trauen uns nicht, uns laut zu verständigen. Ich habe Angst, die immer größer wird. Sollen wir einem Indio-Gott geopfert werden? Sind wir unter Kannibalen? Instinktiv schaue ich mich nach dem großen Kessel über dem Feuer um, in dem Weiße gekocht werden.
Dann kommen die nackten Mädchen, mit einem Gummiblatt, auf dem ich eine fettige, weiße Salbe erblicke, auch zu mir. Die Mädchen reiben, streicheln und massieren uns mit der stark nach

Moschus riechenden Paste den Unterleib ein. Meine Brustwarzen werden sanft geknetet. Zur gleichen Zeit wird der Stier, mit dem Kondor als Reiter, reingetrieben. Der Stier verharrt still in der Mitte, als überlege er, was er tun soll. Dem Kondor scheint es ebenso zu gehen. Es herrscht gespannte Stille – Ruhe vor dem Sturm. Aber man läßt die Tiere einfach stehen, als seien sie Requisiten. Der Stier scharrt unschlüssig mit den Hinterhufen im Dreck. Das Interesse der Menge ist vorerst voll auf uns gerichtet. Wir werden wie die Alten behandelt. In diesem Moment setzen die Trommeln ein. Die Töne sind so dumpf und tief, daß unsere Körper von diesem durchdringenden Klang zum Zucken gebracht werden. Die fette Salbe, das Einreiben und Streicheln von zarter Mädchenhand, an der richtigen Stelle, hat bei mir sofort den von allen erwarteten Erfolg. Als ich an mir runter sehe, komme ich mir wie ein Gewinner vor. Das Mädchen jubelt, reißt die Arme hoch, wie ein Stürmer, der ein entscheidendes Tor erzielt hat und tanzt und hopst vor mir herum.

Ihre Augen leuchten und strahlen vor Glück und Stolz. Sie schaut beifallheischend in die Menge und schreit immer wieder ein paar Worte. Sie könnten bedeuten: Seht her, ich hab's geschafft, ich kann's, bin ich nicht fabelhaft?

Sofort werde ich von den Indios, die eben noch den Stier umklammerten, auf die Schultern genommen und im Triumphzug in die Menge getragen. Das Mädchen sitzt neben mir und legt glücklich seinen Kopf auf meine Oberschenkel. Ich weiß immer noch nicht, was das alles soll, habe aber keine Angst mehr. Die Alten unten auf dem Baumstamm sind mit Sicherheit die Verlierer – genauso sehen sie auch aus.

Jetzt werden Ernesto und zwei der Alten ebenfalls im Triumphzug in die Menge getragen. Die Mädchen, die mit ihren Händen Erfolg hatten, giggeln und kreischen vor Glück wie Kinder. Die Alten, die zu uns getragen werden, lachen mit zahnlosen Mündern – sie sind wieder lebendig.

Nach einer halben Stunde sitzen noch drei alte Männer unten, bei denen sich trotz aller Versuche nichts mehr rührt. Ihre Mädchen unternehmen verzweifelte Anstrengungen, legen sich mit gespreizten Beinen dicht vor die Alten. Alles nützt nichts. Die Mädchen

wälzen sich in schierer Verzweiflung auf dem Boden. Die Menge wendet sich von dem Trauerspiel ab. Die da unten sind die endgültigen Verlierer! Was haben sie verloren, welchen Preis müssen sie zahlen, oder ist alles nur ein Spielchen, ein Test, eine Beigabe zum eigentlichen Fest des Kondors?
Der Stier mit dem Kondor und deren Peiniger beherrschen nun allein die Szene. Die Indios scheuchen den Bullen mit messerscharf angespitzten Bambusstangen durch die Arena. Der Kondor, der apathisch auf dem Rücken des Stieres saß, wird unruhig und schließlich aufs höchste gereizt. Ihn befällt Todesangst, als auch er mit einer Bambusspitze traktiert wird. Das aber ist der Sinn der Sache. Der Kondor haut jetzt mit Vehemenz seinen Schnabel in Hals und Nacken des Bullen. Der steht einen Augenblick wie angewurzelt, dann springt er aus dem Stand mit allen Vieren hoch, wirbelt durch die Arena, daß der Staub fliegt. Je mehr er tut, um den Plagegeist auf seinem Rücken loszuwerden, um so wilder gebärdet sich der Kondor. Das scheußliche Schauspiel, dem die Indios mit Entzücken und Anfeuerungsrufen folgen, geht weiter. Ich bin entsetzt und angeekelt, bekomme eine Gänsehaut. Beide Tiere tun mir unendlich leid.
Der Stier hat keine Chance. Selbst wenn er den Kondor irgendwo an einem Felsen am Rande des Amphitheaters zerquetschen könnte, wäre sein Schicksal, geschlachtet zu werden, unabwendbar. Er ist schon als Festbraten bestimmt. Der Stier wird müder und kraftloser, öfter und öfter knicken seine Vorderbeine ein. Es dauert eine Stunde, da hat der Kondor seinen Feind so zugerichtet, daß er ausgeblutet ist. Fleischfetzen seines Nackens liegen herum, wie herausgestanzt. Schnell eilen die Indios zum Stier, um den Rest des Schlachtfeldes zu übernehmen.
Warum immer die Stiere? Im kultivierten Spanien, wie auch hier bei den wilden Indios, werden diese starken Tiere zu Tode gequält.
Ein Alter wird – für alle unerwartet – mit seinem Mädchen unter lautem Beifall in die Menge getragen. Das sadistische Spiel in der Arena hat ihn animiert, ihm vielleicht seine letzte Erektion beschert. Ob das der tiefere Sinn dieses Festes ist?
Stunden später gibt es eine Menge Fleisch am offenen, großen

Feuer. Die Mädchen setzen sich rittlings auf unsere Oberschenkel. Ich esse mit. Das Fleisch ist zäh wie Gummi. Ich würge einige Fetzen herunter. Die Feindseligkeit ist einer Herzlichkeit gewichen. Mein Mädchen ist schon mehr als nur herzlich. Bin ich in ihren Stamm aufgenommen? Womöglich bin ich schon mit ihr verheiratet?
Der Kondor wird vom Stier, aber nicht vom Balken befreit. Er schleppt das schwere Holz zentimeterweise hoffnungslos hinter sich im Kreis der Arena herum. Als man sich im wahrsten Sinne des Wortes vollgefressen und -gesoffen hat, läßt man den Kondor, den man als Gesandten der Götter und Geister ansieht, am Festmahl teilnehmen. Aber wie! Er wird mit Fleisch und Maisbier fürchterlich gemästet. Zwei Mann reißen dem erschöpften Tier den Schnabel auf, andere stopfen ihm Fleischstücke rein und schütten Unmengen von Maisbier nach. Das arme Tier muß schlucken, um nicht zu ersticken.
Aber frei läßt man den Kondor nicht. Auch er soll – wie ich – das Grausigste, das Ende des Festes miterleben.
Die beiden Alten, die den Fruchtbarkeitstest nicht bestanden haben, wissen, was ihnen bevorsteht. Sie legen ihre Köpfe ergeben auf den Baumstamm. Welch ein herzzerreißender Anblick für mich. Wie aus dem Boden gewachsen stehen zwei kräftige Indios mit schweren Holzkeulen hinter dem Stamm. Mit je einem tödlichen Schlag wird den Alten die Schädeldecke zertrümmert. Das Geräusch werde ich nie vergessen. Ein fürchterlich hohles Krachen – so, als ob man mit der Axt aus einer leeren Apfelsinenkiste Kleinholz macht.
Die gleichen Indios fallen nun auch noch über die beiden Mädchen her, die bei den Alten die gewünschte Erektion nicht zustande gebracht haben. Die armen Geschöpfe schreien wie am Spieß. Aus dem Gebüsch taucht ein bemalter Indio auf, der die Mädchen fortjagt, wie man Hunde verscheucht. Sie dürfen nie mehr zu ihrem Stamm zurückkehren – so ist es alter Stammesbrauch, so will man die Geister der Unfruchtbarkeit vom Stamm fernhalten. Im Stakkato schreien alle »Hallakatu-Hallakatu«, was soviel wie unbrauchbar heißen mag. Als das immer schwächer werdende Jammern der Mädchen im Dschungel verstummt und die erschlagenen Alten

weggetragen sind, ist das Fest beendet! Der Platz des Grauens leert sich.
Der Kondor wird endlich vom Balken losgebunden. Mit unsagbar müden Flügelschlägen schwebt er davon. Kann er einen guten Eindruck von den Menschen haben?
Als wir nach einem Ritt von elf Tagen – teilweise durchritten wir auch die Nächte – auf ein kleines Andendorf in dreitausend Metern Höhe stoßen, zieht Ernesto aus seinem Bündel eine der Holzkeulen, mit der ein Alter erschlagen wurde. Er hat sie mitgenommen. Ernesto hat keinen einzigen Sol mehr. Er braucht Nahrungsmittel und Schnaps. Im einzigen Laden kaufe ich ihm fünf Flaschen Pisco und alle Fleischkonserven, die erhältlich sind, dazu gebe ich ihm alle Soles, die ich bei mir habe. Er schenkt mir die Keule. Wir trinken einen letzten Schluck zusammen. Der Pisco ist – wie immer – suppenwarm und schmeckt diesmal noch stärker nach Gummilösung.
Ich ziehe allein weiter. Ernesto bleibt im Dorf zurück.

Erfolg und Desaster in Chile

Die Chilenen lieben wie alle Südamerikaner den Fußball, der ihnen ein Stück Religion und Befreiung darstellt. Sie suchen jetzt nicht irgendeinen Trainer, sie wollen den »Salvador« – einen Retter!
Solche Hilferufe werden manchmal mit meinem Namen in Verbindung gebracht. Man weiß, ich liebe Jobs, die mich fordern, gerade wenn sie einer Gratwanderung gleichkommen. Das war in Schalke so, als die Mannschaft am Tabellenende vor sich hindämmerte und auch beim VFB Stuttgart. Ich bilde mir ein, einen Blick für die Schwachstellen in einem Team zu haben. Nur: eine Diagnose allein heilt noch keinen Patienten. An die Therapie gehe ich mit einem gewissen Mut zum Risiko, schlage neue Wege ein.
Die Verhandlungen mit den Fußball-Offiziellen im sozialistischen Chile des Jahres 1972 sind nicht leicht...
Nicolás Abumohor, Presidente de la Federación de Fútbol, ist eine Persönlichkeit. Da er arabischer Abstammung ist, nennt man ihn »El Turco«. Er, einer der reichsten Männer Santiagos, er will mich als Nationaltrainer.
Im Sozialismus des Salvador Allende werden die wirklich großen Magnaten nicht enteignet, nur getarnt. Die Reichen gehören zur Weltszene, egal, in welchem Gesellschaftssystem sie leben.
Abumohor, mein neuer Boß, ist ein Textil-Millionär mit gigantischen Umsätzen. Er glaubt an meine Fähigkeiten, nachdem er mich in Peru beobachten ließ.
Man trifft sich zur Vertragsunterschrift im ›Crillón‹, dem Nobelhotel Limas, nicht in Chile – sicher ist sicher. Während des Frühstücks legen wir nur das Wichtigste fest. ›Outlines‹, sogenannte Korsettstangen: Monatsgehalt und eine Wohnung, großzügige Abrechnung der Spesen, ein Dienstwagen mit einer nicht abzurechnenden Benzinration.

Dieses Zugeständnis in einem Lande mit Bezinrationierung, in einem Wirtschaftssystem, in dem man für Sprit alles bekommt, wiegt schwer. Für Benzin prostituieren sich Mädchen und Ehefrauen. Benzin ist die härteste Währung in Chile, das Lastwagen braucht, um zu überleben.

Das Land ist ein schmaler, viertausend Kilometer langer Streifen an der Pazifik-Küste. Schon durch belanglose Pannen in der Benzinversorgung sind die langen Wege nicht mehr zu meistern, und im Nu steht die Nation Kopf. Frischfleisch, speziell Fische, erreichen die Städte verspätet und halb verfault.

Als ich mit meiner Arbeit beginne, habe ich Gelegenheit, die geographische und soziale Lage Chiles zu studieren. Ich bin wieder einmal ein Reisender in Sachen Fußball.

Kreuz und quer fliege ich über den Kontinent, den ich von allen am meisten mag. Ich bin auf der Suche nach chilenischen Spielern, die ihrem Land und den kargen Aussichten die kalte Schulter gezeigt haben. In Brasilien und Mexiko werden sie mit harter Währung bezahlt und so gut, wie deutsche Stars in Italien oder Spanien. Zum Beispiel der Weltklasse-Recke Elias Figuroa, der bei den Gauchos im brasilianischen Porto Allegre spielt.

Nationaltrainer in Chile zu sein heißt, eine sehr hohe Position zu bekleiden, vergleichbar mit einem Staatsminister. Man steht jedoch ständig unter der kritischen Beobachtung des Volkes. Hat man keinen Erfolg, hat man von heute auf morgen das Ansehen eines Toilettenmannes, über den man Witze reißt.

Gleich bei meiner Ankunft werde ich auf das hier herrschende Chaos aufmerksam. Vor den Lebensmittelläden stehen lange Menschenschlangen, die auf Brot, Milch, Mehl und Zucker warten.

Chile liegt seit jeher in einer Fußballfehde mit dem Nachbarn Argentinien. Ein Länderspiel kommt oft einem Krieg gleich. Die Zeitungen berichten in aufpeitschenden Reportagen von der Fußball-›Front‹. Um die Stimmung anzuheizen, werden hüben wie drüben Stories erfunden. Diese ›Kriegsberichterstattung‹ verkauft sich bestens, die Auflagen steigen. Auch der Fußball verdient, die Stadien sind zum Bersten voll.

Es ist ein gefährliches Spiel. Als Nationaltrainer wird man zum Feldmarschall von Truppen. Im Falle eines Sieges überschlägt sich

die Öffentlichkeit in ihren Belobigungen, man wird gefeiert wie ein Triumphator.
Bei einer Niederlage scheint der Himmel einzustürzen. Eine Tragödie, in der der Trainer die schlechteste Rolle spielt. Er wird verspottet, durch den Kakao gezogen, öffentlich ›hingerichtet‹.
Allein in Santiago gibt es sieben Tageszeitungen, fünf Morgenzeitungen und zwei Abendblätter. Sie leben von Politik und Fußball.
O Gott, was hab ich da mitgemacht! Einmal verlieh man mir das ›Goldene Ei‹, das ›huevo de oro‹, weil wir gegen Mexiko verloren.
Ich schäme mich zu erklären, was diese Verleihung bedeutet. Nur Frey, der Führer der christlichen Opposition, bekam das ›Goldene Ei‹ auch einmal verliehen, nachdem man bei ihm bei einer Hausdurchsuchung fünfzigtausend Dollar in verbotenen Devisen fand.
Ich will mit Chile zur WM.
Zuerst rufe ich die Vereinstrainer zu einer Zusammenkunft. Sie kommen alle.
»Wir müssen uns gegenseitig unterstützen, ihr müßt mir helfen – sonst bin ich verloren. Wenn ihr mir eure besten Spieler zur Verfügung stellt, werde ich sie noch verbessern. Wir steigen im Weltansehen durch eine gute Nationalmannschaft, auch eure Clubs profitieren davon. Ihr müßt verstehen, die Nationalmannschaft ist das Schaufenster eures Landes.«
Ich habe die Ehre, aber auch die Nervenstrapaze, die chilenische Nationalmannschaft zweimal gegen Argentinien zu führen und das Glück, nur einmal zu verlieren. Beide Nationalmannschaften prallen immer mit äußerster Vehemenz und wilder Entschlossenheit aufeinander, da die Nervenstränge der Spieler heißlaufen. Dann kommt es durch uns Trainer zur verheerenden Übermotivation, die Akteure drehen durch. Fußball wird dann zur häßlichen Verkrampfung. Die Gesichter der Beteiligten werden zu verbissenen Fratzen, die Zuschauer zum Mob.
Es gelingt mir, eine Mannschaft aufzubauen, die sich bald sehen lassen kann. »Stolz kehrt wieder in die Nationalmannschaft ein«, jubiliert ›El Mercurio‹, die größte Zeitung. Der erste Schritt ist getan.
Chile hat seit fast zwei Jahren kein Länderspiel mehr gewonnen. Sogar gegen die Bananenrepublik Honduras gab es eine Nieder-

lage, die brach meinem Vorgänger das Genick. Er wurde nicht entlassen, er wurde weggejagt wie ein Hund. Abfindung? Von wegen!
Mitte Juni fliegen wir nach Rio de Janeiro zur ›Mini-Copa‹, der kleinen Weltmeisterschaft. Der brasilianische Staat feiert sein hundertfünfzigjähriges Bestehen und hat aus diesem Grunde zweiunddreißig Nationalmannschaften eingeladen. Eine Mini-WM ohne Qualifikation. Meiner Mannschaft schärfte ich den guten, alten ›Riegel‹ ein.
Keiner kennt hier meine Masche. Aus einer verstärkten Abwehr stoßen wir überfallartig vor und rollen uns wieder wie Igel ein. Die Stacheln bleiben immer in Lauerstellung, um blitzschnell wieder zuzustechen.
Ich kann dieses System nur praktizieren, weil die Mannschaft äußerst diszipliniert ist. Was wir erreichen, wird als unglaublich gewertet: Nach vier Siegen und einer Niederlage schafft Chile den fünften Rang.
»Eine Renaissance unseres Fußballs«, schwärmen die Zeitungen. Auf dem Flughafen von Santiago erwartet uns ein ›großer Bahnhof‹. Im Regierungspalast, der Moneda, empfängt uns der Präsident. Allende läßt bitten und dankt. Jeder Spieler bekommt einen Gutschein für ein Auto, ich selber werde Besitzer eines Lastwagens. Man will dem ›Patrón‹ etwas Besonderes schenken.
So sehr es sportlich auch bergauf geht, in meiner Ehe geht es mehr und mehr bergab. Ute geht mir aus dem Weg.
Ich liebe meine Frau und will sie nicht verlieren. Bringe ihr Rosen mit, erzähle Witze, um sie aufzuheitern. Aber sie lacht nicht. Als ich von meinem wöchentlichen Trainingscamp heimkomme, ist sie weg. Auf dem Ehebett liegt ein Abschiedsbrief. Todtraurig und tief deprimiert quäle ich mich durch die Nächte. Tagsüber lenkt mich die Arbeit etwas ab.
Jetzt, als das Glück fällt und der Stern sinkt, begreife ich, was ich verloren habe. Ich ahne, was ich in der Zukunft erwarten kann.
Als ich nach einigen Wochen wieder vernünftig denken kann, telefoniere ich mit Ute. Ich bitte sie, zu kommen.
»Wir besprechen alles hier, vielleicht wird alles wieder gut. Ich schicke dir das Ticket.«

Ohne jede Begeisterung und nach langem Zögern sagt sie Ja. Von Freude keine Spur in ihrer Stimme.
Sie wäre besser nicht gekommen. Wunden reißen wieder auf. Nach fünf Tagen und ganz schlimmen Nächten sind wir endgültig am Ende.
Martino, mein Assistent, hat die Bordkarten besorgt und das Gepäck schon aufgegeben. Wir stehen am LAN Chile-Desk, Ute ist boarding, Reporter umschwärmen und hetzen uns. Señor Venda, ein einflußreicher Journalist von Radio 7. de Julio springt vor uns herum, wedelt mit seinem billigen Aufnahmegerät. Das funkelnde Luchsauge einer Fernsehkamera läßt nicht von uns, will unser privates Elend einfangen.
Der Körper reagiert langsam und angespannt auf dieses lächerliche 2-Minuten-Interview, was sonst ohne jede Kraft zu bewältigen ist.
Alles und jedes zerrinnt und zerfasert an einer schwarzen Wand, die nicht mehr fortzureden und fortzudenken ist: Abschied und Trennung. Zwei Worte nur, aber sie sind schwärzer als alles, was ich bisher erlebt habe.
Wir kennen solche Situationen, wissen, daß wir zu lächeln haben. Was uns noch bleibt, ist nur noch dieses armselige keep-smiling – und das ist gut so. Unter solchen Masken kann man den Schmerz verschließen, der plötzlich frißt wie Säure auf einer tiefen Wunde.
Noch einmal versuchen wir beide, das Zauberwort zu finden, das den Spuk aufhebt, das die schwarzen, zähen Wolken vertreibt. Dabei ist keine Sonne, kein schönes Wetter nötig – nur ein kleines Wort, das uns den Mut gibt, uns um den Hals zu fallen und unsere Trennung zu stornieren. Sie ist aber schon vollzogen.
In uns ist Sturm, nicht meßbar an Windstärken, sondern an Gesprächsfluten. Stunden und Nächte, die mit Worten umschluchzt, mit plötzlich fremdgewordenen Umarmungen gefüllt sind, getränkt mit Emotionen.
Jetzt werden sich unsere Wege trennen.
Ute grinst wie eine Idiotin. Ich weiß, ihr ist nicht nach Grinsen zumute. Ich kenne dieses Grinsen, sie kann sich nicht dagegen wehren. Sie geht durch die Sperre – ich gehe mit Hincha, unserem kleinen krummbeinigen Hund an der Leine, die Flughalle raus, steige in meinen Kombi und fahre quer durch Santiago zum Trai-

ning. Die innere Bewegung treibt mir das Wasser in die Augen. Bunte Hunde weinen nicht.

Nie im Leben fiel mir ein Training so schwer.

Die Spieler merken es, wie Spieler es immer merken, wenn beim Boß was nicht stimmt. Ihre Antwort ist immer ein Ausnutzen der Situation, laxes Trainieren, nur laufen statt spurten.

Heute ist es mir egal, ich sehe es gar nicht, will es gar nicht sehen.

Als ich abends ins leere Haus komme und unser Hincha mich fragend anblinzelt, laufe ich verzweifelt auf und ab. »Sie hat mich abserviert«, sage ich vor mich hin. Diese Nacht und viele folgende Nächte mache ich kein Auge zu.

Ich irre durch die große Stadt, ohne den Verkehr oder die Menschen wahrzunehmen. Aus dem Spiegel schaut mir ein Trauerkloß mit eingefallenen Wangen entgegen. Ich esse kaum noch, gehe allmählich ein.

Pablo Hamburger, ein vor dem Krieg ausgewanderter Jude aus Aschaffenburg, reißt mich mit einem profanen Mittel aus dieser Untergangsstimmung: ein nettes Mädchen. Ich liebe sie nicht, kann sie nicht lieben, da sich ständig das Gesicht von Ute vor das ihre schiebt. Sie hilft mir dennoch über den Tiefpunkt hinweg, weckt mich auf. Als sie fühlt, daß ich sie nur benutze, geht sie und kommt nicht wieder.

Langsam genese ich. Um Farbe ins kränkliche Gesicht zu bekommen, lege ich mich jede freie Stunde in die Sonne. Das Gefühl der Freiheit und Unbekümmertheit wie zu Junggesellenzeiten, kommt wieder. Bald bringe ich mein Idealgewicht auf die Waage – 75 Kilo, das ich schon als Student hatte. Ich singe laut und falsch im Badezimmer, was bei mir ein untrügliches Symptom des Wohlbefindens ist. Ich will wieder in der freien Wildbahn mitmischen, werde jetzt aus der Not eine Tugend machen.

Die zorros viejos, die alten Füchse mit blonden Haaren und die immer Benzin im Tank haben, sind gefragt im sozialistischen Chile. Die Mütter hetzen ihre Töchter auf mich – ich bilde es mir jedenfalls ein –, denn es gelingen mir mehr Eroberungen, als ich auswerten kann. Ich lebe wieder, oder ist es nur Betäubung? Eros und Leben sind dasselbe, sagten schon die alten Griechen. Aber ich lebe wie ein Lungenkranker, der nur noch ein paar Monate Zeit hat.

Wie ein Jäger Fährten nachgeht, so folge ich meinen Herausforderungen, neue Eroberungen zu machen. Dieses nicht enden wollende Drängen zum Verführen schenkt mir größten Reiz in dieser bewegten Phase meines Lebens. Das Jagen wird zur Leidenschaft mit Wiederholungszwang. Erobern – und wieder neue Eroberungen, mit einem Ziel: die Mädchen ins Bett zu bekommen. Das ist die primitive Formel meiner Tage und Nächte in Chile.
Ich bin für die Boulevard-Presse interessant geworden. Diese Zeitungen treten breit – und wie! –, daß ich wieder solo bin. Die Hälfte schreibt: »Unser Nationaltrainer hat seine Frau rausgeschmissen.« Andere klotzen: »Sie ist ihm durchgebrannt.« Die Illustrierten verbreiten Bildfluten darüber. Ich stehe zur ersten Version. Einem Nationaltrainer in Chile läuft keine Frau weg, sie laufen ihm nach. Ich trete allen den Beweis an.
»Nuestro entrenador nacionál es un playboy, wauh!« Titelseite und Buchstaben, die sonst nur aus den Setzkästen geholt werden, wenn ein Papst gewählt wird. »Viva Don Rodolfo y las chicas!« war die Schlagzeile. Mir gefallen sie, mein Machoimage ist mir ja soviel wert.
Abumohor zieht die Augenbrauen hoch. Er mag Ute.
Schlagartig ist auf einmal alles wieder wunderbar.
Sich völlig zu verlieren, sich selbst wieder zu treffen, so wie man früher war. Zu lieben, solange man will – und wieder zu wechseln – und wieder zu lieben oder nur zu spielen.
Spontan leben soll der Slogan meiner nächsten Jahre werden – das nehme ich mir vor! Das große Glück hat sowieso niemand für sich gepachtet. Ich glaube auch, daß Glück gar nicht so wichtig ist, solange in mir die Neugierde so stark ist. Sie ist es jetzt.
Die Jagd auf Frauen ist mir jetzt wertvoller als die ständige Ausschau nach fadenscheinigem Glück, das man sowieso nicht fassen kann. Noch schlimmer ist die Zufriedenheit in der Ehe. Jetzt glaube ich, sie macht träge und alt.
In der Ehe war ich treu. Ich wollte nicht betrügen, fand das unsauber, war dabei aber gefährdet, sexuell nachzulassen. Alles wurde wie »Suppe essen«. Jetzt ist sie wieder da, die irre Sehnsucht nach hübschen Mädchen und die Lust nach Sex. Spielend leicht gelingt es mir wieder, Beziehungen zu Frauen aufzunehmen. Ihr

Umgangsstil reißt mich hin. Da kommen sie an, die kleinen Lolitas und die BH-freien Emanzen. Sie ziehen einfach ihren Schafwollpullover über den Kopf und bieten ihre knackigen Brüste wie kühle Erfrischungen dar. Sie geben sich ohne jede Zierde und oft mit der Willigkeit eines Zigarettenautomaten, der nach jedem Einwurf sein Päckchen schmeißt. Treue wird nicht verlangt. Wunderbar! Ehegespräche sind verpönt, nur keine großen Gefühle, kein Immer-Dein. Man will Spaß haben. Ich auch.
Den Imperativ jeder Pflichterfüllung – privat wie beruflich – habe ich hintenangestellt, zum ersten Mal in meinem Leben.
Ich lerne eines schönen – sehr schönen – Tages Monica kennen. Ich habe die Ehre, mehr die Freude und das Vergnügen, in offizieller Funktion als Chiles Nationaltrainer, der frischgewählten Miß Chile die Krone aufs seidige Haar zu setzen. Pablo Hamburger ist der Veranstalter. Sie weint vor Glück, und ich nutze die günstige Situation, sie zum Abendessen am nächsten Abend ins Carrera einzuladen. Ich frage sie eigentlich gar nicht. Bei so viel Selbstvertrauen, das ich ausstrahle, kann sie gar nicht ablehnen. Meine Erfahrung mit Frauen ist seit jeher: Man soll gar nicht viel fragen, sondern mit klaren Vorschlägen aufwarten. Frauen aller Altersgruppen suchen einen Mann, der wagt – keinen schüchternen Zögerer.
Sie kommt! Unsagbar jung und aufregend, eine Kind-Frau, noch keineswegs erwachsen, erst eine Knospe, die im Begriff ist, sich zu öffnen, hat aber schon den frühreifen sündig-süßen Charme, der noch ein wenig mit Babyspeck zu tun hat. Ihre unendlichen Beine regen mich wahnsinnig auf. Sie ist die Sensation im Carrera. Alle Gäste halten den Atem an und tuscheln, als sie mit mir an dem vorbestellten Tisch Platz nimmt.
Klang und Tonfall ihrer Stimme bei der Begrüßung verraten mir ihre Unsicherheit und Erregung, ihre Augen aber strahlen schon verräterisch erwartungsfroh. Ich muß sie immer wieder ansehen, habe Angst, sie wäre nur eine Fata Morgana.
Ich sage ihr etwas, was ich von Fidel Castro gehört habe: »Monica, ich blicke täglich eine Minute ohne zu blinzeln in die Sonne, um meine Sehkraft zu stärken – das ist schwer. Aber was noch schwerer ist für mich . . .«

»Was?« fragt sie erregt.
»In das wundersame Grün deiner Augen zu sehen!«
Monica blickt verlegen auf ihre Hände und ihr Gesichtchen wird rot.
Ich wage es, sie in mein Haus einzuladen, als wir lange nach Mitternacht das Carrera verlassen. Sie will nicht. Aber nach ein paar Tänzen und einer Flasche Champagner ist ihre Neugier größer als ihre Tugend.
Es ist der Anfang eines Verhältnisses, das mich glücklich macht und mich in die wiedergewonnene Junggesellenzeit hineinschweben läßt. Ich taumle von einem Tag zum anderen und danke Gott für dieses natürliche herrliche Mädchen, das bald – gegen den Willen seiner Eltern – zu mir in meine Villa zieht.
Ich habe nur vormittags Training, die übrige Zeit verbringe ich mit Mo, wie ich sie nenne, meist in Viña del Mar, an der phantastischen Sand-Playa, nahe Valparaiso, oder im Paperchase-Reitclub, in dem meine beiden Reitpferde stehen. Ich schenke ihr das eine zum 19. Geburtstag. Sie ist glücklich, ich bin es noch viel mehr – schenken macht glücklich.
Der Präsident des Reitclubs ist ein Bruder des Hitler-Finanzministers Hjalmar Schacht. Ein prima Kerl, kein verblendeter Nazi, wie es einige andere hier im Club noch sind.
Mo sieht im streng vorgeschriebenen roten Jackett mit grauem Zylinder reizend aus; sie ist die von allen anderen weiblichen Mitgliedern beneidete Sensation der gerade begonnenen Saison.
So ist sie wirklich die Schönheitskönigin Chiles. Sie ist überglücklich, so zu glänzen in der exklusiven Gesellschaft Santiagos.
Für mich ist nur sie phantastisch, denn das ganze Drum und Dran im Club finde ich übertrieben. Ich bin wahnsinnig stolz auf Mo, ich kaufe ihr alles, was sie sich wünscht und was ich finanziell ermöglichen kann. Sie fühlt sich geborgen bei mir und schenkt mir ihre Liebe.
Für Mo ist es ihr erstes großes Liebeserlebnis, sie hat Neuland betreten; ihre Augen leuchten vor Glück; sie kommt aus bescheidenen Verhältnissen, ist nicht verwöhnt und setzt nichts voraus.
Ihre Hingabe und Liebe verschönern mein Leben wie ein Regenbogen. Ich sehe nur noch helleuchtende Farben.

Mein Glück ist kurz. Als Mo einige Nächte bei mir verbringt, dreht ihr Vater durch. Er stellt mich auf offener Straße. Chilenen können brüllen. Ich habe Angst. Wird er mir die Kehle durchschneiden? Mo ist von diesem Zeitpunkt an verschwunden. Ihr Vater hat sie zu ihren Großeltern nach Portugal verfrachtet.
Ich will nicht wieder in Depressionen versinken und betäube meine Sinne mit anderen. Ich rutsche auf einer steil abfallenden Schmierseifenstrecke ab.
Ich werde ein gerngesehener Gast – auch bei anderen Señoritas, die an Mos Stelle rücken wollen. Ihr Ehrgeiz besteht darin, Miß Chile zu verdrängen. Mir soll es recht sein.
Die Menschen in Südamerika leben nicht, um zu arbeiten. Sie arbeiten – mehr oder weniger –, um sehr viel und sehr gut zu leben. Um sich Freude zu machen und zu feiern.
Dies wird auch mehr und mehr zu meinem Lebensmotto. In der feinen Gesellschaft spiegelt sich diese Lebenshaltung durch die vielen Vereine und Clubs wider, die im Grunde nichts weiter sind als Versammlungen Gleichgesinnter, die einen Vorwand zum Feiern suchen. Tanz-, Theater-, Jagd- und Reitclubs sind es, zu denen ich nach Lust und Laune gehe.
Lust und Laune habe ich immer, Zeit auch. Ich lasse mich bereitwillig herumreichen. Ich nehme mich der ganzen jungen Struppis an, die ich am Strand und in Haschschuppen aufgabele, ebenso wie mondäner Ehefrauen mit mürben Ehemännern, die vom Geschlechtsverkehr Kopfschmerzen kriegen, wie mir eine heißblütige Señora verriet.
Abends bin ich kaum noch zu Hause. Ich hetze von einer Party zur anderen, süchtig nach dem Vergnügen. Das Glück ist auf meiner Seite, wir gewinnen zwei Länderspiele.
Feste in Südamerika sind Schaustellungen, interessant und voller Lebenslust. Da kommt der Bezirkskommissar, umraunt vom Klatsch über seine neue Geliebte. Da kommt Sandra, eine blutjunge, schlanke Schönheit in einem Kleid, hinten aufgeschlitzt bis zum Po und vorne bis zur Bewußtlosigkeit.
Da kommt Carlitos, ein schwules Persönchen aus der einflußreichen Szene amerikanischer Konzerne. Keiner weiß genau, was Carlitos tut. Aber jeder ist über seinen Geliebten unterrichtet, der

ihn wegen einer Prostituierten aus der Calle St. Inasito verlassen hat. Er ist in Trauer, trägt Schwarz – alles in Seide. Unter den Augen haben sich tiefe Ränder eingegraben, die er mit Schminke übertüncht hat. So gibt er der Öffentlichkeit kund, daß sein Leben zerstört ist, wenn Paolo nicht zu ihm zurückkehrt. Paolo wird es heute abend wissen, falls er noch lebt.
In Chile ist man plötzlich über Nacht weg, wenn man sich mit den falschen Leuten anlegt. Carlos ist einer von diesen Falschen. Keiner kümmert sich um die Einzelheiten der so plötzlich Verschiedenen, Entführten, Vermißten, Ermordeten!
Um Gottes willen, nur nicht fragen – fragen ist gefährlich im sozialistischen Chile, wo viele unter der Oberfläche ihr Süppchen kochen.
Die Fiesta findet in der Villa mit einem parkähnlichen Garten von Abu Kaalk statt. Abu ist ein reicher »Turco«, ein Chilene arabischer Abstammung. Keiner weiß, was er tut, wovon er lebt. Ich schätze Rauschgift, vielleicht auch Mädchenhandel. Er spricht ein akzentfreies Französisch und auch gebrochen deutsch mit hessischem Dialekt, weiß Gott, wo er das gelernt hat! Jeder feiert bei ihm und suhlt sich im unermeßlichen Reichtum dieses sehr rundlichen Chilenen.
Ich erlebte ihn schon vor einigen Wochen, ohne ihn zu kennen, im teuersten Santiagoer Nachtclub ›Hombre‹, in den nicht jeder reinkommt. Vornehm sieht er nicht aus in seinem weitoffenen Seidenhemd. Seine Brust, die behaart ist wie die eines Affen, wird beherrscht durch eine Goldmine aus Ketten und Amuletten mit Brillanten. Gegen Morgen bestellt er zehn Flaschen vom teuersten Champagner und ein Kilo Kaviar. Suppenlöffelweise schöpft er ihn sich auf den Handteller. Davon schleckt er wie ein Hund, säuft dazwischen Champagner aus der Flasche, rülpst wie eine Kuh und schreit theatralisch: »Party hollywoodienne!«
Unter einem schönen saftiggrünen Baum mit roten Blüten steht ein kleines goldenes Tischchen. Zwei Schalen stehen darauf; in einer ist eine Art Marmelade, auf der anderen Schale türmen sich hauchdünne Brotscheiben.
Das ist Abus Spezialität – ich habe davon gehört. Keiner kennt das Gemisch der Marmelade, die es »in sich« hat. Die wird sehr dünn

aufs Brot geschmiert und schmeckt etwas bitter. Dieser Geschmack kann nur von beigefügten Drogen stammen. Ich vermute, daß die Hauptzutat des Gemischs starkes Marihuanaöl ist. An einem Nebentisch mit vielen kleinen Hockern wird Mate gereicht, in den von einem livrierten Diener anstatt Zucker etwas anderes eingeträufelt wird.
Die Wirkung der »Rauschmarmelade« und des starken, angenehm schmeckenden Mate ist unglaublich. Sie garantiert die berühmte »Abu-Stimmung«.
»Gott beschütze Abu«, sagen alle, die von ihm profitieren und hier bei ihm die Frustrationen des Tages abbauen können.
Schon nach ein paar Minuten ist die Welt verändert, alles ist phantastisch. Alle Sorgen sind weg – man fühlt sich angenehm entspannt. Man sieht das Reizvolle an den Frauen dreifach. Man glaubt, ihnen durch die Kleider sehen zu können. Alles wird untermalt durch die genau richtige Musik. »Lucy in the sky with diamonds« spielt eine im Dunkeln sitzende Band. O Gott, das ist Ambiente, ist das ein Leben! Nie hörte ich Musik so intensiv, sie dröhnt im Kopf, aber auch im Bauch; da kann ich nicht mehr sitzen bleiben; ich gehe auf eine Terrasse, wo ich allein bin und schwebe entrückt in eine verzauberte Welt voller Gefühle, die ich nie vorher erlebte.
Abu umgibt sich immer mit einer Schar geradezu unwirklich schöner Mädchen, die sehr charmant und bis zur Taille freizügig sind.
Als ich seinen Park betrete, hat sich die Gesellschaft – ich erkenne zwei amtsführende Minister und vier junge Attachés unter ihnen – um den kleinen Hippodrom versammelt. Auf der kreisrunden Fläche aus Glas, die von unten beleuchtet wird, drehen sich zwei Paare im Rumba-Takt.
Abus Feste werden im zu Ende gehenden sozialistischen Chile zum Ort lärmender Überlebensfreude und rauschhafter Selbsttäuschung. Das Berlin der zwanziger Jahre muß ähnlich gewesen sein. In diesem Taumel läßt man sich treiben. Ich treibe voll mit. Wer weiß, was nach Allende kommt?
Ich achte nicht mehr auf Melittas Geplapper, mit der ich hergekommen bin. Sie ist eine interessante Bekannte, die im Außen-

amt der Regierung arbeitet, aber nebenbei ein Playgirl-Life auf hoher Ebene lebt und genießt.
Sie ist ein kleines, vielseitiges Genie: Deutsch von Geburt, schwarzhaarig, grazile Figur. Melitta spricht mehrere Sprachen fließend und hat dazu einen unstillbaren Hunger auf prominente Männer jeden Alters. Sie hat einen Prominententick. Sie ist eine Intellektuelle – sehr intelligent, aber mit wenig Charme. Sie wohnt seit Monaten mit einer chilenischen Indianerin zusammen. Wie sie mir sagt, läßt sie sich nicht gerne von Männer ›begatten‹. Sie tut sonst alles, wirklich alles – aber ihr Höschen zieht sie nicht gerne bei Männern aus. Ich kenne diese Art von Frauen, sie sind nicht lesbisch, aber ihre Intelligenz klemmt sie irgendwo ab.
Mit Melitta verbindet mich seit meiner Ankunft eine herzliche Freundschaft, auch Ute kannte sie. Sie hat meinen Dienstverkehr mit dem Fußballverband und den Clubs zu regeln, ist sozusagen meine persönliche Assistentin in den ersten Wochen meines Hierseins. Ihre Vielsprachigkeit bringt ihr ein schönes Stückchen Geld ein, da sie für das Ressort der Ausländerpolizei Chiles manchmal auch Telefonleitungen abhört. Sie übersetzt die ihr anvertrauten Abhörkassetten für den Chef der Ausländerpolizei.
Melitta ist innerhalb des Dienstbereichs so eine Art »everybody's baby«.
Sie hat immer Angst, verfolgt zu werden. Ich habe ihre ständige Sorge, erschossen oder entführt zu werden, immer ein bißchen verlacht oder heruntergespielt. Ich sollte eines besseren belehrt werden.
Melitta und ich sind über den panamerikanischen Highway geprescht, soweit man mit einem Kombi preschen kann. Wir kommen von Concepción zurück, 500 km südlich Santiago, wo ich mich über die Form meiner Nationalspieler aus dieser Gegend informierte. Melitta fühlt sich abgespannt und nervös. Sie glaubt, daß man sie für eine Agentin des CIA hält, was sie nicht ist. Sie erzählt mir wieder ängstlich, daß sie dauernd beschattet wird, auch jetzt sei der Wagen hinter uns, vielleicht wieder ein Verfolger.
Die Autostraße führt über plattes Land. Wir müssen also jeden sehen, der hinter uns oder vor uns fährt. So brausen wir los, und

Melitta beginnt sich langsam zu entspannen. Sie hat den Kopf an meine Schulter gelehnt und rutscht tiefer und tiefer...
Die Schüsse fallen von rechts, sie sind gezielt, hätten Melitta getötet! Ihre kleine Tiefgangleidenschaft hat ihr das Leben gerettet, aber meinen Wagen zu einem Sieb gemacht. Eine Kugel steckt im Türrahmen. Ich gebe Gas und halte das Mädchen mit einer Hand in Tauchstation. Sie hat die Geschosse und das bleierne Hacken der Treffer nicht vernommen. Erst als sie die Einschußlöcher sieht, zittert sie am ganzen Körper, weint und schreit hysterisch, wie verrückt.
Mit ramponierten Nerven kommen wir Stunden später auf die Fete, um Melittas Chef zu suchen. Sie muß ihm von dem Vorfall berichten. Sie weiß, daß er auf allen Festen, die Abu gibt, zu Gast ist.
Ladislaus Farago schreibt später in seinem Buch ›Scheintot‹ folgendes:

> »... Sämtliche Telefonleitungen wurden abgehört. Das verrichtete eine spitzbusige junge Dame, Anfang 20, die acht Sprachen beherrscht. Sie stand dem amerikanischen Botschafter genau so nahe wie dem Trainer der chilenischen Nationalmannschaft Rudi Gutendorf und galt deshalb nach südamerikanischer Logik als CIA-Agentin. Als Gutendorf eines Nachmittags mit der Dame seines Herzens im Auto über die panamerikanische Autopista preschte, wurde an einer menschenleeren Stelle plötzlich mit Gewehrfeuer auf den blauen VW 1600 des Nationaltrainers geschossen. Die Einschüsse zeigten, daß die Dame um Millimeterbreite dem Tod entgangen war. Der Schütze wußte offenbar genau, wie gefährlich die junge Dame war. Als die Vorstandssitzung am Heiligen Abend in der Calle San Pablo begann, hatte sie alle internationalen Telefonleitungen, die aus Santiago herausführten, angezapft...« (S. 362)

Männer jeder Sorte belauern und umschwärmen sie – wie hungrige Wölfe ihre Beute. Sie umkreisen unauffällig ihren Tisch. Sie ist schlank und geschmeidig, hat ein kluges Gesicht und kann unschuldsvoll schauen. In ihren Augen kann man ertrinken. Ihr Busen ist sehr groß, die Beine sind so schön und lang wie bei einer antiken Statue.

Ich möchte sie verführen, fühle den unwiderstehlichen Drang, mich zu erklären, mich galant auszudrücken – kurz gesagt, für mich zu werben.
Mein Werben hat Erfolg.
Nach dem zweiten Tango, lange nach Mitternacht, sagt sie die entscheidenden Worte, nach denen ich brenne: »Vamos, Rodolfo.«
Fast alle sind besoffen hier – wir beide nicht. Es wäre zu schade, diese Stradivari der Sinnlichkeit im Suff zu geigen.
Sex und Fußball sind in Chile zu meinem einzigen Lebensinhalt geworden. Sex wird für mich wie ein Bankkonto, von dem ich unbegrenzt und ohne zu zögern abheben. Frauen sind meine Spielzeuge. Tiefere Gefühle sind seit Utes Auszug nicht mehr vorhanden.
Im großen Salon ihres herrschaftlichen Hauses steht eine Orgel zwischen großen Zimmerpalmen. Das gedämpfte Licht gibt dem ganzen Interieur etwas Unwirkliches.
Ich denke, ich träume – bin ich besoffen? Sie setzt sich ans Instrument, schlägt ihre Beine raffiniert übereinander und gibt mir einen winzigen Einblick in das, was mich erwartet. Sie massiert kurz ihre Finger und präludiert meisterhaft: »Wie schön leucht' uns der Morgenstern«, sie phantasiert noch lange über das Thema, wobei ihre wunderschönen Brüste auf- und abwogen. Sie wird unwirklich für mich. So kann man jeden Mann verrückt machen, aber auch durcheinanderbringen.
Nach einigen Minuten steht sie auf, faßt mich ganz fein mit zwei Fingern am Ohrläppchen und führt – nein zieht – mich in ein Zimmer mit einer großen Liege, die mit weißer Seide bespannt ist.
Sie beherrscht mich. Ich komme mir kleiner und kleiner vor. Alles geschieht fast lautlos, gedämpft. Mehr und mehr werde ich unsicher. Ich komme mir vor wie in einer Glaszelle, aus der ich mich selbst beobachte.
Sie schaut mich begehrlich an. Augen eines hungrigen Raubtieres, Augen, die mich anspringen. Ihre Arme umschlingen mich wie Schläuche, vollgepumpt mit Sinnlichkeit.
Es wird keine berauschende Liebesnacht. Ich fühle mich nicht stark, bin gehemmt, stelle mich linkisch an. Ist es die Umgebung, ist es ihre Überlegenheit, ist es ihre Klasse? Ich bin nicht ich, und das

bedrückt mich. Sie ist in meinen Armen schon enttäuscht eingeschlafen, als ich immer noch sinniere und unzufrieden grüble, was mit mir los ist. Noch im Halbschlaf ärgere ich mich, daß sie eine Nummer zu groß für mich ist.

Ein aufzuckender Blitz, ein peitschender Knall, der mehr eine Explosion ist. Ich spüre einen Wahnsinnsstich, der durch mein ganzes Gesicht rast – danach empfinde ich gar nichts mehr. Bin ich tot? Nein, denn ich habe noch den schrill-abbrechenden Schrei im Ohr, spüre wie ihr nackter Körper wild zuckt, sich verkrampft.

Ich lebe, oder träume ich? Bin ich verrückt?

Jetzt wieder ein Schuß – nein, es ist die Tür, die zukracht und nach Sekunden in den Angeln nachscheppert. Ich liege im Blut, halte vor Entsetzen den Atem an. Ein schwerer Schock lähmt mich. Ich warte auf etwas, aber nichts geschieht.

Nur langsam werde ich ruhiger.

Ich möchte endlich den grauenhaften Spuk wegwischen. Doch nichts geschieht, überhaupt nichts. Keine Stimmen, kein Laut, kein Stöhnen, nichts als Stille. Stille, die mein Blut erstarren läßt. Der scharfe Geruch nach Pulver, der mir in die Nase steigt, zeigt mir, daß ich noch am Leben bin. Ich taste vorsichtig mit der freien Hand in mein Gesicht, bemerke Blut.

Nur Zentimeter neben mir greife ich in eine warme, weiche Masse. Ihr Kopf hat die volle Ladung abbekommen. Ich übergebe mich auf dem Rücken liegend immer wieder, ohne mich bewegen zu können, drohe hustend am eigenen Erbrochenen zu ersticken – ich kann mich nicht bewegen.

Bin ich gelähmt? Ich spüre immer noch nichts, nur oben in meiner Schulter ist ein Schmerz, der nicht nachläßt. Steckt ein Dolch in meiner Schulter? Ist sie durchschossen? Mir ist es fast egal. Es ist ihre Hand. Ihre Fingernägel haben sich in meiner Schulter verkrallt.

Jetzt ist sie plötzlich da, die Angst. Angst wie nie zuvor in meinem Leben. Das Dröhnen des Schusses ist noch über mir, erdrückt mich. Ich will mich aufbäumen, aber mein Wille wird nicht in Funktion umgesetzt.

Ich versuche zu ordnen, spüre, wie Blut vom Kinn auf meine

Brust strömt, die plötzliche Gewißheit, daß ich lebe, gibt mir etwas Kraft. Ich mache mich frei.
Ihr Körper gleitet von mir, sackt zusammen. Der Schmerz in der Schulter ist plötzlich weg. Ich ziehe mich am Bettpfosten hoch, falle sofort wieder auf die Knie, kann mich aber doch wieder mühsam hochziehen. Ein starkes Schwindelgefühl überkommt mich und läßt mich torkeln. Ich will mich fallen lassen, aber ich zwinge mich, stehenzubleiben, bereite mich auf den ersten Schritt vor. Für einen Moment glaube ich, auf einem Fließband zu stehen, das nach oben und zugleich nach unten läuft. Ich strecke die Arme aus, suche nach einem Halt, greife ins Leere und breche endgültig zusammen.
Nach einigen Minuten – oder waren es Stunden? – versuche ich, wieder aufzustehen. Ich höre ein beunruhigendes rasselndes Geräusch. Langsam begreife ich, daß es mein Atem ist und ich mein eigenes Keuchen höre. Auf Händen und Füßen krieche ich langsam ins Badezimmer, eine Spur aus Blut und Erbrochenem hinter mir herschleifend. Ich habe Angst, mich jetzt aufzurichten. Der Verstand macht sich endlich bemerkbar – er bringt mir Panik.
Steht der Killer noch in einer Ecke, um den Fangschuß auf mich abzufeuern? Ich erwarte ihn in jedem Moment. Im Spiegel sehe ich nur noch meine Augen. Mein Gesicht ist hin. Meine unteren Zähne sehe ich, ohne den Mund zu öffnen. Aber ich habe ja gar keinen Mund mehr. Die Unterlippe ist zerfetzt, das Kinn längsseits durchschossen; Hautfetzen hängen runter, Blut quillt aus einer Höhle, wo mein Mund war.
Ein neuer Schwächeanfall läßt meinen Körper erzittern. Meine Knie werden butterweich. Warum falle ich jetzt nicht in Ohnmacht? Wozu gibt es die verdammte Ohnmacht, wenn ich jetzt nicht sanft von ihr weggetragen werde. Weit weg, weit weg – nur weg von hier. Ich lasse mich fallen. Unbewußt will ich damit die Voraussetzung für eine Ohnmacht schaffen, will in sie flüchten, will mithelfen, daß sie kommt, mich endlich hier wegnimmt. Aber mein Fall auf die kalten Fliesen des Badezimmers bewirkt das Gegenteil. Von irgendwoher wird mir gefunkt: Kopf unter kaltes Wasser halten und sehen, wie du hier rauskommst. Mein Gehirn beginnt zu funktionieren.
Der Schuß, abgefeuert aus kürzester Entfernung, hat meine Unter-

lippe und mein Kinn gestreift und ist dann voll in ihren Kopf eingeschlagen. Mein Glück, daß der Mörder sicher war, uns beide getötet zu haben. War sie verheiratet? Woher sollte ich es wissen – sie erzählte ja nichts. Sie spielte Orgel und hörte nur zu.
Was soll ich jetzt tun? Hat niemand in der Nachbarschaft den Schuß gehört? Jetzt erst bemerke ich, daß ich nackt bin.
Beim hastigen Ankleiden sage ich wie von Sinnen immer wieder zu mir selbst: »Jetzt haben sie mich am Kanthaken, am Kanthaken, am Kanthaken . . .«
Meine Mutter sprach immer vom Kanthaken, es war ihr Wort, wenn ich Mist baute. Das Wort begleitete mich durch meine ganze Jugend.
An diesen Kanthaken brächten mich meine Weibergeschichten, wenn ich nicht endlich heiraten würde. Ich sehe Mutters verhärmtes Gesicht vor mir, wenn ich – schon fast dreißigjährig – spätnachts heimkam und sie mir auflauerte, um mir die Leviten zu lesen.
Kanthaken hin, Kanthaken her, jetzt hatte ich nur einen Gedanken: weg von hier! Ich schlinge mir ein Handtuch um den Kopf und springe mit einem Satz aus dem Fenster in ein weiches Blumenbeet. Dann schwinge ich mich über die Parkmauer. Durch das Eingangstor wage ich nicht zu gehen, da es von zwei Kandelabern erleuchtet ist.
Vorsichtig spähe ich durch die Nacht. Die Luft ist rein, niemand ist zu sehen. Ich schleiche – mit einem Handtuch ums Gesicht gewikkelt – zu einem Taxistand. Eine halbe Stunde muß ich warten, bis endlich eins kommt. Meine untere Gesichtshälfte brennt wie Feuer. Die fragenden Augen des Fahrers beschwichtige ich mit ein paar großen Escudoscheinen. Ich knurre: »Man hat mich überfallen.« Ich lasse mich zu einem Militärarzt, der in der Nähe meines Hauses wohnt, fahren, der mich morgens um vier Uhr verarztet. Ich werde genäht und geklammert. Nachdem ich ihm ehrlich mein Erlebnis erzähle, läßt er mich auf einer Couch den Rest der Nacht in seinem Haus schlafen. »Ich bringe die Sache für dich in Ordnung«, verspricht er mir. Aber ich kann ihm nicht glauben. Ich sehe mich schon im Gefängnis und schlafe nicht ein.
Morgens kommen drei Kriminalpolizisten, denen ich wahrheitsgemäß alles zu Protokoll gebe.

Man glaubt mir! Am Tatort bestätigen die Fakten meinen Bericht. Ich höre von der ganzen Angelegenheit nichts mehr. Ein Nationaltrainer darf mit einer solchen Sache nicht in Zusammenhang gebracht werden. Er hat sakrosankt zu sein. Er ist ein Mann der Öffentlichkeit, der Brücken und Schulen einweiht und Miß Chile krönt.

Die Narbe konnte man allerdings nicht vergessen machen – der Nationaltrainer wird sie zeitlebens im Gesicht tragen.

Allende: »Sie sind mein Freund«

Draußen stehen die Soldaten. Breitschultrige, schwerbewaffnete Männer, die nur selten ein Wort sprechen, aber immer blitzschnell handeln, nie lange fackeln mit der Schußwaffe, wenn es irgendeine unübersichtliche Situation gibt. Ab und zu tauchen sie kurz am Fenster auf und blinzeln zu uns hinein. Ich kann nur Stücke ihrer markanten, gutgeschnittenen Gesichter erkennen – mehr nicht. Der Rest wird von schwarzen Lederhelmen mit Kinnstützen verdeckt.

Salvador Allende, der Staatspräsident, scheint sie überhaupt nicht mehr wahrzunehmen – sie gehören zu seinem Alltag. In seinem Landhaus, knapp dreißig Kilometer vor den Toren Santiagos, ist er zu Hause, fühlt sich sicher, weiß sich beschützt, fühlt sich ›relajado‹ – entspannt.

Hier trinkt er mit mir in kleinen Schlucken ein paar Whiskys. In dem breiten Ledersessel wirkt der eher kleine Mann noch kleiner. Er sieht müde aus, nimmt jetzt schon den dritten oder vierten Whisky in einer Viertelstunde – zwei Stückchen Eis, ohne Wasser.

»Sie müssen noch bleiben, Señor Gutendorf, ich habe Zeit, will mit Ihnen sprechen.«

Da sitzt der Staatspräsident, von dem im Moment die ganze Welt spricht, mir gegenüber, will mit mir plaudern. Ohne Protokollchef im Hintergrund, ohne begrenzte Redezeit – nichts. Die zwei Dienstboten hat er vorhin mit einer lässigen Handbewegung rausgeschickt, mit einer Handbewegung, wie man lästige Mücken wegschnippt.

Laßt uns allein.

Wir sind unter uns, der Fußballtrainer aus Koblenz-Lützel und der sozialistische Landesvater des Neunmillionenvolkes.

Ich habe den »Preußen Südamerikas« zu neuem Glanz und Gloria auf dem Fußballfeld verholfen – das ist meine Aufgabe. Er will als erster frei gewählter Staatschef in einem sozialistischen Land, der Welt Sozialismus und Freiheit geben. Die Reichen sollen etwas weniger, die Armen etwas mehr haben. Ein biederer, gutmütiger Landarzt versucht sich als Veränderer eines Systems. Ich mag ihn vom ersten Moment an.

»Wir haben eine schwere Aufgabe vor uns, Rodolfo«, sagt Allende. »Wir müssen eine schlimme Vergangenheit bewältigen. Wir kennen keine Siege mehr.«

Ich nicke, bin aber nicht sicher, was er meint: Fußball oder seine Politik. Aber in beiden Bereichen stimmt es, was er sagt.

Dann erklärt er ein paar Dinge, so als ob er sich rechtfertigen müsse, dabei sieht er mich an, Zustimmung erwartend.

»Heute vormittag habe ich mit dem Kardinal, dem Oberhaupt der chilenischen Kirche gesprochen und um Unterstützung für meinen Kampf für die Armen gebeten. Ich bin grenzenlos enttäuscht«, dabei stürzt er einen großen Whisky runter. »Für die unterentwikkelten Länder in Südamerika gibt es keine andere Lösung als den Sozialismus.«

Als ich nichts darauf erwidere, fährt er ärgerlich fort: »Die katholische Kirche denkt, Nächstenliebe löse die Probleme der Armen. Sie gaukeln sich vor, wenn ihre Priester die Messe lesen, sei es damit getan, daß sich auf diesem irdischen Feld voller sozialer Spannungen etwas ändert. Die Kirche will nicht wahrhaben, daß die Reichen den Armen fast alles wegnehmen – direkt oder indirekt.«

Ich stimme ihm zu, als er mich fragt, ob ich denn nicht auch glaube, daß die Kirchenfürsten Lichtjahre weit davon entfernt sind, ihren verkündeten Evangelien zu entsprechen.

»Wo ist denn die Nächstenliebe?« fragt er mich.

»Señor Rodolfo, ist es denn richtig, daß die katholische Kirche sich auf läppische Jenseitssicherung festlegt, anstatt hier und jetzt zu helfen? Die Armen haben ein Recht, im Diesseits keinen Hunger zu erleiden, daß ihre Kinder zu essen haben. Ich kämpfe dafür. Ich arbeite täglich an dieser Aufgabe und setze mein Leben dafür ein.«

Nach einem großen Schluck fährt er fort: »Mein größter Feind ist die CIA, der Geheimdienst der Staaten. Die Kirche ist nicht unser Feind, sie versucht nur, alle – und das seit zweitausend Jahren – zu verdummen. Die CIA aber schreckt vor nichts zurück, es sind potentielle Mörder, die bezahlte Handlanger in allen chilenischen Schichten der Gesellschaft haben. Sie arbeiten für Multi-Unternehmen, die ich verstaatlichen ließ«, sagt er bitter – und schenkt sich neu ein.

Ich gebe ihm recht, erlaube mir jedoch zu bemerken: »Was konnten Sie anderes erwarten? Wer verliert schon gerne Milliarden Investments in den Kupfer- und Erzminen und den Sheraton-Hotels, die der ITT-Gruppe gehören! Bestimmt nicht die US-Multis, die den amerikanischen Geheimdienst überall in der Welt eiskalt einzusetzen verstehen, wo es um ihre Geschäftsinteressen geht.«

Auf Allendes Gesicht hängt ein Lächeln – als hätte er eine Maske aufgesetzt.

»Amigo mio, ich gehe einen geraden Weg, ich kann nicht mehr zurück. Ich weiß, meinen Rücktritt wollen die USA durch ihre CIA erzwingen, aber das schaffen sie nicht. Ich wurde frei vom Volk gewählt und nicht von den USA auf meinen Sessel gehievt.«

Dann sagt er mit rauher Stimme nach einer Pause: »Ich werde das Regierungsgebäude nur auf einem Weg verlassen: in einem Sarg. Ich trete nie zurück.«

Ich werde das nie vergessen. Es war ihm todernst.

Salvador Allende sackt in seinem Sessel mehr und mehr zusammen. Ich merke, wie müde er ist. Seine Maske löst sich auf. Jetzt erst sehe ich die Verwüstungen in seinem Gesicht, die der verheerende Streß angerichtet hat. Die seelischen Verletzungen, die man ihm zufügte, sind für mich deutlich sichtbar.

Er schaut mich dankbar an, als ich mich verabschiede. Er steht mühsam auf, legt seinen Arm um mich und bringt mich zur Tür. »Sie sind mein Freund, wenn Sie etwas brauchen, kommen Sie zu mir« – das waren die letzten Worte, die er zu mir sprach.

In einem russischen Hubschrauber, den Fidel Castro ihm schenkte, werde ich von einem Major der Luftwaffe um drei Uhr morgens ins Zentrum von Santiago zurückgeflogen. In einer breiten Straße im barrio alto, die wegen der Sperrstunde völlig leer ist, landen wir in der Nähe meines Hauses.

Der Major, ein Colo-Colo-Anhänger, schenkt mir beim Abschied seine Pistole, eine Null-Acht. Mein Vater trug das gleiche Modell,

als er 1943 in Rußland erschossen wurde. Er sagt ernst, als er sie mir feierlich in die Hand drückt: »Kann sein, Rudi, daß Sie sie sehr bald brauchen.«
Ich kann den Polizeibericht der heutigen Machthaber der Militärjunta nicht glauben. Jeder Putsch hat seine eigenen Gesetze und eigene Berichte – wie überall in der Welt. Wer fragt da nach Recht? Bestimmt nicht die manipulierbaren Medien in Südamerika. Das granatrote Sofa im Regierungsgebäude in Santiagos Mitte ist mir in genauer Erinnerung. Dort habe ich mit Allende gesessen, als er uns nach erfolgreicher Rückkehr aus Brasilien empfing. Dort gab er mir den Gutschein für den Lastwagen. Wer hätte gedacht, daß er auf diesem Sofa sterben würde? Er war ein konsequenter Arbeiter für eine Sache, an die er glaubte, zu ehrlich, mit zu vielen Idealen, um in der Politik zu bestehen. Er war nicht verschlagen und abgefeimt genug, um sich gegen seine vielen Feinde von innen und vor allem von außen, die ganz reale Geschäftsinteressen verfolgen, durchzusetzen.
Ich habe getrauert, als ich von seinem erbärmlichen Ende las. Er hatte das nicht verdient.
Die Amerikaner mag ich nicht mehr – sie sprechen von Menschenrechten, gehen in Wirklichkeit aber über Leichen. Das weiß ich seit Chile. Beim »Abservieren« Allendes waren sie mit von der Partie.
Die Revolution steht unmittelbar bevor. Alles geht drunter und drüber! Überraschend sehe ich Mo wieder. Sie hat sich total verändert. Das schöne Kind ist ständig ausgebucht. Flüge nach Peru zu Modenschauen und Werbespots nach Argentinien – das ist für sie zur Routine geworden. Die Worte Money und Spesen beherrschen ihr Leben.
Ein Caballero mit feurigen Augen ist an ihrer Seite, als ich sie zufällig in einer Bar antreffe. An seinen Fingern funkeln Brillantklötze in Schlagringgröße. Da hab' ich keine Chancen mehr. »Rudi«, sag ich zu mir, »du bist Soldat gewesen, du kennst das Signal zum Rückzug.«
Herr Lahn, der deutsche Botschafter, rät mir dringend, wegen der öffentlich bekannten Sympathie zum Staatspräsidenten Allende, das Land so schnell wie möglich zu verlassen.

»Es kann Ihr Tod sein, Revolutionen machen vor einem Nationaltrainer keinen Halt!«
Der Rat ist mehr als berechtigt. Die Militär-Junta rechnet erbarmungslos mit allen Allende-Gefolgsleuten ab. Das Nationalstadion, das zwei Jahre lang täglich meine Arbeitsstätte war, wird zum Gefängnis, die Umkleidekabinen der Spieler zu Massenzellen. In meinem Trainerzimmer, unterhalb der Tribüne, wird gefoltert. Erschießungen werden in der kleinen Halle unter der Tribüne mit den auf den Wänden aufgemalten Toren vorgenommen. Diese Schußwand dient nicht mehr für Schüsse aus dem Fußgelenk meiner Spieler, sondern für Todesschüsse aus MPs.
Vielleicht verdanke ich Herrn Lahn, der heute in Bonn eine hohe Position im AA innehat, mein Leben.

»Rudi, laß die ›Löwen‹ raus!«

Ich schiffe mich mit meinem VW-Kombi in Valparaiso nach Barcelona ein. Eine vier Wochen dauernde herrliche Schiffsreise auf dem italienischen Luxusliner ›Verdi‹ gibt mir Zeit, meine neue Situation in Ruhe zu überdenken. Ich lasse mich auf dem Oberdeck knackig braun brennen. Täglich spiele ich Shuffle und stundenlang Tennis, um fit zu sein für einen neuen Job.
Wann und wo ich einen finde – das weiß ich nicht.
Als wir uns Europa in der frühen Dämmerung nähern, fühle ich mich glücklich. Ich sehe die Silhouette Barcelonas, die schemenhaft in den Himmel ragt. Die Eisengitter der hohen Hafenkräne, die sich im Glanz der Lichterketten brechen, erscheinen mir, als wir näherkommen, wie erstarrte Giraffen. Barcelona – es riecht nach Hafen, Teer, Tauen und Fisch.
Was für ein Gefühl: nach Jahren wieder Europa, Deutschland, Koblenz, mein Landhäuschen im Westerwald!
Schiffsglocken läuten, Musik erklingt – ich bin an Land.
Die üblichen Formalitäten, überall stolze spanische Polizisten – zu viele.
»Da muß ein Nest sein«, sagt einer neben mir. »Waffenschmuggel oder Rauschgift«, raunt mir einer zu. Sechs Männer werden in Handschellen weggeschleift, sie wehren sich. Das Resultat: sie werden brutal mit Knüppeln auf den Kopf geschlagen, so hart, daß es knackt und Blut spritzt. Die Verhafteten waren auf meinem Schiffsdeck, mit zwei von ihnen habe ich Shuffle gespielt. Sie hießen Nick und Ramón. Kein schöner Empfang! Der Good-by-Marsch unserer Schiffskapelle bricht jäh ab, als die Holzknüppel auf die Schädel krachen.
Ich habe alle Hände voll zu tun, um mich nach meinem treuen Gefährten, dem VW mit den Einschußlöchern, umzusehen, der

gerade zum Zoll gehievt wird. Ja, da ist mein Vehikel, mitsamt den vierzehn Koffern, sieben Kartons, drei Kisten und vielen Taschen. Es dauert fünf Stunden, bis ich hinter dem Steuer sitze. Aus dem Gewirr von Menschen, Kisten und Gabelstaplern komme ich einfach nicht raus. Ich steige wieder aus und inspiziere noch mal kritisch mein völlig überpacktes Auto von hinten. Die Reifen stehen so sehr nach außen, als versuche es für den Notfall schon mal einen Spagat. Nach einer weiteren Stunde zuckele ich gemütlich ab durch Spanien, Südfrankreich, über Genf nach München. Fast zwei Wochen dauert die Fahrt mit meinem blauen Spagat-Bomber. Überall, wo es mir gefällt, bleibe ich über Nacht, manchmal auch einen zusätzlichen Tag. Ich habe Zeit, niemand erwartet mich. Also was treibt mich? Nur eines: Regen. Er wird mir zum Problem, denn meine Koffer, meistens aus billiger chilenischer Sozialisten-Pappe, oben auf dem Metallgestell mit Schnüren und Riemen befestigt, weichen auf. Elegant sieht das alles nicht aus! Genauso schwimme ich in München, denn es regnet so stark, als wäre ich noch in den Tropen und nicht auf der Münchner Sonnenstraße.

Der Gepäckträger vom ›Bayerischen Hof‹ schaut mich in der Garage zweifelnd an.

Immer wieder zieht er, wie später auch der Portier, mißbilligend die Augenbrauen hoch.

In meinem Plan spielt der ›Bayerische Hof‹ seit langem eine Rolle. Hier will ich eine zwei- bis dreitägige Zwischenstation einlegen. Ich will mich erholen und fein einkleiden, bevor ich mich zum Endspurt nach Koblenz aufmache.

Als ich mich genüßlich im heißen Bad herumflegele, fühle ich mich prächtig. Ich schlage die Zeitung auf, wie immer den Sportteil zuerst. Die Balkenüberschrift verursacht einen Klopfwirbel in meinem Herzen: »Tschik Cajkowski noch nicht bei den Sechzigern unterschrieben.« Unterzeile: »Er verlangt zuviel Geld.«

Die Schweinshaxe, vom Room-Service serviert, wird kalt – ich denke nach. Ich sinniere weiter und starre ins kalte Sauerkraut. Das Bier stürze ich runter, ohne es zu merken. Die Erdbeeren soll von mir aus der Etagenkellner mit den pomadisierten Haaren essen.

Die Schlagzeile hat allen Appetit vertrieben! Ich gehe an die frische Luft.

Höre ich da nicht schon die Chöre der Blau-Weißen Fans: »Rudi, mach den Käfig auf, laß die Löwen raus!«
Ich lasse mich ganz locker mit der Geschäftsstelle von 1860 verbinden. Ich erbitte die Telefonnummer des Präsidenten, dessen Namen ich nicht mal kenne. Ich habe Glück, die Sekretärin sagt freundlich:
»Ich verbinde Sie mit Herrn Staatssekretär Sackmann!«
»Gutendorf ist mein Name, guten Tag, Herr Sackmann.«
»Grüß Gott, Herr Gutendorf. Was haben Sie auf dem Herzen? Sind Sie nicht mehr in Uruguay oder Paraguay – irgendwo da unten? Brauchen Sie Eintrittskarten für das morgige Spiel?«
»Danke, ich komme gern zum Spiel, aber eigentlich wollte ich Sie sprechen. Ich komme aus Chile, bin nur auf der Durchfahrt, will morgen weiter nach Koblenz. Die Trainerstelle bei Ihren 60ern interessiert mich! Würde gern mal ein Jahr mit Ihnen zusammenarbeiten, Herr Sackmann. Geld ist bei mir nicht das Wichtigste im Moment, ich möchte wieder ›Fuß fassen‹ in Deutschland.«
Er beißt an, lädt mich zu einem Bier in seinen Curlingclub ein. Als ich ankomme, ist er auf dem Eis. Er gibt eine unglaubliche Figur ab. Der Staatssekretär-Präsident hüpft wie verrückt mit einem Besen vor einer schlitternden Wärmflasche herum, er fegt und bürstet wie bekloppt das Eis.
Beim Bier kommen wir uns näher, er ist interessiert.
Abends, im ›Bayerischen Hof‹, wo der ganze Vorstand mich erwartet, gehe ich psychologisch sehr geschickt vor.
»Meine Herren, ich weiß, Sie haben Millionen-Schulden, deshalb werde ich keine großen Forderungen stellen können. Viertausend Mark brauche ich zum Leben hier in München. Geben Sie mir diesen Betrag als Monatsgehalt! Falls wir in die Endrunde kommen, 1860 also schwer verdient, lassen Sie mich davon profitieren. Ich erbitte mir dann eine Prämie von hunderttausend Mark. Ihnen fällt es dann nicht schwer, diesen Betrag zu zahlen, da Sie ja das Geld bereits verdient haben, nämlich mit meiner Hilfe und meinem vollen Einsatz.«
Nach kurzer Beratung bin ich fast der neue Löwen-Trainer. Man findet meinen Vorschlag, wie ich erwartete, sehr fair. Cajkowski, der zehntausend Mark Monatsgehalt plus Prämien verlangt, liegt

seit der letzten halben Stunde nicht mehr so dick im Rennen, wie er glaubt. Man will alles überschlafen, sagt man mir, und bittet mich zum Nachmittagskaffee zum Präsidenten nach Grünwald.
Es ist ein gutes Zeichen, wenn man ins Privathaus eingeladen wird. In diesen Dingen habe ich Erfahrung.
Der Präsident läßt Kaffee kochen, erzählt von seinen Plänen und von den Zielen der Löwen.
»Wir sind in der Publikumsgunst der Münchner sofort wieder die Nummer Eins, wenn wir den Aufstieg schaffen. Wir können uns keinen Beckenbauer, keinen Müller, keinen Hoeneß und keinen Sepp Maier leisten«, erklärt er.
Damit will er sagen: Wir haben kein Geld und können keine teuren Spieler einkaufen.
Ich unterbreite ihm noch mal konkret mein Angebot.
Wir einigen uns per Handschlag, wie die Pferdehändler auf Auktionen.
Ich bin sicher, den Aufstieg zu schaffen, obwohl ich noch gar nicht weiß, welche Spieler ich zur Verfügung habe. Nie zuvor sprühte ich so vor Eifer, noch nie bin ich innerlich so außer Rand und Band gewesen. Ich werde das Kind schon schaukeln. Das Fußballfieber packt mich kolossal. In Chile und besonders auf der erholsamen Schiffsreise habe ich kräftig aufgetankt. Mit vollem Mumm und wirklicher Lust will ich in diese interessante Aufgabe voll einsteigen.
Die Heimfahrt nach Koblenz blase ich ab. Toni, mit dem ich nach drei Jahren im ›Deutschen Kaiser‹ mal wieder einen deftigen Skat kloppen wollte, muß warten. Seine Nullouverts und Grands muß er vorerst ohne mich ausreizen. Ich lerne Schafkopf, das Kartenspiel der Bayern. Mit den Wölfen muß man heulen!
Alles rollt von Anfang an, wie ich es mir wünsche. Meine 1860er spielen stark, wir sind auf dem Weg nach oben. Keller-Weller sind in Form und machen Tore. Das Olympiastadion ist beim Schlagerspiel gegen Augsburg mit fünfundachtzigtausend Zuschauern ausverkauft. Als dann noch zehntausend Zuschauer ohne Karten reinwollen, gibt es ein Chaos. Viele Zuschauer verletzen sich schwer, als sie über den Stacheldrahtzaun des Olympiastadions klettern und gestoßen werden. In ›Klumpen‹ fallen sie in den

Stacheldraht. Helmut Haller spielt zum ersten Mal für Augsburg. Alle wollen Haller, der aus Italien zurückkommt, und Rudis neue ›Supersechziger‹ sehen, der ein offensives Riegelsystem aus Südamerika mitgebracht haben soll.
Diese Wahnsinnspublicity kreiert eine Ausgangslage für das Spiel – ohnegleichen! Der Publikumsboom im ersten Heimspiel der Saison beschert meinem neuen Club eine Million Mark. Absoluter Rekord für die zweite Bundesliga, der heute noch steht. Man gratuliert Sackmann beim Eisstockschießen und in der bayerischen Staatskanzlei zur Verpflichtung des richtigen Trainers.
Im schönen Aufwind, kriege ich einen drauf. Was soll denn das, denke ich erschrocken, als mir spätnachts in der ›Zwickmühle‹ Sammy Drechsel ohne Rücksicht auf hundert Gäste und meine entsetzte junge Begleiterin zuschreit: »Mensch Rudi, du Hund, verspritzt deinen Samen in der ganzen Welt.«
Ich gehe rückwärts wieder raus. Meine Begleiterin will plötzlich heim, sie müsse sehr früh aufstehen! Sie ist verloren für mich, das herzige Mädel mit ihrem anheimelnden bayrischen Dialekt, der mir so gut gefällt. Ist der Sammy verrückt geworden? Ich nehme mir vor, ihm bei passender Gelegenheit in den Hintern zu treten.
Am andern Morgen verstehe ich erst! Ich, der Riegel-Rudi, soll die zweiundzwanzigjährige Chilenin Maria Teresa Pizzarro zur Mutter gemacht haben. Eine internationale Presse-Agentur läßt diese Meldung über den Ticker laufen. Diese Teresa soll dem Vertreter der Agentur in Santiago anvertraut haben, ich sei der Vater ihrer elf Tage alten Tochter Catharina Seika.
Aber das haut mich nicht vom Schlitten. Ich nehme die nicht so ganz frohe Botschaft mit Gelassenheit zur Kenntnis, mehr auch nicht, denn ich kenne keine Maria Teresa in Chile.
Aber diese pikante Geschichte wird dann natürlich von der Boulevardpresse weitergesponnen. Einem Präsidiumsmitglied von 1860 wird in den Mund gelegt: »Für Unterhaltszahlungen kommen wir nicht auf. Für die Pille müßte doch selbst das Minigehalt, das 60 ihm zahlt, allemal reichen.«
Es folgen Fotomontagen mit meinem Kopf, verzweifelt in die Hände gestützt. Das Foto stammt von der Trainerbank, als Ferdi Keller wieder einmal eine Torchance aus zwei Metern vergeigt und

ich vor Gram unter die Grasnarbe versinken will. Neben mein leidendes Gesicht stellt man eine Wiege, mit einem Kind drin. Diese Fotomontage ruft den stellungslosen Max Merkel aufs Trapez. Er beginnt, mir Bonbons ins Hemd zu kleben. Es ist mir klar, er will meinen Job. Einmal schreibt er: »Ich hatte bei 60 einen Radi. Jetzt haben sie einen Rudi. Einen Rudi mit blauem VW – auf der Durchfahrt nach Koblenz, der in Chiles rauhen Bergen Kinder zeugt und sich dann nach München verdrückt.«
Ein anderes Mal: »Ein fußballsportlicher Wanderprediger ist Gutendorf, eine Mischung aus Udo Jürgens und Pater Leppich... Soll er mal zeigen, was er kann, der chilenische Rheinländer mit der langen Nase, der Zugvogel zwischen Schalke und Chile.«
Die Presse spielt in München eine große Rolle. Es gibt fünf Tageszeitungen, die sich ständig Konkurrenz machen. Sie müssen sich mit Sensationen überbieten, um existieren zu können. Bekannte Trainer sind für die Münchner Gazetten ein gefundenes Fressen. Mit ihnen komme ich klar! Unmöglich ist das mit dem futterneidischen Max. Er tarnt sich mit Wiener Charme, wird für mich zum gefährlichen Tommy Gun, der aus allen Knopflöchern schießt. Kübelweise schüttet er Spott über meine Arbeit. Merkel kann das ungestraft tun, er ist als Kolumnist bei einer großen Boulevardzeitung fest angestellt. Im WM-Jahr 1974 schreibt er: »Eigentlich müßte Chile für uns auf der WM leicht zu schaffen sein, Gutendorf war da Nationaltrainer. Daß der Gutendorf denen ein System beigebracht haben soll – daran glaube ich nicht. Der Gutendorf erinnert mich immer an die Geschichte mit Schapiro...«
Seine ›Schapirogeschichte‹, gelesen von fünf Millionen, spielt auf meine Scheidung an. Schapiro ging immer zur Frau seines Freundes, wenn der in seinem Orchester Probe hatte.
Millionen Bild-Leser lachen sich kaputt, aber für mich wird es bitterernst. Max stänkert gegen mich. Ich weiß, daß seine Schmähmasche einen Trainer killt. Ich muß zur Offensive antreten. Ich antworte ihm in einem Konkurrenzblatt mit großer Auflage, was seine junge Frau einmal auf einer Party sagte: »Max, wenn du doch überall so potent wärst wie mit deinem großen Mund.«

›Max, der Mundpotente‹, wähle ich als Überschrift.
Sie kommt bombig an: Max hätte ein paarmal trocken geschluckt, erzählt mir jemand, der dabei war, als er es las.
Aber plötzlich war Max wieder am längeren Hebel. Wir verlieren gegen Schweinfurt unser Heimspiel. Er fabriziert daraufhin den ›Spruch der Woche‹: »Dem Rudi müssen Sie mal ins linke Ohr sehen – da können Sie durchsehen!«
Dann bin ich wieder am Zug. Ich weiß nicht mehr, was ich in meiner Kolumne Schönes über Max schrieb. Ein paar Wochen später sind wir während der WM in Deutschland beide Kommentatoren für die gleiche Zeitung. Wir wissen beide: Trainer brauchen die Presse, sonst ist man tot in unserem Job.
Abgesehen von Merkel, werde ich von der Münchner Presse verhätschelt, weil es über mich Neues zu berichten gibt. Dafür werfe ich den Jungens viele ›gute Brocken‹ hin, aus denen sie was machen können. Ich weiß, was sie brauchen, um klotzen zu können. Ich nehme nichts übel, weiche keinen Fragen über mein Privatleben aus – es gibt keine Tabus bei mir. Das gefällt ihnen, aber nicht allen. Eine Gazette haut mich von Anfang an ›in den Sack‹. Der Chefredakteur hätte lieber Cajkowski bei 1860 gesehen. Seine großen Erfolge mit den Bayern waren nicht vergessen.
Mit ist klar, die Popularität eines Trainers verläuft nun mal in Sinuskurven: Mal ist er eine apollonische Lichtgestalt, mal ist er die Ausgeburt der Hölle, bei denen, die ihn nicht mögen, aber an ihrem Club hängen.
Ich trainiere wie verrückt, oft dreimal täglich. Ich finde keine Zeit, eine passende Wohnung zu finden. In dieser Richtung bin ich anspruchsvoll. Das Hotelleben habe ich satt, ich möchte es gemütlich haben. Aber wie? Meine Habseligkeiten sind verstreut. Nie ist da, was ich gerade dringend brauche. Wenn ich meine Socken wechsle oder ein frisches Hemd anziehen will, beginnt eine wilde Sucherei in Koffern und Kartons. Zwei große Koffer und ein Fernsehapparat stehen beim Masseur in einem Abstellraum. Fünf Anzüge (meine besten) sind beim Schneider zum Ändern – ich habe auf dem Schiff zugenommen. Drei Koffer und eine Kiste verstauben in der Geschäftsstelle von 1860 in der Auestraße. Zwei Taschen mit wichtigem Kleinkram sind in der Sportschule Grünwald, wo wir

oft im Trainingslager sind. In Koblenz sind gerade zwei Kisten mit Umzugsgut aus Chile angekommen. Ich weiß nicht, was drin ist. Eine große Holzkiste steht noch in Barcelona im Hafen, sie war nicht mehr zu verstauen. In den drei Jahren in Südamerika hat sich viel angesammelt. Als Sofortlösung kaufe ich mir fünfzig Paar Socken und zwei Dutzend weiße Hemden, weiß ist neutral, und sie passen zu allen Anzügen. Dazu für dreitausend Mark Unterwäsche! Die hübsche Verkäuferin staunt. Denkt sie, ich sei ein Unterwäsche-Fetischist?

Zwiespältiger Ruf ist schon gut in München. Schlimm dagegen ist, gar keinen Ruf zu haben. Mein Ruf wird von den Tageszeitungen mal besser, mal schlechter, mal freundlich, mal bösartig rausgeklotzt, in Millionenauflagen. München beginnt, sich für mich zu interessieren. Damit bin ich ›in‹.

Mein Privatleben in München wird noch interessanter, als wir die Herbstmeisterschaft gewinnen. Ich werde plötzlich vom Portier des ›Bayerischen Hofes‹ in einer so besonderen Art wahrgenommen und behandelt, die Berühmten und Erfolgreichen vorbehalten bleibt. Ich miete mir ein schönes Häuschen in Grünwald, in unmittelbarer Nähe von Beckenbauers Villa. Damit will ich allen zeigen, daß sich an meine Fußstapfen der Glanz des Erfolges geheftet hat. Für Erfolg gibt es eben keinen Ersatz. Viele wollen auf einmal den Rudi kennenlernen, manche wollen ihn danach auch wiedersehen.

Den absoluten Durchbruch in die Münchner VIP-Klasse schaffe ich nicht. In der Rückrunde sind wir nicht vom Glück begünstigt. Eine Grippe- und Verletzungsserie hält Einzug in meine Truppe. Dazu wird Weller, mein bester Spieler und Kapitän, für acht Wochen gesperrt. Mit ihm bekomme ich Ärger, weil ich ihm sage, daß er mehr leisten müsse, um später finanziell unabhängig zu sein. Der Star nimmt übel, als ich ihm sage: »Mit dem hohen C im großen Zeh deines linken Fußes kannst du nicht ein Leben lang singen. Nutze die Zeit!«

Er fühlt sich verarscht.

Meine 1860-Löwen spielen unbeständig. Manchmal wie die Götter und deklassieren alles, was ihnen vor die Flinte kommt. Selbst Inter-Milan mit seinem Trainer Helenio Herrera putzen wir in Mailand weg. Drei Tage später aber, in einem Meisterschaftsspiel,

»geigen« wir uns wieder einen zusammen, daß mir auf der Bank Tränen der Scham in die Augen kommen. Die Bezeichnung ›Löwen‹ ist dann eine Kränkung für die echten Wüstenkönige, die ich so mag.

Am Ende der Saison beginnen die Nervenspiele. Nürnberg, Augsburg und meine 60er stehen wochenlang punktgleich an der Spitze – mal sind wir einen Punkt voraus, mal einen Punkt zurück. Die Saison wird zum Krimi. Aller Nerven beginnen zu flattern. Zum ersten Mal habe ich Schlafstörungen. Morgens um vier Uhr werde ich wach und spaziere im Trainingsanzug durchs nächtliche Grünwald.

Das große, alles entscheidende Spiel steigt erst am letzten Spieltag der Saison. Es wird zur perversen Sache für mich. Wir gewinnen unser Spiel 7:1, aber damit ist gar nichts gewonnen. Da sind noch die Nürnberger, die nicht gewinnen dürfen. Bis zur sechsundachtzigsten Spielminute steht es in Nürnberg 0:0. Das reicht für unseren Aufstieg und für meine Super-Prämie. Ich habe die hunderttausend Mark bis vier Minuten vor Schluß des Spieles Nürnberg–Bayreuth praktisch schon in der Tasche, ich fühle den dicken Klotz Geld schon.

Aber es sind eben noch diese beschissenen vier Minuten in Nürnberg zu spielen, in denen der ›Club‹ noch ein Masseltor macht, und das auch noch – wie zum Hohn – mit Hilfe eines Bayreuther Spielers, der angeschossen wird. Die verdammte ›Gurke‹ trudelt so langsam ins Tor, daß der Ball gar nicht ins Netz prallt. Er bleibt nur um eine Handbreit hinter der Linie liegen. Der Torwart auch, aber in der anderen Ecke.

Hunderte Zuschauer stehen hinter meiner Trainerbank. Kofferradios krächzen das Nürnberger Spiel »life« in mein Ohr und ins Spielfeld zu meinen Spielern. Alle 1860er-Anhänger zittern mit mir. Tausende Bayern-Fans jubeln schadenfroh, als der Unglücksabsatz des Bayreuther Spielers den Ball abfälscht.

Dieses Tor, vier Minuten vor dem Ende der Saison, nimmt mir hunderttausend Mark aus den Schweinsledernen! So grausam kann Fußball sein. Meine konzentrierte Arbeit, das ganze Jahr über, war vergebens.

»Gutendorf trug seine schwere Niederlage mit der Lässigkeit eines

Grandseigneurs«, schreibt die ›Süddeutsche Zeitung‹. Aber auch andere Stimmen sind zu hören: »Rudi hat sein Mammut-Poker in München verloren, er legte drauf.« Oder: »Als Gutendorf uns auf der Pressekonferenz unmittelbar nach dem Spiel – für ihn war es sein Hunderttausend-Mark-Verlustspiel – darauf hinwies, daß dies eben die Faszination und die Tragik seines Berufes sei, sah er mit seinen regennassen langen Haaren aus wie eine alte Frau!«
Genauso fühle ich mich auch. Mag schon sein, daß ich nicht nur die Haare, sondern auch die Ohren hängen lasse. Es ist nicht allein wegen des Geldes, mehr noch wegen der prima Kerle von 1860, die an mich und mein Können glaubten und große Opfer brachten. Enttäuschte Freunde zurückzulassen, ist mir immer das Ärgste.
In derselben Nacht treffe ich in James Grasers Nightclub Karl Adam, unseren Tormann aus alten Zeiten der TUS-Neuendorf-Mannschaft. Mit ihm mache ich schwer einen drauf und vergesse das Vermögen, das mir vor einigen Stunden – wie wir Koblenzer sagen – ›Langs die Nas' gegange is!‹ Gegen Morgen landen wir im ›Donisl‹ am Marienplatz, wo sich die Münchner Nachtschwärmer und schlaflose Typen treffen, wenn der Tag anbricht.
In der Flamme einer runtergebrannten Kerze, in die ich wortlos stiere, entzündet sich eine Rückblende auf meine Anfänge als Fußballer in Koblenz. Karl schaut, genauso blau wie ich, von der anderen Tischseite auf die Kerze, die genau zwischen uns auf der bayrisch blau-weiß gewürfelten Tischdecke vor sich hintropft.
Als es hell wird, gehe ich mit leerem Gesicht heim, zu Fuß zwei Stunden bis nach Grünwald. Ich vergesse, daß ich mit meinem Wagen zum Spiel ins Stadion gefahren bin.
Ich habe verloren. Einer hat gewonnen.
Max Merkel bekommt meinen Job!

Vom Engadin nach Sao Paulo

Der Tanztee im Après-Ski-Dreß in der berühmten Hotelhalle – nach einem ganzen Tag auf den Pisten in der Umgebung von St. Moritz – ist immer das Schönste vom Tage. Braungebrannt, angenehm müde, konnte man gutaussehende und fröhliche Menschen sehen und selbst gesehen werden. Hier werden die Verabredungen für den Abend organisiert, die »Aufrisse« klargemacht.
Der heutige Tanztee in der Halle ist wie eine historische Schloßbesichtigung: Gegen Trinkgeld zeigt der Oberkellner den Neulingen, auf welchem der ausgeblichenen Sessel Greta Garbo und Marlene Dietrich, die vor Jahrzehnten hier auftraten, oder Ex-König Konstantin von Griechenland gesessen haben. Das tut weh, wenn man dabei war, als Capy Badrutt, Ex-Ehefrau des Palace-Besitzers, den Kings-Club im Keller des Hotels aus der Taufe hob – da war dieser Luxusschuppen der Traum aller, die nicht reinkamen. Seit 1964 bin ich dabei, immer zwischen Weihnachten und Neujahr, wenn die Bundesliga Pause macht. Diese Woche ist teuer, aber ich leiste sie mir.
Das Dabeisein verdanke ich einzig der Tatsache, daß mich Gunther Sachs hier und da als Freund vorstellt: Er ist der Laisser-passer zu den dicken Geldsäcken wie auch zur Aristokratie. Gunthers Freunde werden aufgenommen.
Ich weiß nicht, was mich zuweilen ohne Voranmeldung auf ausgefallene Ideen bringt und mein schlummerndes Gedankengut an die Oberfläche spült. Marika und ich machen diesmal gemeinsam Urlaub in Sankt Moritz. Ich habe mal wieder viel Zeit, um mich nach einer meiner nicht so ganz ›gütlichen Trennungen‹ von einem Club zu erholen. Meine Ideen erleben ungeahnte Höhenflüge, wenn ich vom täglichen Fußball-Kleinkram losgelöst bin.
Schwere Katerstimmung – eine Nonstop-Party bei Gunther Sachs in

seiner phantastischen Wohnung im Turm des Hotels ist die Ursache. Trübe Aussicht durchs Fenster beim Aufwachen – keine Sonne, es schneit.
Ich habe Kopfschmerzen und bin immer noch verärgert über den Fiat-Krösus Graf Agnelli: Er hat zu ungeniert mit meiner Marika geflirtet. Ich wollte keinen Skandal machen, habe meinen Ärger runtergeschluckt. Halbgroggy vor Müdigkeit taumelt er von einer Billigfloskel in die andere und schaute ständig auf die Uhr. Am nettesten sind die Bogners – Skihosen machten sie so reich, daß sie die ganze Nacht lachen könnten. Marika ist natürlich mehr als happy, »dabeizusein« und daß sie Leute persönlich kennenlernt, deren Namen sie nur aus Illustrierten kennt.
Eine Klasse für sich – wie immer – Gunther Sachs. Er sprüht vor Geist und Witz. Als ich ihm begeistert erzähle, heute mit dem deutschen Weltmeisterbob eine Runde gedreht zu haben und ein bißchen Anerkennung erwarte, meckert er mich grantig an: »Mensch, hör auf mit diesem Larifari für alte Tanten. Was ist das schon? Skeleton ist die Spitze! Liegend auf einem Schlitten durch die Eisröhre rasen, mit der Nase einen Zentimeter überm Boden . . . ahh!«
Er hat mich schon einige Male zum Skeleton eingeladen. Ich hab' mich aber bisher immer gedrückt davor. Auf einem rasenden Sarg im Höllentempo abwärts zu pfeilen, macht mir kein Vergnügen. Gunther ist Vereinspräsident des St. Moritzer Skeleton-Clubs und finanziert das Clubhaus – wie so vieles andere in St. Moritz. Gunther ist ein prima Junge, von den meisten anderen der High Snobiety habe ich die Schnauze gestrichen voll. Besonders an diesem tristen Morgen.
Ich klapse Marika liebevoll dorthin, wo Bierkutscher ihren Kaltblütlern einen draufgeben, wenn sie zufrieden mit ihnen sind und schreie theatralisch in den gerade beginnenden Tag: »Wir machen Silvester mal was Exquisites! Etwas, was keiner von der ganzen Snobiety kann, auch Gunther nicht.«
Marika maunzt verschlafen aus ihren Kissen und ist gleich wieder weg. Morgens ist mit ihr nicht gut Kirschenessen. Als typischer Nachtmensch wird sie erst richtig wach, wenn lange Schatten über die Häuser fallen.

Als sie mir in Sidney ein australisches Sprichwort zitierte, daß morgens vor zehn sich nur der Plebs auf den Straßen befindet, sah sie mich triumphierend an und sagte: »Australien ist ein Kontinent mit hoher Kultur. Versuch, lange hierzubleiben, laß dich nicht so schnell wieder rausschmeißen!« Ich schaffte es 3 Jahre, für mich ein Rekord.
Ich bin in aller Herrgottsfrüh topfit und habe meine beste Zeit, wenn Marika noch im Tiefschlaf stöhnt. Doch wenn eine neue Idee in meinem Gehirn rumflitzt, bin ich intolerant – dann will ich konzentrierte Aufmerksamkeit, brauche Echo.
»Wachwerden!« kommandiere ich.
Ich ziehe ihr die Decken weg und gebe ihr einen weiteren Klaps. Endlich reibt sie sich ein bißchen die Augen – aber nur ein bißchen.
»Du reißt mich mitten aus dem Schlaf, bist du verrückt? Ich kann alle Präsidenten jetzt verstehen, daß sie dich rausgeschmissen haben. Du bist wirklich unberechenbar, du hast kein Gefühl für die Jugend.«
»Ich bin auf Entdeckungsreise in die eigene Psyche, ich brauche deine Begleitung. Ich teste mich. I check me up! Detlef komm hinter diese weiße Birke, es muß sein!«
Ich dachte, sie lacht – Fehlanzeige! Schlaftrunken lallt sie: »Entdekkungsreise in die eigene Psyche, check up! Was soll der Quatsch morgens um sieben Uhr?«.
»Du wirst sehen, wohin ich dich junges Biest führe. Wir werden nach Brasilien fliegen und das sofort, was sagst du jetzt?«
»Mir gefällt es hier . . .«
»Was?« schreie ich. »Ich kann die Tanten mit ihren fetten Ärschen, die hier rumlungern und den Wein – die Flasche für hundert Dollar – schlucken, als sei es Selters, nicht mehr ertragen.«
Marika geht nicht auf die Tanten ein, sondern sagt: »Wie schön, Brasilien!«
Sie reckt sich, ihre Äuglein werden aber schon wieder kleiner. Sie läßt sich wieder nach hinten ins Bett zurücksacken und schließt demonstrativ die Augen. Sie ist wach, ich bleibe dran: »Wir werden Silvester in Saõ Paulo sein! Ich nehme am Silvesterlauf teil«, schreie ich vor Begeisterung. »Du wirst dabei sein, Marika, freust du dich nicht?«

»Was? Soll ich etwa auch mitlaufen, um mit dir gemeinsam schlappzumachen, damit du dich nicht allein blamierst?«
Ich habe sie an diesem frühen Morgen überfordert. Meine zusätzlichen Erklärungen, immer nur Fußball, das sei wie immer nur Erbsensuppe, können sie nicht davon abbringen, mir einen Vogel zu zeigen.
Ihre letzten Worte, bevor wir in Zürich im Jumbo mit Reiseziel Saõ Paulo sitzen, sind: »Du fällst in Saõ Paulo tot um, du Wahnsinnskandidat! Wie alt bist du eigentlich? Silvesterlauf!«
Als wir in Rio landen, ist es Morgen statt Nacht, und Sommer statt Winter. Es ist heiß, Trommeln dröhnen durch die Stadt, man probt in den Sambaschulen für den Karneval. An der Copacabana sind die Gehsteige aus Mosaik und gehen in den Sandstrand über. So etwas habe ich noch nirgends gesehen. Ich staune und lasse mir die Schuhe im Calypso-Rhythmus von einem lachenden Boy putzen, dem die Sache sichtlich Spaß macht. Meine ersten Eindrücke von Rio. Hier möchte ich mal einen Trainerjob haben. Ich beschließe, zwei Tage der Vorbereitung zu widmen, um mich ans Klima zu gewöhnen. Ich nehme mir vor, vormittags und abends je zwei Stunden durch den Copa-Sand zu schrubben.
Saõ Paulo, der Brutkasten, die permanente Sauna Brasiliens, entpuppt sich für mich drei Tage später überraschend als durchaus akzeptabler Ort für meinen Leistungstest. Die Temperatur ist von dreißig Grad auf achtzehn Grad gefallen. Wenn das kein Zeichen ist! Der Herrgott ist mit mir. Der Taxifahrer erzählt uns umständlich in einem Kauderwelsch aus Portugiesisch und Spanisch, daß in Saõ Paulo acht Millionen Menschen wohnen und daß die ›Korintians‹ in dieser Saison wieder die Fußballmeisterschaft verpaßt haben. Wieder Fußball. Aber ich gehe dieses Mal nicht darauf ein. Ich will laufen, mich bewähren, will's Marika zeigen – sonst nix!
Als Henry Smith aus Derby, England, habe ich mich gemeldet und mich für hundert Cruzeros in die Startliste eingetragen.
»Thank you, Mr. Smith!« sagt der Funktionär, stolz, seine einzigen englischen Worte angebracht zu haben. Er studiert erfolglos mein T-Shirt mit der Aufschrift ›Kowelenzer Schängelche‹.
In den beiden letzten Nächten vor dem Rennen schlafe ich kaum vier Stunden. Lampenfieber, die ›challenge‹ hat mich gepackt. Was

ich jetzt gebraucht hätte, wäre ein Trainer gewesen, der mich psychologisch betreut und motiviert. Aber old Henry am Start des Silvesterlaufes von Saõ Paulo – wer will den betreuen? Er ist ein Nobody, an der internationalen Laufbörse unbekannt. Lasse Viren aus Finnland mit vier Olympischen Goldmedaillen hat einen Masseur dabei – klare Vorteile vor Smith, Derby.
Was schlimm ist und was Mr. Smith traurig stimmt: daß seine sonst treue Begleiterin sich immer wieder bedeutungsvoll an die Stirn tippt, wenn sie ihn ansieht. Ich hätte mich jetzt noch unter einen Hinweis auf Bert Brecht zurückziehen können: »Wer A sagt, muß nicht B sagen, wenn er erkennt, daß A falsch war.«
Ob mein A falsch oder richtig ist, ist mir aber jetzt schnurzegal. Wenn ich jetzt nicht hinlange, komme ich mir wie ein großes A . . . vor!
»Wer A sagt, muß auch schloch sagen«, singe ich ihr lachend zu und tänzle locker zum Start.
Meine Witzchen sitzen wieder nicht, Marika verzieht keine Miene, hat sie Angst um mich?
Im Gedränge am Start sehe ich – welch ein Wunder – Marika. Ihre Augen mustern mich liebevoll-spöttisch. Oder ist es nur Sorge?
Hunderttausende brüllen an den Straßenrändern wie an ebensovielen Spießen, als der kolossale Pulk losgeht. Henry, eingekeilt in des Pulkes Mitte, schreit zurück, um sich innerlich zu befreien. Aufgesogen im Rudel, jagt er geschoben und gestoßen dahin. Aber jetzt vergesse ich Henry, jetzt kämpfe und überlege ich. Nur nicht zu schnell angehen, auch wenn ich ganz hintendranhänge. Hier kennt mich keiner, hier bin ich ein anonymer Läufer, hier darf ich rennen, wie ich will. Nach fünfhundert Metern spinkse ich zurück: Ich bin ja so glücklich, da kommen ja noch ganze Läuferklumpen! Welche Kräfte da frei werden! Nach 1000 Metern ein Blick zur Uhr: 3,40 Minuten. Und das für 1000 Meter?
»Mensch, das ist ja gar nichts«, sage ich zu Henry. Ich bin fast eine Minute langsamer. Noch acht Kilometer will ich möglichst im gleichen Tempo laufen, so steht's in meinem ›Marschplan‹. Ich laufe ökonomisch, hebe die Füße kaum hoch, ich laufe sozu-

sagen flach. Plötzlich werde ich schneller, denn die Strecke geht bergab.
»Ist ja alles nicht so schlimm, Henry.« Die Zuschauer stimulieren mich.
Das ist bestes Fußball-Publikum, die haben keine Ahnung, aber sie toben, gebärden sich wie verrückt, röhren und krächzen. Ja, das ist meine Welt, seit einem Vierteljahrhundert, das beflügelt meinen Willen, das macht mich hellwach.
Da ist es wieder, das gute Gefühl. Da scheiß' ich doch auf St. Moritz und auf all die mürben Säcke mit den fetten Tanten.
»Adi, legen Sie mir doch noch einmal Spaghetti nach, ja auch noch ein Löffelchen Meatsauce!«
Ich überhole einen, der schon ein engelhaft-überirdisches Lächeln im Gesicht trägt. Der schafft es nicht, der kippt bald um. Diese erste Überholung macht mich nicht an. Jäh werde ich aus meinen Gedanken gerissen. Ein fliegender Händler mit einem Bauchladen hat sich an meine Fersen geheftet. Er bietet mir etwas an, ich weiß nicht, was.
»Ignoriere ihn, Henry, der Kerl ist bekloppt.«
Aber da ist ein Zweifel: Warum hängt sich der Blödmann ausgerechnet an mich? Fixiert mich die Masse am Straßenrand nicht merkwürdig? Der Schweiß rinnt an mir in Strömen abwärts, alles klebt und tropft, mein Atem keucht. Mein ganzer Body ist zum Blasebalg geworden, verzweifelt sauge ich ein und stoße aus.
Plötzlich ist das Männchen mit dem Hammer da, es läßt sich auch nicht durch die schweinischsten Flüche verscheuchen. Aus dem Muskelzentrum meines Körpers wird nach ganz oben gefunkt: »Sofort aufgeben, alles sinnlos!«
Aber in meiner Seele gibt es mehrere Etagen. Das wußte ich noch nicht.
»Es wird um jeden Preis durchgehalten, seid ihr wahnsinnig?« knurre ich, »ihr schlappen Säue da oben!«
Die schlappen Säue und die oberen Schweinehunde sind beeindruckt. Das haben sie noch nie erlebt! Aber die Muskelkraft läßt rapide nach, trotz allem kämpferischen Willen. Zum Unglück geht es nun auch noch bergauf. Ich schleppe mich vorwärts.
Hinter mir wird's lebendig. Eine Rotte kommt näher und näher, als

ob sie mich zertreten will. Habe ich die Hälfte der Strecke bewältigt, oder steht noch mehr als das Doppelte aus? Ich habe vor Anstrengung die Orientierung verloren. Der erste Läufer aus dem bösartigen Rudel schaut mich im Vorbeilaufen grimmig an. Sein böser Blick sagt: »Großkotz, wohl zu schnell begonnen? Jetzt pfeifst du auf dem letzten Loch. Gib auf, du Null!«
Das gleiche spricht aus den doofen Gesichtern, die alle ganz locker an mir vorbeiziehen. Das schlimmste ist, die doofen Gesichter haben recht!
Das ganze Rudel ist schon um eine Biegung verschwunden, als ein Peruaner sich an mir vorbeischieben will. Ich versuche ein Grinsen, das todsicher als Grimasse rauskommt. Auf Spanisch höre ich mich heiser rufen: »Was willst du denn hier?« – mehr geben meine ausgedörrten Stimmbänder nicht her. Ich rufe es, schüttle den Kopf und trete mächtig an. Dann ist der Peruaner auch schon weg. Ich schaue triumphierend zurück: zehn, zwanzig, dreißig Meter – dem hab' ich's gezeigt. Peruanern muß man auf den Schwanz hauen, die Burschen kenn' ich, mit denen hab' ich ein Jahr trainiert.
Dann geht's um eine Ecke, und die atemberaubende Phalanx der tiefergelegenen nächtlichen Stadt liegt vor mir.
Was ist es, was mir auf einmal, genau in diesem Augenblick, beim Anblick der Lichter Flügel verleiht? Ich hätte abheben können!
Marika, wo ist sie? Hier sollte sie stehen, hier, wo ich an diesem schaurig-endlosen Friedhof vorbeifliege. Sie könnte einen ›Großen‹ sehen! Aber was soll sie hier in diesem Hexenkessel verrückt schreiender Paulistas? Sie würde erdrückt. Aber die Tatsache besteht: Nie ist sie da, wo sie mich bewundern könnte. »Alles Quatsch, laß doch das Denken«, knurre ich mich selber an. Laufe ich für sie oder für mich? Endlich habe ich die Höhe erlaufen. Es geht scharf links, auf eine weitere schier endlose Straße, ohne Zweifel die Zielgerade. Meine Beine sind jetzt Blei. Ist doch gut, daß sie mich jetzt nicht sieht. Jetzt ist die Qual da, ich muß aufgeben. Mitten in die mich noch schwächer machenden Überlegungen krachen Donnerschläge, und heiße Samba-Rhythmen schlagen wie Hohn an mein Ohr. Richtig, das alte Jahr ist vorbei – das neue hat begonnen. Ich zockele weiter, lasse die verkrampften Arme hängen, was den Oberkörper entspannt. Die makabre Ge-

schichte von dem zum Tode Verurteilten schießt mir in den Kopf. Er wird am 1. Januar zum Schafott geführt und seufzt: »Das neue Jahr fängt ja gut an!«
Wie kann ich jetzt an so einen Schwachsinn denken?
Für mich hat sich die Situation am Straßenrand verwandelt. War es vorher Sympathie, Zustimmung, Aufmunterung – jetzt ist es beißende Ironie, die mich trifft. Schmach ist über mich hereingebrochen. Liegt es an meiner Haltung, ist meine Hüfte zu tief abgesackt? Endlich, ganz weit vorne, ein Band über der Straße – das Ziel! Gott sei Dank, ich werde es schaffen. Unbeschreibliche Euphorie beflügelt mich. Ich bin keine schlappe Sau! Die Vehemenz des Glücksgefühls jagt mir Tränen in die Augen. Ich spurte plötzlich, das Röcheln ist weg, das mich begleitete. Hinter mir tut sich nichts, wer sollte mich auch jetzt einholen? Ich fliege ja. Ich komme sogar näher an den Haufen ran, der vor mir rennt. Jetzt das Band – ich gebe das letzte, will mich ins Ziel werfen. Was ist das? Die Idioten laufen weiter. Sind die blind? Aber die können doch nicht alle blind sein.
Es ist nicht das Ziel – es ist ein tiefgespanntes schmales Werbetuch, Werbeplakat für eine verdammte Kaffeemarke! Ich bin gelackmeiert, das ist das Ende. Meine Knie sind weich, die Beine sind am Wegknicken. Ich werde jetzt umfallen und liegenbleiben, was anderes gibt's nicht mehr!
Da sehe ich sie kommen, die Wölfe, ihr Gestank läuft ihnen voraus. Sie wollen, daß ich vor ihnen liege wie ein zu Tode gehetztes Lamm. Ich höre es an ihrem geilen Keuchen. Ich wackle mal weiter, nur so zum Versuch, automatisch, mit leerem Hirn und Butter in den Knien. Laufe ich wie ein leerer Kartoffelsack mit verbissenem Gesicht? Ich versuche, mein Gesicht zu entspannen, nur nicht Überbeißen, ich muß mich aufrichten. Südamerikaner wollen ihre Sportler in markigen Posen erleben, nicht als Dulder oder traurige Durchhalter. Dulder – das sind sie alle selbst, die Armut macht sie dazu. Sportler und Stars will man anders sehen, man will sich aufrichten an ihnen.
Man will strahlende Peles und triumphierende Ziccos, Sinnbilder des geschickten Siegers bejubeln. Südamerikaner haben Grazie und lieben alles Leichte und Elegante – so ist ihre Folklore und ihre

Mentalität. Deutsches Kämpfertum finden sie häßlich. Man pfeift den Unansehnlich-Verbissenen aus, Hohn schlägt dem aus dem letzten Loch Pfeifenden entgegen.
Ob Haß oder Hohn, auch wie ich aussehe – alles ist mir jetzt einerlei. Ich kämpfe mit einem Flächenbrand, der unter meinen beiden Sohlen wütet. Mit solchen Schmerzen kann man nicht gut aussehen. Ich will durchhalten. Ankommen ist für mich ehernes Gesetz geworden. Ich, nicht der Henry, ich, der Rudi, werde ankommen. Alles andere zählt jetzt nicht. Das ist meine Olympiade heute nacht. Ich wandle die olympische Phrase vom ›Dabeisein ist wichtiger als Siegen‹ ab: »Dabeisein ist gar nichts, Ankommen alles«, stöhnt es aus mir heraus. In meinem Gehirn ist Stillstand. Da ich mich nicht mehr konzentrieren kann, will ich auch nicht mehr denken. Trotzdem tauchen Gedanken auf, die aber wieder weg sind, bevor ich sie greifen kann.
Einen kann ich nicht verscheuchen, er läuft mit. Er zielt direkt in meine linke Wade, die steinhart geworden ist. Ein Krampf bohrt bis auf den Knochen. Egal, weiter, wie ein Roboter. Jeder Schritt auf dem harten Pflaster wird zum Messerstich, mein Magen zur Hölle, saures Sodbrennen ketzert wie verrückt, die Lungen rasseln wieder hohl. Jetzt trinken dürfen! Was heißt trinken? Eine Bütte voll einlaufen lassen. Gleich darfst du es, noch drei Minuten, rede ich mir zu. Oder vier. Oder sieben. Meine Hintermänner haben Respekt vor mir, sie wagen nicht den Generalangriff. Wenn sie wüßten, wie es in mir aussieht – sie würden mich jetzt aufsaugen und nach hinten rausfurzen. Da, endlich – das Ziel weit voraus, jetzt unverwechselbar. Was denn, ich bin ja ganz frisch. Ich jage leichtfüßig dahin, allein auf weiter Flur. Vorne nichts, hinten nichts. Wieviel tote Punkte habe ich heute überwunden?
Was ist eine Liebesnacht gegen diese kolossale Befriedigung. Brausender Beifall – die letzten hundert Meter laufe ich im Rausch, meine Beinmuskeln arbeiten automatisch wie eine wunderbar eingefettete Maschine. So ist sicherlich noch keiner dem Ziel entgegengerast, so elegant und locker. Ja, im Endspurt war ich schon immer gut.
War das alles, lache ich mir selbst zu, ich könnte die Strecke noch mal laufen – dann knicken mir die Beine weg; was Beine, morsches

Holz. Ich werde von vier Helfern auf einer Bahre zu einem Rot-Kreuz-Bus geschleppt. Meine letzten Gedanken, in die sich wie aus ganz weiter Ferne die Klänge vieler Samba-Kapellen mischen, bevor ich für einige Zeit wegtrete: Wie gut, daß dich hier keiner kennt, Henry Smith! Marika ist – wie immer – nicht da. Gut so.

»Voodoo Zauber« in Tansania

Kaum stecke ich meine Nase aus dem Jumbo auf dem Flughafen Kilimandscharo in Arusha, ist dort ein dicker Fettnapf für mich aufgestellt. Sechs uralte Askaris. Sie simulieren zu Ehren des gelandeten Fußball-Nationaltrainers von Tansania den Paradegriff ›Präsentiert das Gewehr‹ – ohne Gewehr. Die wackeligen Gestalten brüllen mir ein dröhnendes ›Hurra‹ aus Kaiser Wilhelms Zeiten entgegen. Erfreut über die wohl einmalige Begrüßung spiele ich mit und baue mich vor den letzten lebenden Relikten aus der Schutztruppe des deutschen Haudegens Lettow-Vorbeck auf und kommandiere: »Rührt euch, Jungs.«
Die Jungs sind zwischen siebzig und achtzig Jahre oder älter.
Die Offiziellen des Tansanischen Fußballverbandes und ein Vertreter der Deutschen Botschaft sehen dem Schauspiel sehr besorgt zu. Die sechs Kämpen sind auf mein Kommando gefaßt. Sie bellen zurück: »Jawohl, Herr Hauptmann«, und verharren in strammer Haltung, warten auf weitere Befehle des Deutschen, der in Tansanias Zeitungen abgelichtet ist.
Ich bin eine Minute in Ostafrika und mache schon meinen ersten Fehler, denn ich lade die Veteranen ein, mich zu meinem Standquartier zu begleiten. So vollzieht sich mein Einzug in die Nobelherberge Arushas – das ›Mont-Meru‹-Hotel geradezu grotesk. Eskortiert von den zerlumpten Gestalten betrete ich die feine Eingangshalle, wo sich Diplomaten und Präsidenten treffen und ihre sundowners trinken. Unversehens verstummen alle Gespräche, als ich mit meinem Troß einfalle – betretenes Schweigen, das nicht enden will. Da komme ich mir natürlich vor wie ein Geisterfahrer auf der Autobahn. Aber jetzt gilt es, die Sache in Ehren durchzustehen, verdammt noch mal.
Ich lade die deutschen Soldaten von anno Tobak mit den verwitter-

ten Gesichtern zu einem Bier ein. »Six beers for my friends, please«, sage ich sehr höflich zu einem befrackten Kellner, dessen Gesicht versteinert. Weitere Irritationen folgen. Einer der Askaris flüstert mir geheimnisvoll ins Ohr: »Ich bin unter uns der einzige ›echte‹ Askari Lettow-Vorbecks, die anderen waren nur Rekruten« – dabei wirft er sich in die eingefallene Brust.

»Na ja«, sage ich, »Männer, wartet einen Augenblick auf mich, ich komme gleich wieder. Ich lasse nur mein Gepäck nach oben bringen und mache mich etwas frisch.«

Als ich zurückkomme, um mit ihnen anzustoßen, ist es schon passiert. Nichts war es mit einem Prosit, denn die englische Hotelleitung hat die ungebetenen Gäste nicht ohne physische Kommunikation hinauskomplimentiert – rausgeschubst, würden wir in Koblenz sagen.

Als ich nach wenigen Sekunden die Situation erfasse, spiegelt mein Antlitz bestimmt die Fleischwerdung der Wut wider. Ich explodiere, schreie viel zu laut: »Wo ist der Manager?«

»Hier«, kommt es spitz von der Rezeption zurück – und da kommt er auch schon so aggressiv angewieselt, daß es ihm schwerfällt, kurz vor mir zu bremsen. Die arktische Kälte in seiner Stimme wird wohl kein Instrument mehr messen können, als er herauspreßt: »What can I do for you« – lange Pause – dann: »Sir?«

»Was haben Sie mit meinen Gästen gemacht?«

»Ich habe sie rauswerfen lassen.«

»Ist das die feine vornehme englische Art? Merken Sie sich, die Kolonialzeit ist vorbei. God safe the Queen in Arusha«, flüstere ich ganz vornehm, so daß nur er es hören kann.

»Wenn Sie Gast in diesem Hotel sind und es bleiben wollen, haben Sie sich an die Gepflogenheiten des Hauses zu halten.«

»Und wenn Sie mit Ihren Gästen sprechen, dann sollten Sie sich wie ein kultivierter Mensch benehmen und nicht wie ein Armleuchter!«

Der Hotelmanager ist im Gesicht rot angelaufen wie ein Truthahn. Er sagt noch etwas Unschönes über uns Deutsche im allgemeinen und Fußballtrainer im besonderen. Ich empfinde nur peinigend ein Zucken in der rechten Hand, die sich ballt – bringe mich aber unter Kontrolle, weil der Vertreter unserer Botschaft zur Salzsäule erstarrt ist.

Verdammt – was für ein Auftakt bei meinem Arbeitsbeginn in einem fremden Kontinent. Aber die Alten tun mir leid.

Der Afrika-Pokal für Fußball-Ländermannschaften ist das größte Sportereignis des Schwarzen Kontinents, wo Fußball Volkssport Nummer Eins ist – wie bei uns.
Schon Monate vor dem Ereignis ist in der Öffentlichkeit Tansanias der Pokalgewinn das beherrschende Thema. Die Show-Größen des Landes werden aufgefordert, ›Schlacht-Gesänge‹ zu komponieren, damit die Zuschauer unsere Mannschaft frenetisch anfeuern können. Diese Fußball-Songs werden zu Hits, die Tag und Nacht im Radio gespielt werden und die die Fans im Stadion mit Inbrunst mitschreien.
Mein Team steckt voller Talente. In puncto Technik hat meine Mannschaft keine Probleme, im Gegenteil: Im Dribbling und in der Ballbehandlung sind meine schwarzen Boys sogar stärker als Europäer. Mängel haben sie im Paßspiel – oft folgt nach einem Traumpaß über dreißig Meter ein kläglicher Fehlpaß. Mit dem Verwerten ihrer Torchancen haben meine Stürmer die größte Mühe. Harte, genaue Schüsse sind Raritäten. Das alles trainiere ich, bis in die späte Nacht hinein, und das bei 35 Grad im Schatten, bei einer knapp unter hundert Prozent liegenden Luftfeuchtigkeit.
Aber das tun alle anderen afrikanischen Nationaltrainer auch.
Was ich allen afrikanischen Trainern voraushabe, ist meine Erfahrung in moderner Taktik aus dem Profilager. Mir ist klar, nur in diesem Punkt kann ich meinem Team bei wochenlangem Profitraining den entscheidenden Vorteil verschaffen. Ich verändere sofort den gemächlich-zeitlupenhaften Spielaufbau in eine schnelle Kontertaktik; trichtere ihnen modernste Raumdeckung ein.
Glücklicherweise habe ich einen intelligenten älteren Spieler, der ›mein verlängerter Arm‹ während des Spieles wird. Er jagt – auf meine Order hin – seine Vorderleute zum Forechecking ins Mittelfeld. Selbst für mich erstaunlich, klappt sogar schon bald das ›Übergeben‹ bis in die eigene Abwehr. Die Kondition habe ich nach vier Wochen perfekt, weil ich brutal und stur ein Bundesliga-Vorbereitungsprogramm durchziehe. Sogar Krafttraining führe ich durch, wozu ich mangels Hanteln und Gewichten schwere Steine

und zwei 35 Kilo schwere Elefantenzähne, Trophäen aus dem Club-haus (die man mir später schenkte, ein Vermögen!) nahm.
Nach dieser Bombenvorbereitung führe ich die Nationalmannschaft von Tansania mit folgenden Ergebnissen bis ins Endspiel: 3:1 gegen Sansibar; 2:1 gegen Malawi; 1:0 gegen Kenia und 2:1 gegen das sehr starke Sambia, gegen das ich schon in Botswana gespielt habe.
Eine Welle der nationalen Begeisterung hat wegen der großartigen Resultate inzwischen das ganze Land erfaßt. Ich schwimme auf dieser Woge des Glücks der sehr armen Menschen – kräftig mitkraulend – obenauf. Ein Erfolgserlebnis, wie ich es lange nicht mehr hatte. Balsam für in der Bundesliga verabreichte Wunden.
Beim 2:1 gegen Sambia im Halbfinale tanzen immer wieder Menschentrauben um meine Trainerbank und skandieren Sprechchöre: »Assante Sana, Rudi« – »Vielen Dank, Rudi.«
Sogar ein Rudel herrenloser Hunde, mitten ins Gewühl geraten, bellt Beifall und wedelt, was die Schwänze hergeben.
»In der Ekstase der Massen erzittern beim Anpfiff die Stadionmauern, wie bei uns vor 40 Jahren die Luftschutzbunker beim Aufprall der Bomben«, meldet ein deutscher Journalist auf Urlaub seiner Zeitung in Deutschland.
Ich schlürfe den Ruhm genießerisch. Gräßlich stinkende frischgegerbte Geparden- und Leopardenfelle werden mir als Geschenke von gänzlich fremden Leuten heimlich ins Hotel gebracht. In den letzten Tagen grüßt mich sogar der feine englische Hotelmanager mit leichter Verbeugung, selbst wenn ich im verschwitzten Trainingsanzug und mit den Metallstollenschuhen durch die feine Hotelhalle schreite – gehen wäre nicht das richtige Wort, denn ich schreite nach unserem letzten Sieg.
Wieder einmal wird mir klar: Leistung ist noch nicht Erfolg. Leistung plus Anerkennung ist Erfolg.
Aber das Endspiel steht noch bevor, alles kann noch versaut werden. Alles deutet auf unseren ganz großen Triumph hin. Gegner ist infolge des vertrackten Austragungsmodus wieder Kenia, das wir schon in der Zwischenrunde ohne große Mühe geschlagen haben. Doch das große Finale gestaltet sich so grotesk wie kein

Spiel zuvor in meiner an sportlichen Thrillern so reichen Trainer-Laufbahn.
Der Himmel über Daressalam hat jene blaßblaue Farbe, mit der Nervenkliniken in Afrika angepinselt werden. Schon am frühen Morgen, zehn Stunden vor Spielbeginn, ist das Stadion voll.
Um zehn Uhr begebe ich mich – wie immer bei Heimspielen – ins Hotel, in dem meine Mannschaft kaserniert ist, um verabredungsgemäß die letzte Spielerbesprechung abzuhalten und die endgültige Aufstellung bekanntzugeben. Ich habe mich bewußt vom Trubel des Stammquartiers ferngehalten, denn ich bin kein Aufpasser – dafür sind meine beiden Assistenten zuständig.
In Gedanken versunken und sehr nervös, wie immer vor entscheidenden Kämpfen, stoße ich die Tür zum Clubraum auf: »Wo sind die Spieler, wo ist Somali?« raunze ich den Kellner an, der mich blöd-erschrocken anglotzt. Kopfschütteln, Schulterzucken, ängstliche Miene. Da erscheint mein zweiter Assistent Elias aus einer dunklen Garderobenecke. Er schaut verlegen an mir vorbei.
»Elias, was ist los?«
Schweigen! Elias zittert wie ein Palmblatt im Seewind.
»Mach den Mund auf! Was ist passiert? Wo sind die Spieler, warum zitterst du?«
Elias stammelt: »Somali ist verrückt geworden; er denkt, er sei Gott.«
»Was heißt das?«
»Er hat die Mannschaftsbesprechung eine Stunde vorverlegt, den Rat der Alten eingeholt und die Elf danach selbst aufgestellt!«
Ich zittere vor Wut, kann das alles nicht glauben. Mühsam beherrsche ich mich.
»Wer sind die Alten? Rede!«
»Die Alten, das sind unsere Medizinmänner und Zauberer, unsere Weisen. Die haben gesagt, Ihre Mannschaftsaufstellung sei falsch für das Endspiel. Da gehörten heute andere Spieler hinein, Spieler, die sich von den Geistern besser leiten lassen!« In welchem Jahrhundert leben wir denn?
»Willst du mir weismachen, daß eure Medizinmänner den Afrika-Pokal entscheiden? Glaubst du auch an den Scheiß?«
Elias verdrückt sich mit einem Schulterzucken.

Drei Monate habe ich geschuftet wie ein Irrer. Wochenlang habe ich meinen Durchfall ignoriert, mich dreimal täglich auf den löchrigen, staubigen Hartplätzen herumgeschleppt und trainiert – und nun das, wo die Früchte des absoluten Erfolgs zum Greifen nah sind!
»Wo ist Somali, dieser Affe?« schreie ich wie am Spieß.
»Ich weiß nicht, Chef. Er ist spurlos verschwunden.«
»Das Schwein verkrümelt sich also, nachdem er alles verhunzt hat«, schnaube ich.
Ich weiß genau, was der Bursche im Schilde führt. Von wegen Medizinmänner! Bisher war er absolut loyal, geradezu unterwürfig hat er meine Anordnungen ausgeführt. Ich habe ihn nie fühlen lassen, daß er, der Afrikaner, zum Nationaltrainer Nummer Zwei wurde, als ich die Mannschaft übernahm. Nun, heute trachtet Somali offenkundig danach, sich die Gloriole des Pokalgewinns selbst um sein Haupt zu winden. Er geht aufs Ganze!
Wir alle sind sicher, den Cup heute zu gewinnen. Da auch er felsenfest davon überzeugt ist, hat er zugeschlagen. Bisher war er froh, nicht in der Verantwortung zu stehen, als wir die ›dicken Brocken‹ Sambia und Malawi vor uns hatten.
Oder glaubt Somali, der fromme Mohammedaner, wirklich an den Geisterspuk der Alten? Tue ich ihm unrecht – ist er überzeugt, das Richtige für die Nationalmannschaft seines Heimatlandes zu tun?
Einiges über Voodoo-Zauber fällt mir wieder ein: Hatten da nicht meine Spieler irgendein Tier vor unserem Spiel gegen Sambia geschlachtet und das noch warme Blut nachts unauffällig in einer Torwarthose in den gegnerischen Strafraum getragen und damit die weißen Linien verfärbt? Nicht unauffällig genug, denn unser Gegner weigerte sich zu spielen, da der Platz verhext sei. Erst als der Sand und die Kreide, die sich mit dem Blut vermischte, abgekratzt und von den Spielern mit den Händen vom Platz getragen wurde, konnte angepfiffen werden.
Da werden wohl auch ›die Alten‹ dahintergesteckt haben. Ich rufe den deutschen Botschafter an und frage um Rat: »Ja, mein lieber Herr Gutendorf, da bin ich überfragt.«
Stolpere und scheitere ich jetzt an diesem Zauberfirlefanz, oder läßt mich mein Assistent Somali – zeitlich fein abgestimmt – ins

offene Messer rennen? Kann ich mich mit Medizinmännern anlegen?

Ich suche die Spieler einzeln zusammen, schreibe die Namen der Mannschaft, die ich hätte auslaufen lassen, auf die Wandtafel, an der schon das Mittagsmenü des Hotels ausgehängt ist. Ich füge die Namen der Ersatzspieler hinzu und befehle Elias, die genaue Übersetzung in Suaheli vorzunehmen. Einen Zettel mit den gleichen Namen gebe ich dem Kapitän, dem ich befehle: »Den bringst du jetzt dem Stadionsprecher, du gibst ihn persönlich ab.«

Er nickt eifrig, verschwindet mit dem Papier, und ich bin erst mal erleichtert.

In der Kabine, kurz vor dem Anpfiff, instruiere ich meine Spieler, die mir alle bisher aufs Wort gehorchten. Heute schauen mich meine Athleten mit der Beschaulichkeit ausgestopfter Schleiereulen an und nicken ergeben. Von Überzeugung keine Spur. Von dem Intriganten Somali auch noch immer keine Spur! Wo mag er stecken? Ich verfluche ihn!

Die Spieler machen einen verwirrten Eindruck. Von Leidenschaft zum Sieg spüre ich nichts. Auch ich bin durcheinander.

Als ich endlich auf der Reservespielerbank Platz nehme, werden über den Stadionlautsprecher die Aufstellungen der beiden Teams genannt. Jetzt überläuft es mich heiß und kalt zugleich: Da dröhnen mir genau die Namen in die Ohren, die Somali aufgestellt hat.

In diesem Moment stiehlt sich der hinterlistige Halunke heran. Er schaut mich an, als müsse er sich erinnern, wo er mich schon mal gesehen hat. Ich koche: »Bist du wahnsinnig, Kerl? Ich kille dich, wenn etwas schiefgeht«, belle ich ihn an.

»Chef, die Alten wollten es so, ihr Wille ist für mich heilig. Sie haben Twenni Aly als Flügelstürmer aufgestellt. Er darf nicht spielen, ein böser Geist ist in ihm – all das wissen nur die Alten. Deswegen ist er heute eine Gefahr für unseren sicheren Sieg.«

Nicht mal als Ersatzmann ist Twenni Aly benannt worden! Aly, der im Verlauf der ganzen Runde mein entscheidendster Spieler gewesen ist – er ist eine Art Grabowski, ein idealer Ersatzmann, der keine Anlaufzeit braucht. Ich brachte ihn immer als Joker, wenn dem Spiel eine Wende gegeben werden mußte und ich meiner Elf durch einen Spielerwechsel neues Feuer einhauchte. Er war eine

starke Waffe in meiner Hand, ich hatte etwas in petto und konnte Einfluß aufs Spiel ausüben.
»Du Esel!« brülle ich Somali in grenzenloser Wut an. Doch der gähnt, reißt den Mund so weit auf, daß ich vor dem Abgrund zurückschrecke, der sich da auftut. Dann sagt er mit Überzeugung: »Bwana, alles wird gut, sehr gut. Die Alten sind auf unserer Seite.«
Ich fahre herum: »Wo ist der Verbandspräsident? Den will ich sofort sprechen, noch vor Beginn des Spiels – für diesen Mist lehne ich die Verantwortung ab.«
Doch der Verbandsobere begrüßt in diesem Augenblick Staatspräsident Julius Nyerere und heißt ihn durch den Lautsprecher willkommen. Alles ist zu spät, man hat mich ausgetrickst. Somali schleicht sich wie ein getretener Hund immer ein Stück näher an mich heran und erklärt – aus Sicherheitsgründen über die Schulter des Ersatztorwarts: »Sie werden sehen, Bwana, Adolph wird es heute machen, er ist sowieso viel besser als Twenni Aly!«
Ich würge, meine Kehle ist ausgetrocknet.
Adolph, einziger Spieler im Team mit einem deutschen Namen, Nachkomme eines Deutschen und einer Buschmannfrau, den Spieler mit der milchfarbenen Haut, überging ich in meinen Aufstellungen, weil er mir den Ball zu lange hält. Aber gerade deswegen ist er Somalis Liebling, der – wie sein Schützling – lange Dribblings quer über den Platz großartig findet.
Somali lächelt mir – wie abschließend – feinsinnig zu: »Die Alten muß man bei großen Sachen immer um Rat fragen, ich hab' das immer so gemacht.« Als ich die grenzenlose Überzeugung in seinen Augen sehe, bin ich einen Augenblick lang bereit, die Kröte zu schlucken. Sekundenlang huscht mir der Gedanke durchs Gehirn: Ist vielleicht etwas dran? Doch ebenso schnell ist die verrückte Überlegung beiseitegewischt.
Minuten später schreie ich Somali an: »Schau dir den Blödsinn an, unsere Abwehr spielt riskant. Ich habe doch angeordnet, bloß keine Abseitsfalle, haben deine alten Arschlöcher auch Ahnung vom Abseits?«
»Die Alten haben es so befohlen. Abseitsfalle ist heute angeordnet. Die Alten wissen warum.«
Spätestens jetzt weiß ich, daß Somali mich geleimt hat!

»Weißt du Affe denn nicht, warum ich keine Abseitsfalle spiele? Weißt du nicht, daß die Linienrichter hier zu dumm sind?«
»Die Linienrichter sind heute von uns, Chef, von Daressalam, die Alten denken an alles.«
Mir ist also die Regie, ausgerechnet im Finale, aus der Hand geglitten. Ich kann nur noch zuschauen.
Ein Konter der Keniaten führt zum einzigen Tor des Endspiels. Die Abseitsfalle versagt prompt, denn ›unser‹ Linienrichter denkt nicht daran, die Fahne zu heben. Und das alles kurz vor Schluß. Ein Kenianer lupft den Ball über meinen Torwart Kynye, der fünfundzwanzig Meter weit wie ein angestochenes Schwein aus dem Tor rennt und leer im Spielfeld rumdriftet, als der Ball gemächlich, wie widerwillig über unsere Torlinie rollt.
Was nützt es, daß meine Truppe nun mit zehn Mann wie bekloppt stürmt. Was hilft es, daß Adolph den Ball an die Innenseite des Pfostens schmettert und sein Nebenmann das wegtrudelnde Leder im Hechtsprung mit dem Kopf an die Unterkante der Latte wuchtet? Rein geht der Ball nicht, nur die Balken zittern – so wie ich! Der Zauber der Alten wirkt gegen uns!
»Da hast du deinen Scheißzauber deiner beschissenen Alten«, schreie ich außer mir vor Wut in Richtung Somali.
Aber der ist schon verschwunden.
»An den Spielern lag es nicht. Wir hatten viel Glück in der Vorrunde, auch im Halbfinale. Die ›Holzschüsse‹ heute muß ich als ausgleichende Gerechtigkeit ansehen«, sage ich zu Presseleuten aus ganz Afrika, die mich umringen. Ich schütze Somali vor der Öffentlichkeit, man würde ihn lynchen, wenn ich die Wahrheit sagen würde. Ich will ihn nicht vernichten – aber ich werde ihm nie verzeihen.
Der faule Zauber der Alten hat mir eine schlimme Bauchlandung beschert.
In der Nacht habe ich einen Alptraum: Ich sehe die Alten, wie sie mit Somali sprechen. Die Medizinmänner – obwohl Schwarz – haben die Gesichter von Dr. Peter Krohn, Gregorio Canellas und Günther Siebert. Sie blinzeln mich an und lachen wie verrückt, als ich sie erschrocken erkenne.

»Riegel« in Valladolid

Es ist der 24. Dezember, spätnachmittags! Die Anschlußmaschine nach München ist »cancelled« wegen Nebel in ganz Bayern. Ich sitze fest.

Weihnachtsabend in Madrid. Eiswinde von der Sierra fegen über die Stadt.

Es herrscht klirrende Kälte in Spanien.

Der Flugplatz ist öde, das Restaurant schäbig, die Paella klebt ölig an meinem Gaumen – und die Kellner sind unfreundlich, weil sie Weihnachten Dienst haben.

Aus Verzweiflung rufe ich Louis Gujarro an, einen Fußballagenten, der den Netzer-Breitner-Transfer zu Real gemacht hat. Ich will von ihm auf die Schnelle den internen Fußballklatsch Europas erfahren: Wer in der nächsten Saison für wen spielt, welcher Trainer wohin wechselt – und, nicht zuletzt, wo sich was für mich beruflich entwickeln könnte.

Ein nervöser Louis meldet sich. Als ich ihm sage, daß ich von Bolivien komme und am Madrider Flughafen sei, wird er noch nervöser.

»Was ist los, Louis, du bist doch sonst ein gelassener Caballero, so kenne ich dich gar nicht.«

»Deja la mierda«, schreit er ins Telefon. »Ich habe ein phantastisches Angebot für dich. Ein Zweitliga-Club, du wirst viel Geld machen«, trompetet er aufgeregt.

»Steck dir den Zweitliga-Club in deinen culo, du bist loco«, antworte ich enttäuscht. [culo = Hintern (gewählt ausgedrückt), loco = verrückt]

Weil er so nervös wirkt, glaube ich schon, er hat einen der spanischen »dicken Drei« für mich an der Angel: Real Madrid, Barcelona oder wenigstens Valencia!

»Bleib bei der Sache, Rudi. Du weißt nicht, wie gut einige Vereine der Zweiten Liga bezahlen.«
Gujarro kommt am Telefon ins Schwärmen; ich spüre förmlich, wie er sich die Lippen leckt. Er schmeckt schon seine Provision. »Louis, ich komme gerade aus Südamerika und will Weihnachten in München feiern. Heiligabend ist ohnehin schon im Eimer. Wegen eines Zweitliga-Clubs lass' ich meine Gaby nicht in München sitzen. Wenn du Real für mich hättest – ich käme zu Fuß zu dir vom Flugplatz.«
Er läßt nicht locker, und so bleibe ich Heiligabend in Madrid.
Am nächsten Morgen, dem ersten Weihnachtstag, sitzen wir schon um zehn Uhr zu dritt in einem Restaurant, das gerade aufgemacht hat. Wir sind die einzigen Gäste. Unser Gesprächspartner ist »El Presidente«, Pedro Pizarro von Real Vallodolid, ein eleganter Spanier. Er ist nach einem Anruf von Louis unverzüglich mit dem Auto gekommen. Die müssen mich wirklich wollen!
Offen schildert er mir sofort, daß seine Mannschaft Tabellenletzter sei und seit drei Monaten nur zweimal unentschieden spielte. Gesiegt hat seine Profitruppe noch nicht – und das in der ganzen ersten Runde. Er habe seine beiden besten Spieler, Cardenosa und Lorenzo, für umgerechnet je achthunderttausend Mark verkaufen müssen, um große Schulden abzudecken, als er den Club übernahm. Jetzt mache man ihn für diese Verkäufe verantwortlich, was ihn fertig macht.
Ich stelle zunächst also fest: Mein Gegenüber ist in Not. So wie er angezogen ist, scheint er reich zu sein – englische lachsfarbene Tweedjacke mit langen schmalen Revers. Hemd, Schuhe, Krawatte und sogar die Manschettenknöpfe scheinen für ihn und keinen anderen gemessen und angefertigt zu sein. Das geht bis zu seinem Parfüm, das er, wie ich später erfahre, eigens für sich mischen läßt. Für mich Profi die perfekte Verhandlungsbasis. Einem Mann wie Pizarro, der anscheinend heute ›grand hand‹ reizen muß, kann man schlecht widersprechen, besonders wenn man, wie ich, momentan keinen Job hat und sein Angebot nicht von Pappe zu sein scheint.
Also, laß dein Blatt mal sehen, Caballero. Ich sehe ihn uninteressiert an. Innen bin ich gespannt wie ein Flitzebogen. Er offeriert mir einen Fünf-Monats-Vertrag bis Saisonende mit der Bedingung, daß

ich sofort anfange. Als Köder dafür, umgerechnet fünfundsiebzigtausend Mark in Pesatas, heute ausgezahlt, steuerfrei als Handgeld nach Vertragsunterschrift hier am Tisch. Das nennt man in Spanien »fichaje«, Geld auf die Hand im voraus. »Fichajes« sind rar – nur Trainer und Spieler bekommen sie, die man unbedingt haben muß. Außerdem offeriert mir Señor Pizarro eine Erfolgsprämie von weiteren fünfundsiebzigtausend Mark für den Fall, daß ich den Club von den letzten vier Rängen, die automatisch den Abstieg bedeuten, hochtrainiere.
Und noch einmal fünfundsiebzigtausend Märker erwarten mich, wenn ich den Verein aus der sogenannten Promotionszone raustrainiere. Das bedeutet: Ich müßte mit der wahrscheinlich halbtoten Fallobst-Mannschaft, die ich gar nicht kenne, ein paar Tabellenplätze hochsteigen – also vom 20. Platz in der Tabelle, wo sie jetzt hängt, zum 12. Platz.
Das wäre die Krone, denke ich, wenn ich das schaffen könnte, aber das ist unwahrscheinlich, sagt selbst Gujarro.
Zu diesen Geldern gesellt sich ein vergleichsweise geringes Monatsfixum von viertausend Mark und ein vom Club bezahltes Appartement.
Das sind also Pizarros Karten. Sie sind nicht schlecht! Mit viel Glück kann ich mir in fünf Monaten eine goldene Nase verdienen. Netto! Es ist mir wert, einen ganz konzentrierten Versuch zu wagen.
Pizarros »Real Valladolid« hat die rote Laterne, das Friedhofslicht im Fußball, schon seit dem ersten Spieltag gepachtet. »Señor Gutendorf, wenn wir drin bleiben, bleiben wir weiterhin im Geschäft«, lockt er weiter, als ich immer noch zögere. Aber ich zögere nur noch taktisch.
Er fixiert die ganze Schose in sein Kroko-Notizbuch. Dann schreibt er die Zahlenkolonne in mein blaues Pappendeckel-Notizbuch und reicht es mir theatralisch über den Tisch. Ich überschlage blitzschnell: Das sind minimum, also auch im Abstiegsfall, rund hunderttausend Mark steuerfrei in fünfeinhalb Monaten und bei Erfolg vielleicht das Doppelte. Soviel Geld in so kurzer Zeit verdient kein deutscher Trainer, denke ich und buche blind – absolut blind, da ich die Mannschaft und die Spieler nicht kenne. Ich haue meine Unter-

schrift schmissig in Pizarros Notizbuch und unterstreiche automatisch die Zahlenreihen, die mir entgegenstrotzen. Louis Gujarro zeichnet als Zeuge gegen. Die gleiche Prozedur wiederholen wir in meinem Fünfzig-Pfennig-Pappdeckelbüchlein.
Als Pizarro dem Ober die Rechnung bezahlt, wirft er steif aus dem Ellbogen zwei Tausend-Peseta-Noten zusätzlich auf den Tisch, als Trinkgeld. Pizarros Wurf löst eine tiefe Verbeugung des Obers aus.
Im Auto auf der Fahrt nach Valladolid gibt's was zu lachen für mich – Pizarros Fahrstil. Seine sonst so spektakuläre »elegancia« ist dahin: Er hängt am Steuerrad wie ein Ertrinkender am Rettungsring. Offenbar ist er stark kurzsichtig, aber zu eitel, eine Brille zu tragen. Aber dieses Minus macht er mehr als wett, wie ich bei unserer Ankunft feststelle, denn er führt sogar das I-Tüpfelchen des erfolgreichen Bosses im Aushängeschild – eine hübsche junge Ehefrau. Sie ist Exil-Ungarin, etwa Mitte Zwanzig und spricht sogar etwas Deutsch. So elegant wie ihr Mann ist sie nicht, aber dafür jung, sehr sexy und heißt sogar Dolores. Ja, vielleicht machen es »die Beine von Dolores«, daß ich die Besitzerin dieser Beine um Nachhilfestunden in Spanisch bitten werde.
Ich lasse Gaby nicht warten. Sie kommt mit dem nächsten Flugzeug. Mutter hatte schon den Christbaum für uns geschmückt.
»Ja, Mutter«, sage ich am Telefon, »mein Beruf hat viel mit Zigeunerei zu tun. Du hast recht. Bitte komm mit Gaby nach Valladolid. Weihnachten ist der einzige Tag, an dem ich nicht allein sein will.«
Valladolid, die alte spanische Hauptstadt von einst, Sitz von »Isabella der Katholischen«, empfängt mich als Retter ihres Fußballclubs ein bißchen hoffnungsvoll, nicht besonders freundlich, eher abwartend-lauernd. Die Landschaft Valladolids ist bezaubernd – saubere Dörfer mit vielen Storchennestern auf Schornsteinen. Herrlich kühle Bodegas an allen Ecken und Enden schenken Landweine und Jerez aus, die der Frische und Güte französischer Gewächse in nichts nachstehen.
Der Fußball in Kastilien hat freilich nicht viel von der Qualität und dem Feuer der Weine.
So denke ich jedenfalls beim ersten Anblick meiner »Truppe«, die mir im wahrsten Sinne des Wortes zuerst mal »spanisch« vorkommt.

Erst jetzt erfahre ich, daß der elegante Pizarro in dieser Halbsaison schon zwei Trainer gefeuert hat.
»Mein lieber Johnny«, sage ich abends zu Gaby, »der Pizarro geht ganz schön ran. Ob ich die Nummer Drei bin, die er rausschmeißt?«
Nach dem ersten Training glaube ich, daß ich aus der Mannschaft etwas machen kann, daß von der spielerischen Potenz her mehr drinsteckt als dieser Tabellenplatz. Ich beginne sofort profihaft, wie in der Bundesliga, Kondition zu bolzen. Die Spieler sind willig, sie lesen mir jede Order vom Munde ab. Aber da ist was, was mir nicht gefällt! Was mir auffällt, und das ist erstaunlich, daß unter den Spielern eine seltsame freundschaftliche Stimmung herrscht. Man sitzt nach dem harten Training gemütlich zusammen und macht auf Kameradschaft. Ich stelle fest, da ist Harmonie eingezogen, trotz der Tatsache, daß man die rote Laterne scheinbar als etwas Unabwendbares hinter der Tabelle herträgt. In der Kette der Niederlagen schließen sich die Spieler zusammen und bilden sich ihre eigene Nestwärme innerhalb des Spielerkreises. Der alte Masseur, dem auch Arztfähigkeiten nachgesagt werden, pflegt diese schöne Atmosphäre unter dem Motto »Seid lieb miteinander«. Die da draußen, er meint die Zuschauer, die nicht mehr kommen, und die Presse, die natürlich ständig die Spieler zerreißt, bezeichnet er mit angewidertem Gesicht als »estúpidos« – doofe.
Als alter Fuchs sehe ich sofort – hier liegt der Hase im Pfeffer! Dieses »im Schlamm der Harmonie suhlen« schläfert die Spieler ein. Die Zweckgemeinschaft gibt ihnen Halt, läßt Verzweiflung und echte Widerstandsgefühle und Aufbäumen nicht aufkommen. Da sind keine Reibungen zwischen verschiedenen Spielerpersönlichkeiten und kein Sichbewähren müssen, um im Team zu bleiben. Auch kein Aufeinanderprallen verschiedener Temperamente. Kein Funke sprüht mehr. Der Masseur-Arzt-Opa unterdrückt mit Erfolg alle aufkommenden Explosionen.
Mir ist klar, daß ich hier ansetzen muß. Ich schmeiße den Opa raus! Er bricht zusammen – vierzig Jahre betreute er Real Valladolid! Der Kapitän und sein Vertreter kommen zu mir und setzen sich so energisch für ihn ein, daß ich die beiden auch gleich rausschmeiße. Dann kommt »El Presidente«. Auch er will meine Meinung über den Opa mit seinen »unendlichen Verdiensten für den Club« än-

dern. El Presidente kann ich nicht rausschmeißen, er aber mich auch nicht, denn er hat mich erst geholt. Ich erkläre ihm, warum ich die fast schwule Kameradschaft unter den Spielern verheerend finde. Ich sage ihm, daß nur Reibungen und die Polarität der verschiedenen Persönlichkeiten und konträrer Auffassungen, ja sogar Haßgefühle, in unserer katastrophalen Situation helfen können.

Weiter sage ich ihm, daß die Spieler und ich – aber auch er – sich jetzt durchbeißen müssen und daß dies mit »Nestwärme« nicht möglich ist. El Presidente geht mit hängendem Kopf aus meiner Umkleidekabine. Ich habe ihn nicht überzeugt! Er glaubt, nun sei alles verloren, zieht aber den Schwanz ein. Soll er sich bei seiner Dolores ausweinen.

So habe ich erstmal den Zorn aller Spieler auf mich gezogen. Das habe ich erreicht – nicht angenehm für mich. Aber da ist nun wenigstens eine Reibung!

Die Stürmer gewinne ich zuerst für mich zurück. Ich erlaube ihnen das Dribbeln. Meine zwei Vorgänger wollten nur das Direktspiel, da sie aber geborene Dribbler sind, erlaube ich ihnen zu dribbeln und so in den Strafraum einzudringen. Ich sporne sie dazu sogar an.

»Geht mal rein mit dem Ball in den Strafraum, wenn ihr gefoult werdet oder geschickt stolpert, gibt's einen Elfmeter.« Das Stolpern bringe ich ihnen dann im Sonder-Einzel-Training bei.

Ich habe Riesenglück – und das auf Anhieb: Wir gewinnen das erste Spiel.

Als man mich für »richtiges Geld« engagierte, war den Verantwortlichen, die das Geld möglicherweise privat aufbringen mußten, gewiß klar, daß selbst der fähigste Alemán den Klassenerhalt kaum noch schaffen konnte. Aber man mußte was versuchen, mußte handeln, um wenigstens ein Alibi zu haben. Man mußte sichtbar machen, alles getan zu haben. Die Fans waren bitterböse. In Auseinandersetzungen mit dem Vorstand spielten auch schon gezogene Messer ihre Rolle. Real Valladolid hing nicht nur am Tabellenende, die Mannschaft war praktisch sportlich schon tot, wenn auch noch nicht im Sarg.

Ich stelle den Libero auf den Vorstopperposten und mache den

Stopper zum Libero – was sogar ihr eigener Wunsch ist. Mein Vorgänger hat sich an der umgekehrten Lösung festgebissen. Hat gegen den Willen der Spieler daran festgehalten. Er muß ein sturer Typ gewesen sein, denke ich unwissend. Ein Reporter belehrt mich bei einem Abendessen eines besseren:
»Wissen Sie, Señor, wer in Valladolid umstellt oder rausstellt, schafft nicht nur neue Positionen auf dem grünen Rasen, sondern schichtet viel mehr um. Familien kommen in Bewegung, Zeitungen spielen verrückt, Zuschauermassen werden mobilisiert. Der auf Jahre vorausgeplante Hochzeitsapparat der Familien wird erschüttert. Umstellungen oder Rausstellungen auf dem Feld haben gesellschaftsumspannende Turbulenzen im Gefolge, die kaum meßbare Kräfte ankurbeln. Seien Sie vorsichtig, Señor! Durch eine Rausstellung erleidet eine Familie und deren Sympathisantenschar im Erfolgsfall Gesichtsverlust. Jeder kennt jeden in Valladolid.«
Ich schere mich einen feuchten Staub um Gesichtsverluste. Ich baggere mich durch in Richtung Erfolg, was für mich auch Bombenprämien heißt. Es werden Energien frei, und diese Energien lassen uns – von allen unerwartet – gewinnen. Diese Kräfte wurden vor meinem Kommen in Kameradschaft investiert. Plötzlich hat jeder Angst um seinen Platz im Team. Es gibt keine Stammplätze mehr. So wollte ich das! Unsere unglaubliche Siegesserie wird zum Amoklauf, weil die Angst aller Spieler in geballte Kraft umgesetzt wird.
Ich bin schon in den ersten Spieltagen, weil wir gewinnen, weit über Valladolid und im ›Norte de Castilla‹ bekannt. Meine Mannschaft, die seit beinahe einem halben Jahr keinen Auswärtspunkt erspielte, schlägt jetzt für unbesiegbar gehaltene Spitzenclubs. Darunter ist auch der Tabellenführer Santander, den wir mit 2:0 niederwalzen. Begeistert schreibt die »Libertad«:
»Was Netzer und Breitner für Real Madrid bedeuten, ist Rudi Gutendorf für Real Valladolid.«
Ich bin plötzlich auf den Titelseiten. Die lokale Presse und das Publikum verlangen schon nach ein paar Wochen, meinen Vertrag zu verlängern. Ein Angebot aus der ersten Liga trudelt ein. Wir gewinnen weiter. Alle in Valladolid sind feliz [feliz = glücklich]. Präsident Pizarro wird gefeiert, weil er mich an Land gezogen hat.

Die siegende Mannschaft bringt wieder Geld in die Kasse. Man kann sich wieder auf der Straße sehen lassen, was für den eleganten Pizarro von allergrößter Bedeutung ist. Das vor meinem Beginn halbleere Stadion zählt Rekordbesuche und ist immer ausverkauft. Rudi hier, Rudi mit den hinchas [hinchas = Fan], Rudi bei der katholischen Jugendgruppe, Rudi beim Pferderennen, Rudi im Altersheim, Rudi beim Bürgermeister, der wiedergewählt wird. Zum ersten Mal im spanischen Fußball nimmt ein Trainer seine »hinchas« ernst und diskutiert mit ihnen nach jedem Training und nach jedem Heimspiel, wo stets ein Block ›pueblos‹ hinter dem Nordtor auf ihn wartet. So schreibt das Lokalblatt. Ich rede mit de Leut', und es macht mir Spaß. Nach jedem Spiel gehe ich zu ihnen zum Diskutieren.
Die spanische Zweite Liga ist eine der mörderischsten der Welt. Sie besteht aus zwanzig Profi-Clubs. Es gibt kein Ausruhen, sonst ist man unten, weil es kein spannungsfreies Mittelfeld gibt. Die ersten drei Vereine steigen in die spanische Bundesliga auf, die letzten vier ab. Die vier Mannschaften oberhalb der vier Absteiger müssen Ausscheidungskämpfe mit den vier Meistern der Dritten Liga bestreiten. Das heißt, acht Clubs sind immer in Abstiegsgefahr, ›Morituri salutant‹! Die Todgeweihten grüßen.
Es war nicht so, daß ich die Fußballfans in Valladolid von Anbeginn auf meiner Seite hatte – im Gegenteil! Sie hielten mich für größenwahnsinnig und meinten, alle Deutschen sind so. Man kannte das ja von diesen ›verrückten Urlaubern‹, vom Nationalsozialismus und später vom Wirtschaftswunder . . .
Man nannte mein System erstmal ›sistema misterioso‹, betrachtete es zunächst hohnlächelnd und tat die ersten Siege als zufällig ab. Aber meine ›equipo‹ vertraute meinem in Meiderich hausgebackenen Riegelsystem, und bald bezeichnete die Öffentlichkeit meinen Riegel als ›Gutendorf-Klammer‹, die jeder Herausforderung gewachsen sei.

Im letzten Spiel der Saison, in Córdoba, kann ich den totalen Erfolg – für mich die dritten fünfundsechzigtausend Mark – einfahren. Wir brauchen ein Unentschieden, also einen Punkt, um auch noch aus der Promotionszone rauszukommen. Der Punkt würde uns

auf den absolut sicheren Platz zwölf in der Tabelle bringen, also endgültig retten, ohne Qualifikationsspiele. Wir spielen 0:0! Das Herz bleibt mir stehen, als in der letzten Munute noch eine ›Granate‹ des gegnerischen Mittelstürmers unser Torgebälk durchschüttelt. Pizarro fällt mir um den Hals, als der Schlußpfiff noch nicht verklungen ist, er will mich gar nicht mehr loslassen.
Es ist mir gelungen die Mannschaft, von der Tabellenposition Zwanzig auf Platz Zwölf, hochzukatapultieren.
Dann habe ich mich verabschiedet. Ist es der größte Erfolg meiner Trainerlaufbahn?
Ich zweifle jetzt weniger als je zuvor an meinen beruflichen Fähigkeiten. Man braucht solche einmaligen Erfolgserlebnisse, um das Vertrauen in sich selbst zu festigen. Was mich stolz macht: Ich hatte den Mut und die Kraft, etwas zu verändern, was mein Vorgänger nicht mal erkannte. Auf der Strecke blieb eigentlich nur der Masseur-Opa.
Man hat mich gefragt, warum ich in Valladolid in diese beruflich unmögliche Sache einstieg? Ich liebe Handicaps und die Herausforderung an mein Können als Trainer. Ein großer Anreiz war natürlich das viele Geld, das in so kurzer Zeit zu »machen« war. Ich glaube daran, ein Spezialist in Sachen Rettung von halbtoten Clubs zu sein. Ich kann was bewegen und habe den Mut dazu. Vielleicht ist das meine größte Stärke als Trainer. Ich wäre natürlich gern zu Real Madrid gegangen, lag sogar beim ›königlichen Club‹ gut im Rennen um den Trainerposten, wie mir Paul Breitner später sagte. Doch die hatten sich schon festgelegt und nahmen den Jugoslawen Miljanic. Enttäuscht darüber verließ ich Spanien, da ich mich im Geiste schon im Bernabeu-Stadion auf der Trainerbank sah.
Unvergeßlich mein Abschied von Valladolid, als ich am letzten Tag auf der Geschäftsstelle, die im Stadion ist, kassieren will. Ich komme auf den Platz, mache es wie immer in den gnadenlosen Monaten zuvor, als noch alles auf der Kippe stand. Ich gehe zuerst hinüber zum Nordtor, zu den Fans, die immer da sind beim Training und diskutiere mit ihnen zum letzten Mal. Unsere Dialoge sind immer hitzig und schlagfertig. Die Burschen verringern beim Sprechen mit mir ihr Tempo nicht. Sie quasseln rápido und temperamentvoll, immer im vierten Gang. Dank Dolores lernte ich

sie rasch verstehen. Am Ende spreche ich schneller als sie. Da sitzen sie wie immer und hören zu. Jeder von ihnen ein Wissender, ein Supertrainer! Als ich adiós sage, ist mein Trommelfell in Gefahr. Dutzende umarmen und küssen mich. Ich steige mit wunden Ohren und nassem Gesicht – vom Küssen – in meinen Wagen und fahre zur Bank, wo ich meinen Scheck in Bargeld umtausche.

Legal kann ich meine verdienten Peseta-Berge nicht ausführen, denn in Spanien bestand Devisensperre. Ich glaube, meine Glückssträhne würde noch etwas anhalten. Ich schwimme ja schon so lange auf einer Glückswoge – ich wage, sie weiter zu reiten.

Meinen Sold für den monatelangen Kampf mit dem Abstiegsgespenst lasse ich mir in handlichen Bündeln zu fünfhunderttausend Pesetas auszahlen. Da der größte spanische Geldschein eine Tausend-Peseta-Note ist, haben die Bündel das Format eines kleinen grünen Backsteins. Ich klappe einen vorsorglich mitgebrachten Koffer auf und lasse schichten. Meine Backsteinbündel machen ihn randvoll und schwer. Ein Bündel stecke ich in meine Jacke, davon kann ich lange zehren. Ich kann es immer noch nicht glauben, in den fünf Monaten soviel Geld verdient zu haben. Ich komme mir vor wie ein Bankräuber nach einem gelungenen Coup – und das ohne Blutvergießen.

Im offenen Leihwagen fahre ich durch Nordspanien, will dann entlang der französischen Küste nach Paris. Zuvor will ich aber noch etwas ausruhen, denn Paris ist zum ausruhen ja ein schlechtes Pflaster. Ich steuere San Sebastian am Atlantik an. Es liegt an meinem Weg. Mir ist zum abheben ohne Flügel mit dem Wagen zumute. Allein im Wagen singe ich aus voller Brust alle Lieder, die mir einfallen. Ich bin froh, mir die Fähigkeit erhalten zu haben, richtig glücklich sein zu können. Endlich kann ich mal wieder die Schönheit eines Erfolges so richtig genießen. Ich verzichte darauf, meinen Einsatz mit dem Ergebnis zu vergleichen. Warum auch? Ich habe gearbeitet und hatte Glück, das genügt mir. Immer schon habe ich etwas gegen ein spießiges input-output-Denken. Manchmal steckt man eben mehr in eine Sache rein als rauskommt. Diesmal war es umgekehrt.

Eine reizvollere Gegend als den spanischen Norden hätte ich mir zum Entspannen nicht aussuchen können. Man nennt sie ›das grüne

Fenster Spaniens‹. Alles ist auch im Sommer frisch und grün, nichts ist von der Sonne verdorrt, wie in Valladolid. Gelegentlicher Regen vom Ozean sorgt für den ständigen Grünanstrich der Landschaft. Das Grün tut meinen Augen wohl. In San Sebastian läßt sich's leben, wenn man flüssig ist – und das bin ich, wie nie im Leben. Aber ich habe von der ersten Minute an ein Problem: Wohin mit dem schweren Geld, das wie eine Leiche im Koffer neben mir liegt? Ich habe das schönste Doppelzimmer im besten Hotel mit Blick aufs Meer gemietet. Aber ich bin nervös, weil meine Backsteine neben mir im Bett schlafen. Sie begleiten mich auch in den Speisesaal, auch in ein Spezialitäten-Restaurant, wenn ich Appetit auf eine Paella verspüre. Von einem Deutschen erfahre ich die Adresse einer exklusiven Disco, etwas außerhalb von San Sebastian, mit feurigen Señoritas, die zu haben sind. Wir, das heißt mein bleischwerer Backsteinkoffer und ich, gehen hin, immer schön gemeinsam, wie immer zu zweit. Mit den Señoritas wird es nichts, sie halten mich für bekloppt. Wer geht schon mit Koffer in eine Disco?
In meinem Hotel reißt mir das Personal dienstbeflissen den Koffer aus der Hand, man glaubt, ich wolle abreisen. Ich reiße ihn, immer in Panik wieder zurück. Vom Zimmerkellner bis zum Direktor, vom Portier bis zum Strandwärter, alle wundern sich über meinen ständigen Begleiter. Man hält mich für ›loco‹. Alle glauben, ich habe eine Macke. Der Portier erkundigt sich vorsichtshalber, wann ich abzureisen gedächte. Dann habe ich eine Idee. Ich besorge mir eine Flugtasche der Iberia-Airlines, in die ich meine Backsteine umbette. Mit meinen abgelaufenen Adidas-Laufschuhen, samt Socken, decke ich die grünen Bündel oben ab.
Am Nachmittag gönne ich mir das erste Bad im Atlantik. Ich schlendere mit der vermutlich inhaltsschwersten Umhängetasche der spanischen Luftfahrtgesellschaft ganz locker zum Strand und stelle die Tasche unmittelbar am Wasser ab. Dann lege ich meine weißen Shorts obenauf und steige in die zahmen Wogen der Playa de Santo. Freilich mag ich auch dabei manchem ›loco‹ vorgekommen sein, denn ich stelze im Rückwärtsgang ins Wasser, meine Augen immer fest auf die Tasche gerichet. Im Krebsgang begrüße ich so den Ozean. So schwimme ich auch im Meer, wie in einem großen

Eimer, halbsitzend in einer badewannenartigen Position, immer das Gesicht gen Mekka gerichtet. Der Leibwächter der Geldtasche nimmt sein Bad. Genüßlich rechnet er aus, daß nach dem neuesten, für mich günstigen Umrechnungskurs, einhundertneunzigtausend Mark zu bewachen sind.
Ich gehe jeden Tag schwimmen und wende immer die gleiche Rückenschwimmtaktik an, bis urplötzlich eine Woge meine Geldtasche anschwappt. Obwohl die verfluchte Welle meine Tasche nur ganz leicht berührt, fällt sie um. Träge, wie unwillig, fallen zuerst Schuhe und Socken und dann die oberen Backsteine heraus. Eine zweite Welle leckt die Notenbündel leicht ab, genug, um mein Blut erstarren zu lassen. Ich kraule wie verrückt zum Strand und stopfe Geld und Fußbekleidung in die mittlerweile triefnasse Tasche. Anschließend verbringe ich den ganzen Nachmittag in meinem Hotelzimmer, mit einem Haarfön in der Hand – ich trockne und sortiere meine Peseta-Scheine.
Von dieser Stunde an gefällt mir San Sebastian nicht mehr so gut. Ich fasse mir ein Herz und will nun endlich mit den mich nervös machenden Bündeln über die Grenze nach Frankreich. Da ich aber in der Morgenzeitung von Baskenmorden und verschärften Grenzkontrollen lese, muß ich umdisponieren.
Ich gehe zur Bank, zu einer kleinen Filiale der Banco de Bilbao. Sie ist so klein, daß sie gerade in der Lage ist, die Tagesgelder und die geringen Wocheneinnahmen der Campesinos zu verkraften. Ich schlendere mit meiner, noch feuchten, Iberia-Tasche hinein und hebe sie auf den Schalter. Unhöflich werde ich zur Seite gewinkt, da ein Kunde gerade achtzig Tausend-Peseta-Scheine auf den Tresen blättert. Einige Amigos stehen herum und bewundern den kleinen, einfach gekleideten Landmann, der achtzig Riesen einzahlt. Dann komme ich dran und bitte höflich, meine Backsteine zu zählen, zwecks Einzahlung. Ich öffne mein Iberia-Baby und das Zählen beginnt. Die Kunden, die nach mir kommen, haben Pech. Sie warten lange. Von meinem Reisepaß macht man eine Fotokopie. Ich lege das Geld zu sechseinhalb Prozent auf einem normalen Sparbuch an, was schlecht ist, denn ich habe schon nach ein paar Monaten umgerechnet zwanzigtausend Mark Verlust. Die permanente Abwertung der Peseta, im Vergleich zu der immer stabiler

werdenden Markwährung, ist der Grund. Ist meine Glückssträhne zu Ende?
Ja, sie ist zu Ende. Ich Trottel unterschreibe bei Schang Löring in Kölle.

Bestechungsversuch in Nepal

Rund um den Globus habe ich einiges geschnuppert, was verdächtig nach Bestechung roch.
In Peru haben uns »präparierte« Schiedsrichter nach Strich und Faden verpfiffen. Auch in anderen Teilen der Welt werden die »Unparteiischen« meist von den Gastgebern sehr nachhaltig betreut...
Einen Trainer zu bestechen gehört eher zu den Ausnahmen. Denn er kann das Spiel am wenigsten beeinflussen, wenn es erst einmal angepfiffen ist.
Um so mehr überrascht es mich, daß auch ich ein äußerst anrüchiges Angebot erhalte.
»Sind sind also der Held von Nepal in diesen Tagen. Machen Sie sich nichts vor, Sie glauben doch nicht im Ernst, daß es Ihr Verdienst ist, daß Nepals Nationalmannschaft Indien bezwingen konnte? Sie haben die Elf drei Wochen lang trainiert, Ihre Vorgänger 18 Monate. Sie lassen sich auf Kosten eines Kollegen aus dem sozialistischen Lager feiern.«
»Wer sind Sie denn eigentlich? Was wollen Sie?«
»Ich bin der Botschafter der Deutschen Demokratischen Republik, und ich wollte Ihnen einmal klipp und klar sagen, was ich denke.«
Dieser unangenehme Dialog auf dem großen Empfang des nepalesischen Fußballverbandes im Park des Yak und Yeti-Hotels, für die teilnehmenden Delegationen aus 13 asiatischen Staaten, kennzeichnet das sportpolitische Klima, in dem sich bundesdeutsche und DDR-Repräsentanten im Ausland vielfach begegnen.
Der rüde Anrempler des DDR-Botschafters ärgert mich, obwohl ich weiß, daß in seiner Behauptung ein wahrer Kern steckt. Zwei Trainer haben 18 Monate in Nepal die Nationalmannschaft

auf dieses große internationale Tournament vorbereitet, bevor ich eingetroffen bin.
Meine Schwierigkeit besteht darin: Ich bin keineswegs als Cheftrainer engagiert worden!
Ich kam nach Kathmandu, der 1300 m hoch gelegenen Hauptstadt Nepals und stellte zu meiner Verblüffung fest, daß ein Inder und ein Chinese als gleichrangige Nationaltrainer Nepals schon lange tätig waren. Sie hatten die Spieler konditionell in eine recht ordentliche Verfassung gebracht. Ich sagte mir daher: Halte dich zurück, Rudi! Versetze dich in ihre Lage. Wie würdest du reagieren, wenn nach anderthalbjähriger Vorbereitungsarbeit ein Kollege von irgendwoher käme und wollte plötzlich die erste Geige spielen? Ich würde ihm in den Hintern treten!
So stehe ich erstmal ein bißchen dumm herum und beobachte das Training, weiß nicht, was machen; es fordert mich auch niemand auf.
Dann aber geschieht etwas, was alles verändert. Nepals Nationalmannschaft trägt gegen die Polizei-Auswahl von Kathmandu ein Testspiel aus und erreicht nur ein mageres Remis, was sich natürlich wie eine Niederlage anfühlt. In diesem Spiel ergeben sich infolge des Fehlens jeglicher taktischer Konzeption geradezu groteske Szenen. Kein System ist zu erkennen. Die Jungs rennen sich vor Übereifer immer wieder gegenseitig über den Haufen. Keine erkennbare Marschroute. In pausenlosem offensiven Anrennen nehmen sich die Spieler selbst den Raum, alles wird zum Gewurstel im gegnerischen Strafraum.
Abends kommt der Präsident des nepalesischen Fußball-Verbandes, Sharad Shaha, zu mir ins Hotel. Er ist verzweifelt. Er sagt einige Minuten gar nichts, schaut mich nur an. Er fürchtet die Blamage, im Angesicht des Königs im Eröffnungsspiel eine hohe Niederlage einzufangen. Für dieses erste große internationale Sportereignis hat er – genau wie die beiden Trainer – 18 Monate hart gearbeitet.
Ich sage ihm: »Es gibt zwei Möglichkeiten: machen sie weiter wie bisher, oder die Mannschaft muß taktisch anders eingestellt werden, das ist aber ein Risiko, die Zeit ist zu knapp.«
»Herr Gutendorf, Sie sind ein Profitrainer, Sie haben mit Spielern

wie Keegan gearbeitet, ich vertraue Ihnen, ich bitte Sie, ab morgen die Cheftrainerposition zu akzeptieren.« – »O. K.«, sage ich.
Anderntags kommen die beiden bisherigen Coaches zu mir und bieten mir volle Mitarbeit an. Ich bin verblüfft: Eine derartige Loyalität ist sehr selten. Ich nehme also an. Die beiden Kollegen aus Kalkutta und Peking sind prächtige Kerle. Ich merke aber auch, die beiden sind erleichtert, die Bürde der Verantwortung nicht mehr tragen zu müssen. Sie erwarten hohe Niederlagen gegen die arabischen Nationen. Ich krempele um, lehre die willigen Spieler einige einfache taktische Spielzüge, die immer wieder im Training, oft stundenlang, gebüffelt werden. Dann spielen die Burschen eine Woche später erneut gegen die Polizei-Auswahl. Diesmal gewinnen sie mit 11:0. Sie sind high, ich auch!
Abends kommt der Shaha wieder in mein Hotel. Er bringt mir eine Flasche Cognac. In Nepal ist Cognac sehr teuer; wenigstens würden wir nicht blamabel hoch verlieren, wie das bisher immer war. Ich verbreite von sofort an Selbstvertrauen. Ich lobe die kämpferische Kraft eines meiner Spieler. Kurz vor Turnierbeginn unterrichtet mich Verbandspräsident Sharad Shaha vom prominenten Vater eines meiner Nationalspieler: »Der Vater meines Stürmers Gale Thapa hat im Weltkrieg die höchste englische Kriegsauszeichnung erhalten: das Victoria-Kreuz. Er hatte im Krieg als einer der 200000 Gurkha-Soldaten, die auf britischer Seite gegen Deutschland kämpften, die verwegensten Heldentaten vollbracht. Ich bitte Sie sehr, Rudi, schmeißen Sie den Sohn des Kriegshelden deshalb jetzt nicht aus der Mannschaft, der Krieg ist ja vorbei.« Nein, das tue ich ganz und gar nicht, denn der Gale junior ist ein Kämpfer wie sein Vater, und den brauche ich.
Beim 4:0-Sieg gegen Indien geschieht folgendes: Mi 2:0 führen wir in der Pause, und das trotz großer Überlegenheit der Inder. Da kommt Mister Shaha von der Tribüne runtergerannt und schreit ganz aufgeregt: »Rudi, bitte tun Sie unbedingt alles, daß wir nicht mehr verlieren, Seine Majestät ist so stolz.«
»Deshalb sitze ich ja auf der Bank«, gebe ich fröhlich zurück, »ich bin auch so stolz.«
In diesem Moment beginnt ein tropischer Wolkenbruch, so was gibt es nicht in Deutschland. Der Rasen ist im Nu eine riesige Wasser-

lache. Der Schiedsrichter will nicht mehr anpfeifen. Ich beschwöre den Präsidenten: »Laufen Sie zum Unparteiischen und bewegen Sie ihn, unter allen Umständen die Partie fortzuführen.« Ich weiß sicher, noch einmal würden sich die Inder nicht von meinem Riegelsystem übertölpeln lassen. MSV in Nepal, das gibt's nur einmal!
Der Schiedsrichter läßt sich Gott sei Dank erweichen. Die nur technisch perfekten Inder bekommen auf dem Schlammboden überhaupt keinen Stand, wir dagegen würgen noch zwei weitere Tore rein, wie wir das machen, bleibt mir ewig ein Rätsel. Die Sensation ist perfekt. Die Nepali feiern die ganze Nacht den ersten Sieg in ihrer Geschichte als vaterländisches Ereignis. Den König, der als Gottkönig verehrt wird, hätte man seit Jahren nicht so happy gesehen, sagt mir ein stolzer Shaha abends.
Der Jubel in Nepal ist grenzenlos, selbst die herrenlosen Hunde, ja, sogar die heiligen Kühe wedeln, was die Schwänze hergeben. In den Grenzorten der indisch-nepalesischen Grenze werden große Freudenfeuer angezündet. Die ganze Nacht verkünden die Trommeln den beschämten Indern jenseits der Grenze, Nepal hat gesiegt. Bis dahin hat das Land in Sportvergleichen gegen den Giganten Indien meist zweistellig verloren, was für das Achthundertmillionen-Volk selbstverständlich ist. Wer ist Nepal?
Ich werde mit Marika in den Königspalast zum Prinzen Dhirendra, des Königs Bruder, eingeladen und erhalte eine sehr wertvolle Elfenbeinschnitzerei, an der ein Künstler ein ganzes Jahr geschnitzt hat, und Marika einen Ring.
In den nächsten Treffen gegen Iran, Oman und Saudi-Arabien unterliegen wir zweimal 0:1 und 1:3. Wir werden Vierter in unserer Vorrundengruppe von fünf Mannschaften. Daß wir dann trotzdem ins Halbfinale vorstoßen, ist ein Wunder. Da aus den drei Gruppen die besten zwei Mannschaften ins Halbfinale der letzten Sechs einrücken, muß unser Gruppenzweiter Iran gegen den Irak spielen. Die Khomeini-Truppe aber weigert sich, gegen den verhaßten Kriegsgegner Irak anzutreten, und der Irak reagiert prompt: Auf gar keinen Fall werde man Iran als Gegner akzeptieren.
Die Iraner, alle mit großem Khomeini-Foto auf ihrem Blazer, tun Punkt 12 Uhr schriftlich kund, daß sie abreisen würden. Die Iraker

dagegen aber lassen sich nicht blicken. Sie sind smart. Als sie von der Entscheidung Irans Kenntnis erhalten haben, also in die Falle getappt sind, melden sie sich, natürlich werde man das Reglement beachten, man werde spielen.
Auf diesem Schlachtfeld haben sie ihren Todfeind ausgetrickst.
Oman als Gruppendritter zieht für Iran ins Halbfinale ein. Oman ist aber schon frühmorgens, ohne etwas von seinem Glück zu ahnen, abgereist.
Dann geschieht, was eine nepalesische Zeitung so als Schlagzeile veröffentlicht: »Ein Windstoß weht Nepal ins Halbfinale.« Ich bin plötzlich mit meiner Elf in der Endrunde.
Über diese Tatsache kann ich mich nicht freuen, ich ahne, was uns blüht, denn nicht nur Irans und Omans Mannschaften sind abgereist, auch einige meiner besten Spieler haben sich verabschiedet, weil wir ja ausgeschieden sind. Mein ersatzgeschwächter Haufen muß mit Irak und einem Emirat in der stärksten Gruppe spielen. Auch das noch. Wir verlieren das erste Spiel gegen den Irak, mit sage und schreibe 0:7. Nur noch der Sohn meines Supergurkhas Gale Thapa kämpft wie verrückt, die anderen sind ausgelaugt. Das Erbe seines Gurkha-Heldenvaters.
Nach der blamablen Niederlage bin ich bei der Lufthansa zum Oktoberfest eingeladen – Löwenbräu und Kasseler werden aus München eingeflogen. Ich tanze gerade mit Marika, als zwei Männer mit arabischem Profil den Saal betreten. Mitternacht ist schon vorbei. Ich erkenne sie sofort: zwei Offizielle unseres nächsten Gegners. Sie steuern auf mich zu.
Als die beiden mit den markanten Gesichtszügen sich Minuten über den Tisch zu mir herüberbeugen, ruft mir Ajub Rana, der Generalsekretär des Sportbundes von Nepal und Generaldirektor der Royal Nepal Airlines, mit Stentorstimme in deutscher Sprache zu: »Rudi, geben Sie sich nicht mit lumpigen 10000 oder 20000 Dollar ab, 100000 Dollar ist die Verhandlungsbasis, und ich partizipiere natürlich.« Das ist natürlich im Scherz gesagt. Aber die beiden Wüstensöhne sind keinesfalls Spaßvögel. Unser Gespräch verläuft etwa so: »Mister Gutendorf, Sie wissen, durch Ihre 0:7-Niederlage gegen unseren Gegner Irak müssen wir gegen Ihre Mannschaft mit 8:0 gewinnen, um ins Endspiel zu kommen.«

»Richtig«, sage ich.
»Dann wissen Sie auch, was das Spiel für uns bedeutet, wir müssen ins Endspiel kommen.« Ich nicke und sage nüchtern: »Ich kann mich gut in Ihre Lage versetzen und weiß, wie wichtig das Spiel für Sie ist.«
»Unser Präsident Scheich Al Ahmed ist im Anflug auf Kathmandu. Morgen früh wird er hier sein. Sie kennen ihn?«
»Natürlich, das ist doch der temperamentvolle Herr, der bei der WM im Spiel gegen Frankreich mit seinen weitausholenden Gebärden die ganze Sportwelt elektrisierte«, sage ich lachend. »Herr Gutendorf«, steuern die beiden nun geradewegs auf ihr Ziel los, »Sie sind Deutscher, Sie sind nur für ein paar Wochen hier. Dann reisen Sie in Ihre Heimat zurück. Welche Rolle spielt es für Sie, wie hoch Ihre Mannschaft übermorgen gegen uns verliert? Ausgeschieden sind Sie sowieso. Für Sie ist nichts mehr zu gewinnen bei diesem Tournement. Für uns aber geht es um sehr viel, unser Trainer hat die Mannschaft ein ganzes Jahr auf dieses Ziel vorbereitet; Millionen Dollars wurden in dieses Team investiert.« Jetzt muß ich Flagge zeigen. Ich habe sie lange zappeln lassen.
»Meine Herren, was denken Sie, was passiert, würde ich meinen Spielern sagen: ›Verliert heute mit 0:8!‹ Kennen Sie Gurkha-Dolche und wissen Sie wie die Nepali damit umgehen?« Die ›Öl-Männer‹ halten es für klug, nun die Taktik der kleinen Schritte anzuwenden. »Aber nein, Herr Guttendorf, wir wollen Sie nicht im geringsten bestechen. Es wäre uns schon sehr geholfen, wenn Sie Ihre Mannschaft umstellen würden, bauen Sie ein neues Team für die Zukunft mit ihren Reservespielern auf. Wenn Sie das tun, werden wir uns erkenntlich zeigen. Wir sind nicht kleinlich.«
Ich habe alle meine Spieler wieder zurück, die bereits abgereist waren und die ich beim Spiel gegen Irak schmerzlich vermißte. Die zwei Herren verlassen unentschlossen meinen Tisch, den Mut mich konkret mit einer Summe zu bestechen, haben Sie nicht. Aber sie kommen am nächsten Morgen wieder – in mein Hotel.
»Herr Gutendorf, wir haben ein interessantes Angebot für Sie. Haben Sie Lust, einen Vertrag in unserem Land zu unterschreiben, für ein Jahr? Monatsgehalt 20000 Dollar. Im übrigen natürlich alles frei: Haus am Golf, Verpflegung, Wagen mit Chauffeur.« Marika

bestürmt mich zehn Minuten nach dieser Unterredung wie verrückt – sie haßt den Winter in Koblenz: »Das ist die Chance. Schlag ein. Was ist denn dabei! Die Sache ist doch ganz sauber. Du sollst nichts Schlimmes tun. Ihr seid doch sowieso ausgeschieden. Gib den lieben Kerls von der Ersatzbank auch mal eine Chance.«

»Mädchen, ich seh das anders. Wenn man sich als internationaler Trainer halten will, darf man zwei Sachen nicht tun: erstens, sich bestechen lassen, schon den Anschein muß man vermeiden. Und zweitens keine Provisionen von Spielvermittlern annehmen! Ich will auf diese Weise keinen Vertrag bei den Arabern. Das ist mein letztes Wort. Schluß damit.«

Marika murrt, ich glaube halb verschluckt das Wort »stupid« zu hören.

3:1 ist also das Stimmenverhältnis in dieser morgendlichen Runde vor dem Spiel gegen mich! In solchen Fällen halte ich nichts von Demokratie. Meine Gegenstimme wiegt mehr. Die Emissäre gehen ziemlich bedeppert aus meinem Hotel, hoffen aber immer noch ein bißchen, denn sie schenkten Marika eine schwere goldene Plakette ihres Fußball-Verbandes.

Das Schlimmste kommt jedoch noch.

Unser Gegner führt bei der Pause mit 3:0. In der 79. Minute heißt es 4:0. Sie wissen nun, daß ein 8:0 nicht mehr drin ist für sie.

Bei einem zweifelhaften Einwurf für uns wird unser Spieler in dem Augenblick, als er den Ball einwerfen will, von dem baumlangen Spielführer mit einem Faustschlag niedergestreckt. Im Handumdrehen ist eine regelrechte Schlacht auf dem Spielfeld im Gange. Unsere Jungs bekommen von den weitaus größeren und stärkeren Gegenspielern Prügel, daß die Fetzen fliegen – einige meiner Spieler liegen zusammengeschlagen auf dem Rasen, und das auf eigenem Platz, im eigenen Land.

So was hat es noch nie gegeben.

Leider muß ich – vielleicht glücklicherweise, auf der Bank sitzenbleiben. Mein indischer Assistenztrainer Rashendra rast auf den Rasen; auch unser Arzt startet im selben Moment, um unsere Spieler zu schützen. Ich kann mich kaum bewegen, habe mein

Bein dick verbunden auf einem Schemel liegen. Bei einem Prominentenspiel am Vortag hat mir der Manager von Nordjemen den linken Knöchel böse zugerichtet.
Unser Arzt wird als erster auf der Tragbahre hinausgetragen. Das Publikum wirft mit Steinen auf unsere Gäste, die aber raffen die Steine auf und schmeißen sie ins Publikum zurück. Dieses gerät in Panik, Tausende stürmen zu den Ausgängen, um nicht verletzt zu werden.
Die »Flasche« von Schiedsrichter springt umher wie ein tanzender Derwisch und pfeift aus Leibeskräften; keiner kann ihn hören. Er gestikuliert zehn Minuten herum, steckt dabei auch einige Hiebe ein und verschwindet dann sang- und klanglos mit seinen Linienrichtern. Das Spiel ist abgebrochen!
In der Nacht darauf wird der Präsident des Asiatischen Fußballverbandes aus Malaysia eingeflogen. Ein Sportgericht prüft den Vorfall. Was unter dem Strich herauskommt, ist wenig: Das Spiel wird mit 4 : 0 als gewonnen für unseren Gegner gewertet.
Unser Arzt und mein Assistenztrainer werden für je zwei Jahre gesperrt, weil sie ohne Schiedsrichterzeichen auf den Platz liefen. Ein Witz. Ob die zwei Emissäre die morgens bei mir waren, in diesem Fall erfolgreicher verhandelten?
Die reichen Ölstaaten zahlen hohe Entwicklungshilfe an Nepal, das ist für mich des »Urteils Rätsel«, weil keiner meiner Funktionäre reklamiert. Da ich im Auftrage unserer Regierung hier arbeite, halte ich meinen Mund.
Trotz des positiven Urteils entscheidet der zornige Scheich: »Wir treten nicht mehr an, zum Spiel um den dritten Platz. Wir fliegen sofort nach Hause.« Saudi-Arabien wird kampflos Dritter.

Das Endspiel bestreitet Irak gegen die Arabischen Emirate. Es endet trotz Verlängerung 1:1. Beide erhalten die Goldmedaille.
Meine nepalesischen Bosse, Prinz Dhirendra und der deutsche Botschafter, sind mit meiner Arbeit mehr als zufrieden. Der Prinz lädt mich und Marika – quasi als Erfolgsprämie – zu einer Tigersafari in den nepalesischen Dschungel ein. Auf dem Rücken des mächtigen Elefantenbullen Krishna, der vor Jahren nur den Maharadscha zur Tigerjagd tragen durfte, durchstreifen wir tagelang den

Dschungel und durchqueren Flüsse, wo unzählige Krokodile faul am Ufer liegen. Wir sehen einen Tiger, der gerade einen Wasserbüffel geschlagen hat, und zehn Nashörner, die vor Elefanten nicht fortlaufen, auch nicht mit uns auf dem Rücken. Wir gehen bis auf einige Meter an diese Kolosse ran.

»Bula, Bula Fidschi«

9 Uhr morgens in Koblenz.
Ein trüber Herbsttag, ich sitze in der Küche und frühstücke.
Das Telefon klingelt.
Um diese Zeit rief mich schon oft eine Sekretärin vom Auswärtigen Amt an, anscheinend die Zeit, da man in Bonn beginnt zu telefonieren.
Die freundliche Telefonistin sagt: »Ich verbinde mit Herrn Dr. Siefker.«
Der Morgenkaffee wird eiskalt.
In einem Zwanzigminuten-Gespräch erklärt mir der Legationsrat I. Klasse, um was es geht.
Fidschi und Tonga sind für das nächste halbe Jahr meine 35. und 36. Trainerstationen.
Kann man einen schöneren Telefonanruf am frühen Morgen kriegen?
Man fliegt mit Vorbehalten in diese ferne, einst so abgeschlossene Region unseres Erdballs. Sie hat drei schlimme Eroberungsphasen hinter sich: Die erste durch die ›Entdecker‹ aus Europa, die zurückkehrten mit der Botschaft: Dort auf den herrenlosen Inseln der Südsee leben Menschen ganz unterentwickelt. Da haben also Jahrhunderte oder Jahrtausende Menschen, Rassen, Völker gelebt, die dann ›entdeckt‹ und erobert wurden.
Die erste ›Eroberung‹ vollzog sich durch die seefahrenden Abgesandten europäischer Länder, die im Piratenstil für ihre Majestäten vereinnahmten, oft genug rücksichtslos metzelten.
Die zweite Eroberung geschah im letzten Weltkrieg, als vornehmlich Amerikaner und Japaner in der Südsee Bastionen für ihre kriegerischen Unternehmungen errichteten und die Insulaner in den Strudel militärischer Operationen gerissen haben.

Die dritte Eroberung aber setzte nach dem Krieg durch den Tourismus ein, und bis heute weiß man noch nicht, welche dieser drei Eroberungen die schlimmste war.
Die Wandlung, die sich mit der Zeit bei den Fidschi-Insulanern vollzog, muß man geradezu als ein Phänomen bezeichnen. Wenn ich mir vergegenwärtige, daß die Urgroßeltern mancher meiner Spieler mich ohne großes Federlesen in den Kochtopf gesteckt hätten, dann kann ich das kaum glauben.
Meine Mannschaft: brave Jungs durch die Bank. Sie sind ein bißchen viel müde. Aber das mag auch an der ganzen traumhaften Atmosphäre liegen, die über den Fidschi-Inseln liegt, wo Gemüse und Früchte in verschwenderischer Fülle wachsen. Es reicht zum Leben, wenn auch nicht zu üppigem Wohlstand – nach unseren Maßstäben.
Aber da sind auch noch die Inder. Sie machen fast die Hälfte der Bevölkerung aus. Die Herkunft dieser Inder ist tragikumwittert. Um das Jahr 1870 verschleppten britische Kolonisten eine Menge indischer Männer und Frauen aus ihrer angestammten Heimat in die Südsee. Die offizielle Begründung hieß: »Wir tun diesen Menschen Gutes, ist doch ihr Heimatland total übervölkert.« In Wirklichkeit hatten sich die Briten schwarz geärgert über die Faulheit ihrer polynesischen Zuckerrohr-Plantagenarbeiter. Von den Indern versprachen sie sich mehr Tatkraft. Diese Rechnung ging auf, aber nicht nur für die Kolonialmacht, sondern auch für deren Sklavenarbeiter, die nur einen Cent für die Stunde bekamen. Die indischen Gastarbeiter paßten sich an, verbesserten ihre Situation Zug um Zug, wuchsen in Vertrauensstellungen hinein, und als dann in der Mitte dieses Jahrhunderts die Briten Fidschi in die Selbständigkeit entließen, hatten die Nachfahren jener indischen »Newcomer« Handel und Wandel unter Kontrolle.
Mischheiraten gibt es zwischen Fidschi-Insulanern und Indern kaum, und wenn, dann auch nur zwischen einem indischen Jungen und einem krausköpfigen Mädchen – umgekehrt ist es so gut wie ausgeschlossen: Ein indisches Mädchen nimmt niemals einen Fidschi-Insulaner zum Ehemann.
Das hat nichts mit den rauhen Sitten zu tun, die im Eheleben der Fidschianer herrschen. Im Klartext: bei aller Gutmütigkeit der

meisten Männer gehört es zu ihren Rechten, ihre Angetraute gelegentlich zu verdreschen, daß die Schwarte kracht. Oft sehe ich bei Fahrten durch das Land, daß vor meinem Wagen eine schreiende Frau auftaucht, die von ihrem Mann verfolgt wird.
Ich kann gar nicht so schnell stoppen und aus dem Wagen fegen, um die gesalzene Tracht Prügel abzuwenden, die das arme Luder einstecken muß.
Aber bald finde ich, daß zu großes Mitgefühl mit der geschundenen Kreatur hier fehl am Platze ist.
Mit blutunterlaufenen Augen und mit Beulen am Kopf und alten Narben am Körper kann dir die Süße Saures geben, weil du ihren Herrn und Gebieter wegen seiner Folterknecht-Methoden zurechtgestoßen hast.
Also: misch dich nicht ein. Der darf das!
Zuerst glaubte ich, alle Fidschianer hätten Nietzsche gelesen: »Gehst du zum Weibe...«, aber das exzessive Verhalten muß in ihrem Naturrecht begründet sein.
Die Fidschianerinnen sind nicht nur sehr liebebedürftig, sondern auch gebärfreudig. Immer wieder begegne ich auf den vielen Inseln sechzehnjährigen Mädchen, die bereits Mutterfreuden entgegensehen oder sogar schon ein Baby säugen.
»Was ist dabei? Kinder sind doch wunderbar«, sagen sie. Und so liebt sich und so regt sich vieles hier.
Sind die Mädchen hübsch? Das ist eine Geschmacksfrage. Freunden Rubenscher Figuren werden hier Delikatessen geboten: stämmige Gestalten. Mancher schnalzt mit der Zunge: Kathedralen von Hintern!

Andere Schönheiten dieser Region liegen unter Wasser. Ganze Farbsinfonien entdeckt man da in den Fischschwärmen, und die Haie tun alles, um die Hans-Hass-Theorie zu untermauern: Sie sind gar nicht so böse, wie es viele meinen. Ich aber will es darauf nicht ankommen lassen, denn ich habe auch schon anderes erfahren. Der Hai, den Marika und ich fingen, hätte mich fast meine rechte Hand gekostet.

Ich muß, bevor ich meinen Spielern vorgestellt werde, Kava trin-

ken. Das gibt es nur auf Fidschi. Die Kava-Zeremonie hat etwas Kultisches. Der Fremde, der einbezogen wird, darf sich geehrt fühlen. Es ist so etwas wie das Rauchen der Friedenspfeife mit indianischen Kriegern, das Eingehen eines Bündnisses oder wenigstens Nichtangriffspaktes.
Da werden in ritueller Handlung Wurzeln des Pfefferstrauches zerkleinert, eingezwängt zwischen Naturfasern und dann ausgepreßt bzw. ausgeschwemmt. Was dabei herauskommt schmeckt nach Erde, und es pflegt die Geschmacksnerven nicht unerheblich zu reizen.
Wer zuviel davon trinkt, gerät in den Zustand höchsten Entzükkens, möchte euphorisch die ganze Welt umarmen, sieht sie rosarot und kommt auch sonst auf mancherlei törichte Einfälle.
Ich kann das Zeug nicht vertragen, im Gegensatz zu Marika, die es schlürft wie Eiswein und glücklich-strahlende Augen davon bekommt. Mir geht es jedesmal wie der Königin von England, als sie es hier bei der Unabhängigkeitsfeier trinken mußte, bevor sie urplötzlich mit gar nicht königlich-gemessenen Schritten dem nächsten stilleren Örtchen zustrebte.
Der Dünnpfiff macht keine Unterschiede zwischen gekrönten und ungekrönten Häuptern, zwischen Royals und Riegel-Rudis.

Die Fidschi-Insulaner sind freundlich, aber werden sie gereizt, ähneln sie Ungeheuern. Dann fliegen die Fetzen. Viele ausländische Fußball-Mannschaften wissen um die Schwachstelle im Nervenkostüm meiner Schutzbefohlenen.
Steht ein Spiel auf der Kippe, dann genügt eine kleine Provokation, und schon hauen meine Jungs zu. Fast immer ist die Folge ein Spielabbruch, verbunden mit einer einjährigen FIFA-Sperre im internationalen Spielverkehr (1986). Ich rede mir den Mund fusselig: »Was seid ihr doch für Trottel, daß ihr euch so provozieren laßt!« Aber was hilft das? Wird einem aus der Mannschaft übel mitgespielt, hauen alle drauf. Die Solidargemeinschaft geht ihnen über das Ansehen und das Fairplay.
Die Inder in meinem Team halten es mit der Vorsicht als der besseren Seite der Tapferkeit. Sie scheuen Keilereien, sind disziplinierter. Ihr höherer intellektueller Standard läßt sie mehr und mehr

vom Fußball zurückschrecken. Ich habe nur noch drei in meinem achtzehnköpfigen Kader der Nationalmannschaft.
So sinkt der Fußball auf Fidschi immer mehr auf jenen Level zurück, der einst das Ansehen des Fußballsports in weiten Kreisen bestimmte: Fußball – ein Sport für rohe Gemüter.
Wenn ich mit ihnen schimpfe, sitzen die athletischen Kerle da, schauen mich mit ihren großen Augen unterwürfig und schuldbewußt an, nicken mit ihren Krausköpfen und murmeln: »Bula, bula.«
Alle vier Jahre finden die »South Pacific Games« auf einer der sechzehn Südsee-Inseln statt. Es ist eine Olympiade der Südsee, mit Medaillen und Nationalhymnen.
Meine Aufgabe: Mit der Fidschi-Fußball-Nationalmannschaft soll ich zum ersten Mal eine Medaille holen.
Diesmal finden die Südseespiele auf Samoa statt, einer ehemaligen deutschen Kolonie.
Ich erlebe hier einen meiner größten Erfolge, aber auch einen meiner häßlichsten Skandale.
Wir schaffen mit Siegen über die Hebriden, Papua Neuguinea, Salomon-Inseln und Neucaledonien das Endspiel gegen Tahiti. Der vorgesehene Schiedsrichter ist aus Frankreich eingeflogen worden. Ich lege Protest ein, weil ich beobachtet habe, daß der Unparteiische vor dem Finale mit der Mannschaft Tahitis zusammen aß. Das Schiedsgericht gibt mir recht. Bei einem Finale Tahitis – das eine Provinz Frankreichs ist – dürfe unter keinen Umständen ein Franzose pfeifen. Dann aber will Tahiti den Mann wenigstens als Linienrichter haben. Das wird genehmigt. Mir schwant Schlimmes.
Der französische Linienrichter versucht in den letzten fünf Minuten der zweiten Verlängerung beim Stand von 0:0 die Entscheidung zu erzwingen. Der Schiedsrichter aus Neuguinea winkt jedoch ab, als der Linienrichter in der 116. Minute einen Elfmeter für Tahiti anzeigt. In der 119. Minute sieht der Franzose dann den Ball nach einem Eckstoß in unserem Tor, obwohl ein Verteidiger das Leder einen halben Meter vor der Linie weggeschlagen hat.
Ein Riesentumult. Der Linienrichter, ohne die Entscheidung des Schiedsrichters abzuwarten, rennt zur Mitte, als wenn der Teufel hinter ihm her wäre.

Jubel bei den Tahitianern, obwohl der Schiedsrichter das Tor noch immer nicht anerkannt hat.
Ehe ich weiß, was los ist, schlägt meine Mannschaft zu meinem Entsetzen den Linienrichter krankenhausreif. Als der Schiedsrichter das sieht, rennt er vor Angst in Richtung Kabine.
Unseligerweise weckt dies den Jagdinstinkt meiner Spieler, die ihm nachrennen und den armen Kerl auch noch gräßlich verdreschen.
Erste Entscheidung des Schiedsgerichtes – Tahiti wird mit 1:0 zum Sieger erklärt. Darauf Protest von mir, mit der Forderung, die Mitglieder des Schiedsgerichtes müßten sich das Tor, das keines war, auf einem Videorecorder ansehen.
So geschieht es. Als die Herren des Schiedsgerichtes diese Szene sehen, widerrufen sie die erste Entscheidung. Endergebnis: 0:0. Goldmedaillen für beide Mannschaften. So bekommen wir Goldmedaillen.
Am nächsten Tag protestiert der tahitianische Manager: Das Schiedsgericht müsse sich auch jene Szenen anschauen, die sich nach dem fraglichen Vorfall ereignet hätten. Da wird mir flau, denn ich weiß, was auf uns zukommt. Die Herren, Vertreter aus sechzehn souveränen Staaten, sehen, wie meine Mannschaft über den Linienrichter herfällt und fällen ein neues Urteil: Tahiti gewinnt die Goldmedaille. Fidschi wird disqualifiziert. Jetzt legen wir erneut Protest ein und andere Nationalmannschaften unterstützen dies: Zumindest die Silbermedaille haben wir verdient. Das Schiedsgericht läßt sich noch einmal umstimmen. Wir bekommen Silber.
›Zu Hause‹ in Fidschi – wo das Endspiel im Fernsehen übertragen wird – werden meine Fußball-Stars mit ihrem deutschen Trainer wie Helden gefeiert. Zweitausend Fans empfangen uns in Nandi auf dem Flughafen.

Abschiednehmen von Fidschi, von den Spielern, alles ganz einfache Kerle, mit denen ich ein halbes Jahr hart gearbeitet habe, ist nicht leicht. Private Einladungen und Farewell-Parties mit viel Kava nehmen kein Ende. Die Herzlichkeiten lassen mich trocken schlukken, ich sehe in feuchte Augen.
›Nisa Bula‹, sagen der Prime Minister Ratu Sir Kamises Mara und seine Frau Adi Lady Lala Mara zu mir beim Abschied. Der erste

Mann im Staate überreicht mir zum Abschied die höchste Auszeichnung, die er zu vergeben hat: einen hundert Jahre alten Walzahn, hängend an einer geflochtenen Kokospalmkette. Als er sie mir umhängt, bin ich Ehrenhäuptling des MARAU-Stammes und werde respektvoll mit ›Ratu‹ – Häuptling – angesprochen. Damit ist der offizielle Teil meiner Verabschiedung abgeschlossen. Dann beginnt mit unheimlichem Krach die Party. Ein paar Dutzend Urwaldtrommeln legen los, daß die wunderbaren roten Blüten von den alten Tulip-Bäumen herunterhageln.
Das ist ein wirkliches Volksfest. Zeremoniengleich wird laufend Fidschis Nationalgetränk Kava gebraut und aus halben Kokosschalen getrunken. Das Zeug schmeckt wie wäßriger Zement. Immer wieder ist es eine Überwindung für mich, hier zuzulangen.
Dann fegen die Old Warriors, die alten Krieger, durch den Park, daß es staubt. Die Kolosse führen vor mir den traditionellen Speertanz auf, angezogen und bemalt genau wie vor zweihundert Jahren, als die Fidschianer noch die gefürchteten Kannibalen des Pazifiks waren und man die Weißen noch ›the long pigs‹ nannte. Sie wurden als Delikatesse in großen Steinwannen gekocht.
Zum Höhepunkt meines Abschiedsfestes werden natürlich keine ›long pigs‹, sondern zentnerschwere Eber im Ganzen in einem ›Lovo‹, einem underground-Ofen gegart. Als sie aus vielen Schichten Palmblättern zum Vorschein kommen, wird mir der erste Fetzen Fleisch auf einem Palmblatt gebracht. Dann schlagen die Fidschianer mit den Zähnen zu, da läuft das Fett die Kinnladen runter, und da krachen die Schweineknochen. Über den Schmaus wird hergefallen, das hat nichts mehr mit Essen zu tun. So wird es gewesen sein, als die Urgroßväter . . .
Die Hindus und die Moslem-Fidschianer wenden sich von diesem Schauspiel ab. Wenn Schweinefleisch gegessen wird, verdrücken sie sich und essen mit den Fingern aus Emailleschüsseln Curryreis, Gemüse und Hühnerfleisch.
Vor meinem Abflug gibt es noch eine Überraschung:

Verlockendes Angebot aus Japan

Da scheint es einen Fußballclub in Tokyo zu geben, der in die ›Vollen‹ gehen will. Er bietet meinem Trainerkollegen Dettmar Cramer einen Bombenvertrag an. Der ist aber unabkömmlich, kann im Land der aufgehenden Sonne keine Doppelpässe üben. Er muß dies noch ein Jahr in Leverkusen tun, wo er gerade für einige Millionen seine Bundesliga-Truppe verstärkt hat.
Aber die Japaner lassen nicht locker, sie rufen immer wieder an, fallen ihm auf die Nerven, bieten immer mehr, denken, mit großem Geld könnten sie ihn – wie alles – kaufen.
Dettmar Cramer ist wer in Japan. Als Nationaltrainer hat er vor zwanzig Jahren die Japanische Liga gegründet. Er hat mit den Nippon-Kickern bei den Olympischen Spielen im Jahre 1970 in Mexiko die Bronzemedaille geholt. Seitdem wird Cramer in Japan verehrt – sein Konterfei hängt im Haus des Sports neben dem des Tennos!
Als die Japaner ihn eines Sonntags um fünf Uhr wieder aus dem Bett reißen, empfiehlt er mich!
Wahrscheinlich will er die hartnäckigen Anrufer loswerden. So erhält Fidschis Nationaltrainer, nämlich ich, kurz vor seinem Vertragsende einen Anruf der japanischen Botschaft aus Suva. So durchkreuze ich, wie so oft, während meiner Arbeit mal wieder längsseits die ganze Insel von Nandi im Westen nach Suva, der Hauptstadt, der Südspitze des Landes. Nach vier Stunden sitze ich im ›Southern Cross‹ mit Seiner Exzellenz, dem japanischen Botschafter für Fidschi, und die umliegenden pazifischen Inseln, beim Prawns-Curry-Dinner und einer Flasche gut gekühltem Moselwein. Weiß der Teufel, wie er hier an so eine Flasche kommt, die bestimmt ein Vermögen kostet.
Der nur kindgroße Botschafter versteht natürlich nichts vom Fuß-

ball, aber seine Schlitzaugen werden groß und bekommen einen schönen Glanz, wenn er vom Yomiuri spricht, dem weltgrößten Mediengiganten, der mich haben will, weil sie Cramer nicht kriegen konnten. Über Details wie Geld und Vertragspunkte spricht seine Exzellenz natürlich nicht, läßt aber durchblicken, daß für Yomiuri Geld keine Rolle spielt, wenn sie einen Overseas-Experten brauchen, der endlich dieser großen Firma die Meisterschaft erringt. Dies war in den letzten zwanzig Jahren nicht gelungen.
Da fahren natürlich sofort alle meine Antennen aus, es fällt mir schwer, cool zu bleiben. Was muß das für ein Firmengigant sein, daß sich ein leibhaftiger Botschafter herabläßt, für ihn einen Fußballtrainer anzuheuern und das bei den ehrpusseligen Japanern.
Als der Botschafter mir nach dem Dessert ein Erste-Klasse-Ticket Nandi-Tokyo und dazu eine goldene Perlenbrosche als kleine Aufmerksamkeit für die Gattin – die ich gar nicht habe – über den Tisch reicht, sage ich zu, auf dem Heimflug mit den distinguished gentlemen von Yomiuri in Tokyo zu sprechen.
Als wir aufstehen, um uns zu verabschieden, lasse ich mich unauffällig in den Knien einknicken, um mich kleiner zu machen. Ich erspinkse sein dankbares Lächeln, als ich immer noch wie ein Funkturm auf die freundliche, aber sehr kleine Exzellenz herabsehe. Ich kann mir vorstellen, daß er meine Verkrümmung angenehm zur Kenntnis nimmt und es für ihn der erste Hinweis ist, daß ich mich in seinem Land anzupassen weiß. Er wird mich empfehlen, da bin ich ganz sicher.
Während ich die zwanzig Meilen zum ›Pacific Harbor‹, einem Luxusstrandhotel, zurücklege, wo – ausgenommen in der Hochsaison – eine kostenlose Suite für Fidschis National-Coach zur Verfügung steht, denke ich an daheim.
Nachdem mich ein halbes Jahr lang der Zauber der Südsee total eingefangen hat und ich das Leben auf Fidschi, Tonga und Samoa in vollen Zügen genossen habe, freue ich mich sehr auf den Frühling in Koblenz, meiner Heimatstadt, auf die Kneipe an der Ecke mit den vertrauten Gesichtern. Ich nehme mir vor, daß Tokyo nur ein kurzer stopover werden wird, wenn da nicht wirklich das ganz dicke Geld zu machen ist. Begeistert war ich nie von den emsigen Brillenträgern mit Krawatten und den Mädchen mit den kurzen

Beinen. Ich kenne reizvollere Zeltaufschlagplätze für einen Fußballtrainer als Japan. Eigentlich hab' ich gar keine Lust, im Gewimmel der Zwölfmillionenstadt Tokyo unterzutauchen.
Ein Anonymer zu werden, ist doppelt schwierig, wenn man auf Fidschi von jedem Kind bis zum Minister auf der Straße mit »Bula, Rudi« angesprochen wurde.
Nein, Japan reizt mich nicht! Nie zuvor hab' ich mich mehr geirrt.
Wenn du 35 Stationen auf dem Fußballtrainerbuckel hast, bist du kein Lehrling mehr, da bist du sicher, daß es nicht mehr viel neues gibt in deinem Beruf. Aber in Japan lerne ich dazu.
Im Nachkriegs-Nippon gibt es keine Befehlsempfänger mehr. Deinem Spieler kannst du nicht einfach sagen: Du spielst, und du spielst nicht, du sitzt auf der Bank. Du mußt begründen und erklären. Die Spieler nehmen wie Firmenangestellte am Denk- und Entscheidungsprozeß der Firma teil. Anstatt anzuordnen, mußt du überzeugen.
In Japan wird nicht mehr oben gedacht und unten ausgeführt, wie das im Krieg ausschließlich der Fall war; Japaner waren die Superpreußen Asiens. Weil das alles nichts gebracht hat, machte es man nach dem Krieg ganz anders.
Wirtschaftsbosse und Regierung stimmen heute überein, daß die erfolgreichsten und kreativsten Anstöße von unten kommen, von den Arbeitern und Angestellten. Mit diesem totalen Strukturwandel stieg Japan zur Weltwirtschaftsgroßmacht auf. Das System ist ihnen heilig, weil alle davon profitieren. Es gibt keine Arbeitslosen und jeder verdient genug.
Willst du als Trainer in einem fremden Kontinent Erfolg haben, so mußt du dich anpassen. Sofort setze ich die Einflußnahme von unten bis hin zur Ersatzbank in Gang, um nicht als rückständiger Gaijin (Ausländer) zu gelten. So jongliere ich erstmals notgedrungen, wenn auch skeptisch, von heute auf morgen, im ungewohnten System herum. Ich werde zum Superdemokraten. Alle Meinungen meiner Spieler und der Clubangestellten höre ich mir geduldig an. Wenn die große Mehrheit etwas will, mache ich es zu meinem Credo. In der Bundesliga würde man sagen: »Die weiche Tour eines Pudding-Trainers.« Aber die »Tour« floriert.
Meine Spieler finden ihre Ideen und Anregungen in meinen Ent-

scheidungen und den Aufstellungen, sogar in der Taktik wieder. Das bringt mir und dem Club Segen.

Ich gewinne mit meiner Mannschaft in jedem Jahr die Meisterschaft, dazu den Pokal und den Supercup. Es sind die ersten Titel des Clubs Yomiuri seit zwanzig Jahren. Ich verdiene viel Geld. Der deutsche Gaijin wird verehrt. Die kleinen Japse laufen mir sogar auf Tokyos Prachtstraße, der Ginza, nach.

Auch diese Station in meinem Stationen-Lebenslauf, diesmal eine großartige, endet. Sie dauert genau zwei Jahre. Soll ich nicht dankbar sein, daß ich neben dem Fußball Nippons jahrtausendealte Kultur und die freundlichen Menschen in diesem Teil der Welt so nah kennenlernen durfte? Nicht als Tourist. Als Fußball-Trainer gehört man »dazu«!

»Bunte Hunde« heulen nicht

Es war gut, daß ich nicht ganz im Wurstkessel der Bundesliga untergetaucht bin.
Was wäre mir verborgen geblieben?
Wenn man am frühen Morgen auf dem Trainingsplatz in Kathmandu steht und die Sonne die zum Greifen nahen Achttausender des Himalaya mit goldenem Licht überflutet... Dann jubelt man innerlich und weiß, man hat ein vierblättriges Kleeblatt gefunden.
Jürgen Grabowski sagte mir einmal: »Herr Gutendorf, einige nennen Sie einen ›Tingelbruder‹. Im Grunde ihres Herzens sind die alle nur glühend neidisch.«
Meine Neider haben ihre festgefügten Vorstellungen. Mit mir assoziieren sie große Welt, Champagner, Kaviar, reihenweise knackige Girls zum Reinbeißen und viel Geld. Sie bleiben im Lande und wehren sich redlich, was schlimmer ist, ihre Träume werden ranzig. Mein Trainerleben war kein Zuckerschlecken. Du wirst gefeiert, wirst als Magier gerühmt, wenn du gewinnst, wirst sogar geliebt, wenn du Glück hast, öfter aber holst du dir schmerzhafte Schrammen und Beulen, und manchmal werden daraus tiefe Narben, die nicht heilen wollen. Bunte Hunde heulen nicht – sie knurren allenfalls.
Zweimal heiratete ich dieselbe Frau: zweimal scheiterte meine Ehe mit Ute. Eine heitere Melancholie kehrt ein, wenn ich an sie denke. Sie war Kumpel und große Dame, je nach Bedarf. Ich schätze sie heute noch. Aber sie ein drittes Mal heiraten? Ich würde ihr nicht noch einmal zumuten, was die Glut jeder Liebe mit der Zeit erkalten lassen *muß*: meine Art zu leben.
Bin ich nicht ein Weltstreicher geworden, der auch heute nicht darauf verzichten kann, wieder und wieder in das Leben eines Clochards der gehobenen Klasse zu schlüpfen?

Selbst meiner Marika, die ich nicht verlieren darf, geht das zerhackte Leben ohne Bleibe jetzt schon auf den Wecker. Wird auch sie wie Ute das Handtuch schmeißen? Es könnte weh tun, ich wäre verzweifelt. Aber mein Leben ändern – nein!
Was ich geschrieben habe ist kein Schnellschuß. Rund um die Welt hämmere ich seit fünfundzwanzig Jahren auf meine geschundene Schreibmaschine ein.
Es beschleicht mich ein bißchen Wehmut. Achtunddreißig Stationen liegen hinter mir, und von meinen Stories, meinen Komödien, Tragödien, Erfolgen und Träumen, sind nur wenige in dieser Bilanz enthalten.
Was hinter der nächsten Wegbiegung kommt, weiß ich nicht, aber ich bin neugierig. Der prickelnde Reiz des Ungewissen läßt mich nicht rasten. Ich habe zwei frische Angebote und würde am liebsten beide akzeptieren. Da ich in aller Welt so vieles mit den Augen gestohlen habe, klaue ich mir auch das zweitausend Jahre alte Schlußwort von einem Schreiber des Makkabäer-Briefes aus der Bibel: »Wenn ich das Buch gut abgefaßt habe, so ist das eingetreten, was ich mir vornahm. Ist es aber schwach und mittelmäßig ausgefallen, so habe ich doch getan, was ich vermochte.«

Steckbrief

Rudi Gutendorf, Koblenzer des Jahrgangs 1926, Schüler des legendären Sepp Herberger, arbeitete als einziger Trainer der Welt auf allen fünf Kontinenten, was ihm den Spitznamen »Rudi Rastlos« einbrachte.

1943–1953	Vertragsspieler bei TuS Neuendorf, Koblenz, zehnmal in der Rheinland-Auswahl.
1953	Trainer-Diplom (Lizenz-Nummer 330).
1955	Erste Traineranstellung bei Blue Stars Zürich in der Schweizer Nationalliga B.
1955–1960	Als Spielertrainer steigt er mit dem FC Luzern in die Nationalliga A auf, erringt 1960 mit dem Club den Schweizer Pokal.
1960/1961	Auf Bitten der Bundesregierung übernimmt er den US Monastir, Lieblingsverein des tunesischen Staatspräsidenten Bourguiba.
1962/1963	TSV Marl-Hüls in der Oberliga West.
1963	Den Meidericher SV führt er im ersten Jahr der Bundesliga zur Deutschen Vizemeisterschaft. Gutendorfs »Riegel-Taktik« sorgt für Furore.
1965/1966	Wechsel zum VfB Stuttgart, den Gutendorf vor dem Abstieg bewahrt.
1966–1968	In der neugegründeten US-Profiliga wird er Generalmanager und verliert wegen des umstrittenen Status des amerikanischen Fußballs (»Wilde Liga«) vorübergehend seine DFB-Lizenz. Hochzeit mit dem Fotomodell Ute Pelzer.

1968	Trainer der Nationalelf von Honduras in Tegusikalpa.
1968–1970	Erreicht mit Schalke 04 das DFB-Pokalfinale und anschließend das Halbfinale im Europacup.
1970	Trainerausbildung auf der Karibik-Insel Antigua.
1970/1971	Kickers Offenbach 1. Bundesliga.
1971/1972	Nachfolger des Brasilianers Didi beim peruanischen Spitzenclub »Cristal« Lima.
1972/1973	Nationaltrainer in Chile, Scheidung von Ehefrau Ute.
1974	Im Auftrag des NOK als Nationaltrainer in Grenada.
1973/1974	Bei München 1860.
1974	Trainerlehrgänge in Venezuela. Trainiert den FC »Bolivar« in La Paz, Bolivien.
1975	Trainiert die Mannschaften von Port of Spain und Trinidad. Trainer-Ausbildung auf der Karibik-Insel Tobago. Real Valladolid, Zweite Liga in Spanien.
1976	Fortuna Köln, 2. deutsche Bundesliga.
1976	Gründet Nationalteam von Botswana.
1976–1977	Tennis Borussia Berlin.
1977	Hamburger SV.
1978–1981	Dreijahresvertrag als Nationaltrainer von Australien, gewinnt zweimal das Ozeanien-Turnier. Zweite Heirat mit Ute und – zweite Scheidung. Privater »Neuanfang« in Sydney mit seiner australischen Lebensgefährtin Marika.
1981	FIFA-Ausbilder in Manila, Philippinen.
1981/1982	Als Entwicklungshelfer in Tansania/Ostafrika. Erreicht das Endspiel im Afrika-Pokal.
1982	Trainer von Nepal. Schlägt Indien.
1983	Trainer der Fidschi-Inseln, die er auf die Südpazifik-Spiele vorbereitet. Sein Club zieht ins Finale ein.

Trainer-Ausbilder in Tonga und Trainer der Nationalmannschaft.

1984/1985 Cheftrainer bei Yomiuri Tokio. Gewinn der japanischen Meisterschaft. Gewinn des Tennocups, des Ligapokals und des Supercups.

1986 Bei Hertha BSC Berlin.

1987 Zum zweiten Mal Nationaltrainer auf den Fidschi-Inseln.
Nationaltrainer in Ghana.

Rudi Gutendorf

Football Coach

5400 Koblenz 1
Falckenbergstraße 18 Tel. (02 61) 8 15 80
West Germany